KB069071

중일전쟁과
중국의
경제통제정책

이 저서는 2019년 대한민국 교육부와 한국연구재단의 지원을 받아 수행된 연구임
(NRF-2019S1A6A3A02102843)

This work was supported by the Ministry of Education of the Republic of Korea and
the National Research Foundation of Korea (NRF-2019S1A6A3A02102843)

중국관행
연구총서
0 1 9

중일전쟁과
중국의
경제통제정책

인천대 중국학술원 중국·화교문화연구소 기획
김지환 지음

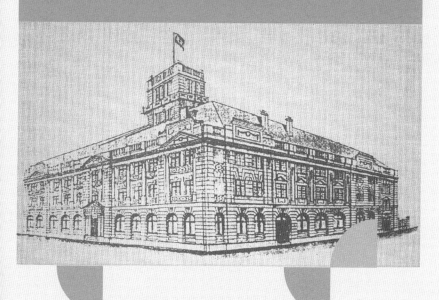

學古房

　한국의 중국연구 심화를 위해서는 중국사회에 강하게 지속되고 있는 역사와 전통의 무게에 대한 학문적·실증적 연구로부터 출발해야 한다. 역사의 무게가 현재의 삶을 무겁게 규정하고 있고, '현재'를 역사의 일부로 인식하는 한편 자신의 존재를 역사의 연속선상에서 발견하고자 하는 경향이 그 어떤 역사체보다 강한 중국이고 보면, 역사와 분리된 오늘의 중국은 상상하기 어렵다. 따라서 중국문화의 중층성에 대한 이해로부터 현대 중국을 이해하고 중국연구의 지평을 심화·확대하는 연구방향을 모색해야 할 것이다.

　이러한 문제의식에서 우리 인천대학교 중국학술원 중국·화교문화연구소는 10년간 근현대 중국 사회·경제관행에 대한 조사와 연구를 수행하면서, 인문학적 중국연구와 사회과학적 중국연구의 독자성과 통합성을 조화시켜 중국연구의 새로운 지평을 열고자 했다. 그리고 이제 그동안 쌓아온 연구를 기반으로 새로운 단계에 접어들어 「중국적 질서와 표준의 재구성에 대한 비판적 연구」라는 주제로 인문한국플러스사업을 수행하고 있다.

　우리 연구소는 그동안 중국적 관행과 타 사회의 관행이 만날 때 어떤 절합과 변형이 이루어지는지, 그것이 중국적 모델의 재구성으로 이어지는지 아니면 새로운 모델이 만들어지는지를 연구하고, 역사적으로 축적한 사회, 경제, 문화적 자원을 활용하여 만들어가고 있는 중국식 발전 모델의 실체와 그 가능성을 해명하고자 해왔다. 우리 연구소는 중국연구의 새로운 패러다임을 만들어내려는 목표를 가지고 연구를 수행해 온 바, 특히 객관적인 실증 분석과 풍부한 자료 수집 및 분석에 기반하여 이러한 새로운 패러다임을 모색하고자 해 왔다. 한국의 중국연구에서 자료 수집·분석과 거시적 연구틀의 결합이 그동안 많이 이루어지지 않았다는 점에서 우리는 이 부분에 기여하고자 최선의 노력을 기울여 왔다. 그 성과물로『중국 민간조직 정책문건』,『중국의 동향상회: 길림성 동향상회 면담조사 자료집』,『민간계약문서로 본 중국의 토지거래관행』,『민간계약문서에 투영된 중국인의 경제생활: 합과와 대차』등의 자료총서 뿐 아니라『중국토지법령자료집』시리즈를 비롯한 여러 자료집을 출간한 바 있다.

김지환 교수는 특히 이러한 일차사료의 수집과 분석에 기반하여 『중국방직 건설공사 이사회 회의록』,『중동철도신문자료집성』,『철도로 보는 중국역사』,『중국근대 철도관리와 국가』,『중국근대 철로의 조직과 경영』,『철로의 등장과 청도 봉건체제의 붕괴』,『철로가 이끌어 낸 중국사회의 변화와 발전』,『중국 동북지역의 기업과 금융』(공저) 등의 수많은 성과를 내며 학계에 기여해 왔다. 이번에 내는 이 책은 중국현대사 분야에서도 가장 성과가 부족한 시기 중 하나인 중일전쟁 시기에 대해 국민정부의 경제정책에 초점을 맞추어 분석하였고, 특히 국가권력의 정책 시행 뿐 아니라 공상자본가의 인식과 동향 그리고 이러한 정책에 대한 일반인의 인식과 동향에 대해서도 고찰한 드물고도 귀한 연구이다. 중국의 남경제2역사당안관과 상해시당안관을 비롯한 여러 기관의 광범한 사료에 대한 장기간의 꼼꼼하고도 집요한 필자의 발굴과 수집이 바로 이러한 연구의 기반이 되었다. 이 책이 중국연구자 뿐 아니라 일본 연구자, 경제사 연구자, 국제관계사 연구자 등

많은 이들에게 도움이 되길 기대한다.

　『중국관행연구총서』는 인천대학교 중국·화교문화연구소가 인문한국사업과 인문한국플러스사업을 장기간 수행한 연구의 성과물로서, 그동안 중국 철도, 동북지역의 상업과 기업, 토지와 민간신앙, 중국 농촌의 거버넌스와 화교 등 다양한 주제에 대해 연구서와 번역서를 발간하였다. 앞으로도 꾸준히 낼 우리의 성과가 차곡차곡 쌓여 한국의 중국연구가 한 단계 도약하는 데 일조할 수 있기를 충심으로 기원한다.

2022년 4월
인천대학교 중국학술원 중국·화교문화연구소
(인문한국플러스사업단)
소장(단장) 장정아

  중국, 일본 등 동아시아 각국에서 국가권력이 공상업, 기업 등 민간
경제영역에 적극 개입하는 경제통제정책은 세계공황 직후인 1930년
대 초부터 본격적으로 모색되기 시작했다. 중일전쟁의 발발은 경제활
동에 대한 국가권력의 개입을 더욱 심화시켰으며, 이로 말미암아 중일
양국은 본격적으로 전시경제체제에 돌입하였다.

  중일전쟁 이후 일본은 전시 수요에 대응하여 자국의 주요 공상업과
금융 부문에 대한 국가권력의 통제를 강화하는 동시에, 각 업종마다
통제회를 설립하여 소속 기업의 생산 수량과 가격 결정 등에 대한
광범위한 권한을 부여하였다. 특히 1941년 진주만공습 이후 자국 경
제에 대한 국가권력의 통제는 한층 강화되었다.

  한편, 중국정부는 1930년대 초 전국경제위원회와 면업통제위원회,
자원위원회 등을 설립하였으며, 중일전쟁 이후 물자국, 사련총처, 공
광조정위원회, 화사포관제국 등을 설립하여 국가권력이 직접 경제의
운용을 통제하는 경제통제정책을 시행하였다. 중국국민정부는 상해
등 연안지역의 생산설비 및 자본을 후방지역으로 이전함으로써 생산
력의 증대와 적자 재정의 해소를 도모하였으며, 경제통제정책을 실시
함으로써 이를 통해 생산력을 증대하고 항전을 위한 물적 기반을 마
련하는 데 진력하였다.

  주지하다시피 중일전쟁 시기와 관련된 연구는 중국현대사 분야에

서도 성과가 가장 부족한 시기의 하나라 할 수 있다. 수많은 기간물들이 정간되거나 관련 자료가 소실되는 등 일차사료의 부족은 이 시기의 연구를 크게 제약하고 있는 실정이다. 뿐만 아니라, 중국에서는 이 시기를 항전 시기로 명명할 정도로 해당 시기의 연구 주제와 경향성이 대체로 '제국주의 침화사'의 관점에 근거한 정치사, 군사사 분야에 집중되고 있는 형편이다.

전쟁의 장기화가 총력전의 양상으로 전개될 것을 고려할 때, 항전의 물질적 기초를 확보하는 일은 전쟁의 승패를 가늠하는 관건적인 요소가 될 수밖에 없었다. 전시 중국국민정부는 일면 항전, 일면 경제건설이라는 피할 수 없는 과제와 마주하였으며, 따라서 경제정책은 항전의 주요한 측면이기도 하였다. 이러한 필요에서 국가권력이 산업 분야의 생산에서 유통에 이르기까지 적극 개입하는 정책, 나아가 정책의 시행 과정에서 매점매석, 투기 등 사회적 불안을 해소하기 위한 총체적인 경제통제정책을 실시하게 된 것이다.

본서는 중일전쟁 시기 중국의 중앙정부였던 국민정부의 경제정책에 초점을 맞추어 정책 입안의 사회경제적 배경을 비롯하여 정책의 목적과 구체적 내용, 시행 과정 및 정책의 효과 등을 살펴보려 한다. 전시 중국국민정부가 실시한 경제통제정책으로 법폐에 대한 화폐통제, 공상업 및 농업에 대한 산업통제, 은행 및 차관 대출 등의 금융통제, 전시 관세 및 통세 등의 세제통제, 수출입 등의 무역통제 등을 들 수 있다. 본서에서는 중국 공업 가운데 최대의 비중을 차지했으며, 군수 및 일용필수품을 생산하는 방직공업이 연구의 주요 대상이다. 연구의 과정에서 정책의 시행 주체인 국가권력뿐 아니라 수용자 측인 공상자본가 및 일반의 정책에 대한 인식과 대응도 함께 살펴볼 것이다.

전시의 엄혹한 환경 속에서도 중국은 물류가 오고가는 통합된 하나의 시장단위로서 기능하였으며, 지역 간의 경제적 격차에 근거한 상호 의존성은 국가권력이 경제통제정책을 수립하는 주요한 근거가 될 수밖에 없었다. 이러한 이유에서 전시 중국국민정부의 경제통제정책은 왕정위정부 치하의 상해 등 연안지역과의 관계 속에서 통합적 연구 및 평가가 필요하다.

이차대전 종결 직후 중국은 전반적인 수급의 불균형, 물가 상승과 실업, 통화팽창 등 엄중한 경제 위기에 직면하였다. 그런데 사실 종전 이후 중국 경제의 위기는 전시 중국 경제와 불가분의 연속성을 가지고 있었다. 따라서 전후 중국사회는 전시와 전후의 통시적 연구를 통해 비로소 역사적 정합성에 대한 이해가 가능할 것이다. 전시 국공합작과 종전 이후 국공내전의 상이한 정치적 환경 속에서 경제정책의 통시적 연속성과 지역적 통합성에 입각한 정합적 연구는 매우 중요하다고 보여진다.

주지하다시피 종전 직후 장개석의 패퇴와 1949년 중화인민공화국의 수립 등 중국현대사의 전개는 통화팽창 등 중국 사회경제의 위기와 불가분의 관계를 가지고 있다. 따라서 이 시기 국민정부의 계급적 기초라 불리는 공상자본가의 동향은 당연히 정부의 경제정책과 불가분의 관계를 가질 수밖에 없을 것이다. 기실 이차대전 종전 직후 중국의 경제 위기는 중일전쟁 시기의 연장선상에 있다고 볼 수 있다. 따라서 중일전쟁 시기 경제통제정책의 연구는 중요한 의미를 지닌다고 생각한다. 본 연구가 중국현대사 분야의 공백을 조금이나마 메꿀 수 있게 되기를 희망해 본다.

이러한 목표를 달성하기 위해 중국의 남경제2역사당안관과 상해시 당안관 등에 남아있는 당안사료를 비롯하여 국가기관의 문건, 국민정부 통치구 및 상해지역에서 발행된 신문 등 기타 자료, 일본외무성자료, 공상자본가들의 회고록 및 각종 경제단체에서 발행된 기간물 등을 가능한한 발굴하고 수집하여 적극 활용하려 한다.

....

목차

제1장

서론

　중국근현대사의 연구에서 상대적으로 성과가 부족한 시기를 꼽는다면 대표적으로 항전 시기, 즉 중일전쟁 시기와 이차대전 종결로부터 1949년 중화인민공화국의 수립에 이르는 '국공내전 시기'일 것이다. 이러한 이유로는 전시 일차사료의 소실 등과 함께 국민정부의 패퇴와 중국공산당의 승리, 중화인민공화국의 수립 등 역사적 사건이 교차하는 정치적 민감성을 들 수 있다.

　주지하다시피 과거 중국국민정부의 경제정책 및 경제사의 연구는 상당 부분 1937년 중일전쟁 이전에 집중되어 있었다고 해도 과언이 아니다. 그러나 일차사료의 발굴 등에 힘입어 전쟁 발발 이후 국민정부 통치구(국통구, 대후방)에서의 경제정책 및 역사적 평가와 관련된 연구가 속속 진행되고 있다.

　이에 대한 중국학계의 연구를 살펴보면, 과거에는 대부분 부정적인 측면을 강조하는 방향으로 경도되었다고 해도 과언이 아니다. 예를 들면, 국민정부가 전시 경제통제정책을 시행한 목적이 근본적으로

'사대가족'의 사적인 이해를 추구하는 데 있었으며, 따라서 민족공상업의 순조로운 발전에 부정적 요인으로 작용했다는 등의 평가를 들 수 있다.[1)]

그러나 1990년대 이후 항전 시기 국민정부의 경제정책에 대한 전통적 평가에 반론이 제기되면서, 물가의 통제와 경제 발전을 통해 중경 등 대후방지역의 생산력을 제고하고, 항전을 위한 물질적 토대를 마련하는 데 일조했다는 긍정적 평가도 제기되었다.[2)] 무엇보다도 전시 국민정부 통치구에서 이루어진 경제 발전을 국가권력의 적극적인 정책 수행의 결과로 위치시킴으로써, 관료자본의 부정적 측면을 강조하던 전통적인 관점과는 차별성을 가진다고 하겠다.[3)]

이와 관련하여, 상해 등 선진적 생산설비의 내지 이전은 전시 국민정부 경제정책의 단초를 연 것으로 중요한 의미가 있다. 이에 대한 연구동향은 대체로 전시 후방경제의 발전과 관련하여 그 역사적 의의를 평가하는 동시에, 자본가들의 참여와 역할 등에 대해서도 긍정적인 평가가 제기되었다.[4)] 이러한 논지에 힘입어 전시 국민정부의 경제정

1) 朱秀琴, 「淺談抗戰期間國民黨政府的經濟統制」, 『南開學報』1985年 5期 참조.
2) 丁日初, 「論抗日戰爭時期的國家資本」, 『民國檔案』1986年 4期 및 『中國近代經濟史硏究資料』(8), 上海社會科學出版社, 1987 참조.
3) 대표적인 연구로 丁日初, 「論抗日戰爭時期的國家資本」, 『民國檔案』1986年 4期; 朱秀琴, 「淺析抗戰時期間國民黨政權的經濟統制」, 『南開學報』1985年 5期; 黃立人, 「抗日戰爭時期國民黨政府開發西南的歷史評考」, 『雲南敎育學院學報』1985年 4期; 樊瑛華, 「抗戰時期國統區的農産品對外貿易硏究」, 『人文雜誌』2006年 3期; 張燕萍, 「抗戰時期國民政府工業政策評析」, 『江海學刊』2005年 6期; 任榮, 「戰區經濟委員會經濟抗戰述略」, 『民國檔案』2005年 3期 등이 있다.
4) 金志煥, 「抗戰時期國民政府的棉業統制政策」, 『社會科學硏究』2014年 3期; 金志煥, 「中日戰爭期 上海 中立化와 工業 內地移轉」, 『中國學論叢』20輯,

책이 후방의 경제 발전에 미친 영향 등을 규명하는 연구도 지속적으로 나오고 있다.5)

그럼에도 불구하고 이와 같은 연구경향이나 평가가 기본적으로 항전 시기 '제2차 국공합작'이라는 정치적 배경과 정당성을 기초로 하고 있다는 사실을 감안하자면, 역사적 평가는 전쟁 발발 직후부터 전시, 그리고 전쟁 종결 이후로 이어지는 정책의 통시적 연속성으로 시야를 확대할 필요성이 있다고 생각된다.

이와 함께 이윤을 추구하는 물류의 속성상, 전시의 어려운 환경 속에서도 각종 물자는 적점령구나 국민정부 통치구를 구분하지 않고 전 중국을 통합된 시장단위로 하여 유통되었다. 이러한 이유에서 상해 등 연안지역의 왕정위정부나 중경 등 후방지역에서 실시된 국민정부의 전시 경제정책은 당연히 상호 대응적 성격을 강하게 내포할 수밖에 없었다. 따라서 전시 경제정책의 연구와 역사적 평가는 당연히 전 중국적 범주에서의 통합성이 필요하다고 생각된다.

이차대전이 종결된 직후 상해를 비롯하여 중국 전역에서는 억눌렸던 수요가 일거에 폭발하면서 수급의 불균형이 가속화되었으며, 이로 인해 물가의 급등과 극심한 통화팽창이 출현하였다. 상해시민들은 전

2005.12; 金志煥, 「中日戰爭期 重慶國民政府의 物價統制政策」, 『中國學報』62輯, 2010.12; 黃立人, 「抗日戰爭時期工廠內遷的考察」, 『歷史研究』1994年 4期; 朱婷, 「抗戰時期上海民營工廠內遷與內遷中的民族企業家」, 『社會科學研究』1986年 4期; 戚厚傑, 「抗戰時期兵器工業的內遷及西南地區的發展」, 『民國檔案』2003年 1期; 周紹英, 「林繼庸與抗戰時期的工廠內遷運動」, 『重慶師範學報』2000年 3期 등 참조.

5) 예를 들면 黃立人, 『抗戰時期大后方經濟史研究』, 中國檔案出版社, 1998.12; 黃立人, 「抗日戰爭時期工廠內遷的考察」, 『歷史研究』1994年 4期; 劉殿君, 「評抗戰時期國民政府經濟統制」, 『南開經濟研究』1996年 3期 등이 있다.

쟁에서 승리했지만, 일본 제국주의보다 한층 가혹한 기근과 실업 등 경제적 곤경에 직면하여 스스로 '승리실업자'라고 자조하였다. 그런데 종전 후 이와 같은 경제적 어려움은 전시 기간의 연속선상에 있었으며, 따라서 이를 해결하기 위한 근본적인 정책 역시 크게 다를 수 없었다.

흔히 경제사의 연구에서, 특히 중국현대사의 경우 종종 발견되는 문제점 가운데 하나로서 정치사에 규정된 연구 경향성을 지적할 수 있다. 주지하다시피 경제사의 연구에서 일차사료의 중요성은 아무리 강조해도 지나치지 않지만, 사료나 통계를 선별하고 이를 인용하는 과정에서 이미 정치적 견해나 입장이 개입되는 어려움이 있다는 말이다.

경제사의 연구에서 경제정책과 이에 대한 역사적 평가는 시행 주체에 대한 정치적 판단이나 정당성뿐 아니라 정책 입안의 목적과 시행을 위한 시대적 상황과 사회경제적 조건, 국제관계 등에 대한 분석이 선행적으로 검토되지 않으면 안된다. 상해 등 연안의 적점령지역에서도 전쟁으로 인한 경제적 곤경은 매우 엄중한 실정이었다. 물자 수급의 불균형으로 초래된 전시 물가의 급등과 상품의 가치를 보존하기 위한 자본가들의 매점매석, 이로 인한 물가 상승의 악순환과 통화팽창 등은 비록 정치적 정당성을 결여한 왕정위정부에게도 시급히 해결해야 할 당면의 과제가 아닐 수 없었다.

중일전쟁은 중국현대사에서 매우 중요한 전기적 사건이었다. 중국 국민정부는 중경으로 천도를 단행함으로써 내외에 결사항전을 선포하였으며, 이후 전쟁은 전민의 항전으로 변모되었다. 뿐만 아니라 미국 등 열강이 중국을 동방에서 일본의 침략을 저지할 맹방의 일원으로 간주한 이후, 중국은 세계 반파시스트전쟁을 수행하는 연합국의 일원으로 자리매김하였다. 따라서 전시 국민정부가 시행한 경제통제 정책은 항전을 위한 경제전의 일환으로서 매우 중요한 의미를 가지고 있었다.

본서는 중일전쟁 시기 중국의 중앙정부였던 국민정부의 경제정책에 초점을 맞추어 정책 입안의 사회경제적 배경 및 정책의 목적과 구체적 내용, 시행의 과정 및 그 효과를 살펴보는 동시에, 이에 대한 공상자본가 등 정책수용자의 인식 및 대응도 살펴보려 한다. 분석의 범위를 한정하기 위해 당시 중국 공업 가운데 최대의 분야라 할 수 있는 방직공업을 주요한 분석의 대상으로 설정하였다.[6] 따라서 경제정책 가운데에서도 면업정책을 중심으로 하는 공상업정책이 주요한 연구의 범주가 될 것이다.[7]

---

6) 예를 들어 1933년의 경우를 살펴보면, 방직공업은 중국 전체 2,435개 공장 가운데 821개 공장, 자본총액은 406,872(천원) 가운데 166,828(천원)으로 41퍼센트를 차지하였으며, 노동자수는 500,233명 가운데 308,678명으로 61.7퍼센트, 제품판매액은 1,113,974(천원) 가운데 483,585(천원)으로 43.4퍼센트를 차지하는 최대의 공업이었다. 岡部利良, 『舊中國の紡績勞動研究』, 九州大學出版會, 1992, p.3.

7) 항전 시기 중국국민정부의 면업통제정책에 관한 전론적인 연구로 金志煥, 「抗戰時期國民政府的棉業統制政策」, 『社會科學研究』2014年 3期; 金志煥, 「中日戰爭期 國民政府 農本局의 綿業統制政策」, 『韓中人文學研究』16輯, 2005.12; 陳昌智, 「抗戰時期在重慶機器棉紡織工業」, 『重慶社會科學』1986年 4期; 陳昌智, 「舊中國重慶機器棉紡織工業發展初探」, 『中國社會經濟史研究』1984年 4期; 菊池一隆, 「農本局の成立とその役割」, 『大分縣立藝術短大研究紀要』21卷, 1983 등이 있다. 이 밖에『中國近代紡織史研究資料匯編』1-12輯 등의 사료집과 吳修垣, 『吳國楨口述回憶』, 上海人民出版社, 1999.11 등의 회고록, 그리고 丁隆昌, 「解放前的第一紗廠概況」, 『武漢文史資料選輯』27輯, 中國文史出版社, 1988 등 회고성의 문사자료집이 출간되었다.

이를 위해 먼저 중일전쟁이 발발한 직후 국민정부의 생산설비, 기업, 공장의 내지 이전 정책을 비롯하여 정책의 실행과 공상자본가의 대응, 그리고 동아시아 국제질서의 와중에서 미국 등 열강의 중국 및 동아시아에 대한 정책을 살펴볼 것이다. 이와 함께 내지로 이전한 생산설비를 통해 성취된 후방지역의 경제 발전과 함께, 이를 바탕으로 항전을 지지하려는 국민정부의 경제통제정책을 살펴보려 한다. 특히 당시 최대의 산업분야였던 방직공업을 중심으로 면업통제정책의 수립 배경과 목적, 정책의 구체적인 내용과 효과, 그리고 정책에 대한 자본가의 인식과 대응 등도 함께 살펴볼 것이다.

한편, 상해 등 연안지역에서는 중일전쟁 직후 어떠한 경제환경과 양상이 전개되었을까. 이 문제와 관련하여 왕정위정부의 경제정책에 대해서도 살펴볼 것이다. 항전 시기 물자의 유통은 이윤을 추구하는 물류의 속성상 점령지역, 국민정부 통치구를 구분하지 않았다. 전시의 엄혹한 상황 속에서도 중국은 물류가 오고가는 통합된 시장단위로서 기능하였으며, 지역 간의 경제적 차이와 이에 근거한 상호 의존성은 국가권력이 경제통제정책을 수립하는 주요한 근거가 될 수밖에 없었다.

일본 제국주의는 상해 등 점령지역에서 자국과 함께 미국, 영국 등 연합국에 대해 공동전선을 구축하기 위한 목적에서 왕정위정부를 적극 지지하였다. 이를 위해 일본은 태생적으로 정치적 정당성을 결여한 왕정위정부로 하여금 중국 일반에 대한 장악력을 제고하도록 하기 위한 차원에서, 기존 중국과 체결했던 불평등조약의 포기와 경제적 지원 등 일련의 양보정책을 시행하였다.

비록 상해 등 연안지역이 여타 지역에 비해 높은 생산력을 유지한 것은 사실이지만, 전쟁의 충격으로 인한 경제적 어려움은 매우 엄중한 실정이었다. 왕정위정부로서는 생산력의 제고를 통해 물자의 공급을 확대하고 수급의 불안정을 해소함으로써 물가의 상승과 통화팽창을 억제하기 위한 목적에서 경제통제정책을 시행하였다. 그 대표적인 정책이 바로 상업통제총회의 설립과 면업통제정책이라 할 수 있다.

상업통제총회 및 왕정위정부의 경제통제정책에 관해서는 특히 중국학계를 중심으로 적지 않은 연구성과가 축적되어 있다. 주요한 관점으로, "상업통제총회는 물자의 통제기구로서, 일본 제국주의가 점령구의 물자를 약탈하기 위한 도구"[8]이며, "전시물자를 확보하기 위한 침략성과 수탈성, 사기성으로 그 성격을 요약할 수 있다."[9] 따라서 "면사포 수매정책은 중국 물자를 약탈하기 위한 목적"[10]에서 시행된 것이며, "중국의 물자를 몰수하여 일본으로 운반해 간 것"[11]이라는 논지이다.

그러나 이와 같은 주장은 전시 경제기구(상업통제총회)에 의해 실시된 경제정책(면사포 수매정책)을 정권의 정치적 성격에 따라 재단한 나머지, 정책의 경제적 조건과 상호관계에 대해서는 소략한 면이 없지 않다.[12] 따라서 본서에서는 상업통제총회 설립의 목적, 면사포

---

8) 張根福, 「汪僞全國商業統制總會述論」, 『檔案與史學』1997年 3期, pp.41-42.

9) 張朝暉, 劉志英, 「論日僞政府棉紗布貿易政策」, 『內江師範學院學報』16卷 1期, 2001, p,30; 李占才, 「抗戰期間日本對華中淪陷區經濟的掠奪與統制」, 『民國檔案』2005年 3期, p.95

10) 程洪, 「汪僞統制經濟述論」, 『汪精衛漢奸政權的興亡─汪僞政權史硏究論集』, 復旦大學歷史系中國現代史硏究室, 1987.7, p.185 및 p.200.

11) 田鶴年, 「全國商業統制總會公函實寄封」, 『上海集郵』2004年 10期, p.39.

12) 종래 중국학계의 전통적 관점을 비판한 연구성과로는 金志煥, 「中日戰爭 時期 汪精衛政府의 統制經濟政策」, 『史叢』68輯, 2009.3; 金志煥, 「商業統制總會의 綿紗布 收買政策 再論」, 『東洋史學硏究』109輯, 2009.12 등을 들 수 있다.

수매정책의 사회경제적 배경, 정책에 대한 정책수용자의 대응, 정책의 효과 및 성격 등을 실사구시적 연구를 통해 객관적 실상에 가깝게 규명해 보려 한다.

전시 중국국민정부나 왕정위정부, 일본 제국주의는 일면 항전, 일면 경제건설이라는 피할 수 없는 과제를 안고 있었던 까닭에, 경제정책은 항전의 주요한 측면이기도 하였다. 이러한 배경하에서 국가권력이 경제정책의 입안에서 생산, 유통에 이르기까지 적극 개입하는 정책, 나아가 정책의 시행 과정에서 매점매석, 투기 등의 사회적 불안을 해소하기 위한 방안에 이르기까지 통제정책을 실시하였다.

이와 같은 노력에도 불구하고 전쟁으로 인한 수급의 불균형과 물가의 상승, 통화팽창은 전후방을 막론하고 출현한 보편적인 현상이었다. 이차대전이 종결된 이후 중국 전역에서 억눌렸던 수요의 폭발과 전쟁으로 인한 생산설비의 파괴, 기계 가동의 중단, 수급의 불안정과 물가 급등, 매점매석과 통화팽창은 바로 전시 중국경제의 연장선상에서 초래된 현상에 다름 아니었다.

따라서 전시경제뿐 아니라 종전 직후로 이어지는 통시적인 일련의 경제적 양상과 경제정책에 대한 통합적 연구 및 평가는 당연히 역사적 연속성의 바탕 위에서 이루어져야 할 것이다. 전시 '국공합작'과 종전 이후 '국공내전 시기'라는 정치적 화해와 대립의 상이한 정치적 환경 속에서도, 정책의 통시적 연속성과 지역적 통합성에 입각한 정합적 연구는 매우 중요하다고 생각된다.

본서는 경제통제정책을 시행하는 과정에서 정책수용자 측인 공상 자본가들의 인식 및 대응도 함께 살펴봄으로써 정책의 균열과 파탄에 대한 책임의 소재도 찾아보려 한다.13) 이와 함께 중일전쟁 발발로부터 국공내전 시기에 이르기까지 일관적으로 시행된 경제통제정책이 소위 중국국민정부의 계급적 기초라 할 수 있는 공상자본가의 대응 및 국가권력과의 상호 관계에 초래한 양상을 규명함으로써, 단편적이나마 이후 국민정부의 패퇴 및 중화인민공화국 수립이라는 역사적 연속성을 해명하기 위한 단서를 제공할 수 있게 되기를 희망한다.

앞서 지적했듯이, 중일전쟁 시기에는 국민정부가 중경으로 천도하면서 수많은 기간물이 정간되거나 관련 자료가 소실된 실정이다. 따라서 전시 국민정부 통치구에서 발행되었던 『신화일보』, 『대공보』, 『경제일보』 등 신문자료와 회고록 성격의 문사자료선집, 공상업계에서 발행된 사료집, 방직동업공회 측의 정기간행물, 후방지역에서 발행된 기타 간행물을 적극 활용하고자 한다. 이와 함께 상해 등 적점령구(전후 수복구)에서 활동했던 관료나 자본가들의 회고록과 회고성 자료인 『상해문사자료선집』, 상업통제총회의 정기간행물인 『상업통제회간』, 그리고 당시 상해에서 발행된 『신보』 등 일간지, 기타 다양한 사료를 통해 앞서 제기한 문제들을 살펴보고자 한다.

---

13) 종전 후 국민정부의 면업통제정책과 방직업계의 대응에 관해서는 金志煥, 「중국 국민정부의 면업통제와 방직자본가」, 『역사학보』188집, 2005.12 참조.

제2장

중일전쟁과 상해기업의 내지 이전

1937년 7월 7일 노구교사변(7·7사변)으로 일본의 대륙 침략이 본격화되면서 전쟁의 범위와 양상이 점차 확대되자, 국민정부는 부득불 중경을 임시수도로 선포하여 천도를 결정하고 침략국 일본에 대한 장기항전을 선언하였다. 이러한 과정에서 상해 등 경제 선진지역의 생산설비를 후방지역, 즉 국민정부 통치구(국통구, 대후방)로 이전하는 일은 항전을 위한 경제적 기초를 마련한다는 점에서 매우 중요한 의미를 가지고 있었다.

전시의 상황을 고려할 때 무엇보다도 군수공업의 내지 이전이 급선무였음에 틀림없지만, 중국의 공업 생산 가운데 가장 큰 비중을 차지하였으며 전시 일용필수품인 의복과 군수품인 군복 및 피복류를 생산하는 방직공업의 내지 이전은 매우 중요한 과제가 아닐 수 없었다.

여기에서는 중일전쟁 직후 국민정부가 실시한 생산설비의 내지 이전 정책이 실제로 어떠한 과정을 거쳐 어느 정도의 성과를 거두었는지 당시 최대의 공업 생산분야였던 방직공업의 사례를 통해 살펴보고자 한다. 특히 이 문제와 관련하여 필자는 내지 이전 공작이 소기의 성과를 거두지 못한 원인을 전쟁이 발발한 직후에 출현한 상해지역의 중립화 방안과 연결시켜 해명해 보고자 한다.

특히 기존에 상해 중립화 문제에 대해서는 전론적인 연구가 매우 부족하기 때문에, 일본외무성사료관과 일본역사자료센터 등에 보관되어 있는 당시 일본 측의 관방문서를 비롯하여 중국에서 출판된 관련 사료집, 그리고 문사자료 등 실제 내지 이전에 참가했던 사람들의 회고록, 그리고 방직공업 방면의 전시 기록과 관련사료집 등을 통해 위에서 제기한 문제를 규명해 보고자 한다.

1. 중국정부의 생산설비 내지 이전 계획

1937년 7월 7일의 노구교사변과 8월 13일 상해 침공(제2차 상해사변)[1]으로 일본의 중국 침략이 본격화되면서 중국의 최대 공업인 방직공업은 큰 타격을 입었다.[2] 일본은 화북지역을 점령한 이후 점령지에 위치한 중국자본 사창(방직공장)을 군관리하에 두었는데, 1939년 화북의 군관리공장은 12개로 화북지역 방직공업의 전체 방추[3] 가운데

---

1) 1931년 9월 18일 만주사변(9·18사변)이 발발한 다음 해인 1932년 1월 28일 감행된 일본의 상해 침공을 제1차 상해사변으로 명명하고, 중일전쟁의 서막을 연 1937년 7월 7일의 노구교사변(7·7사변) 직후인 8월 13일에 감행된 일본의 상해 침공을 제2차 상해사변이라 명명한다.

2) 제2차 상해사변 직후 중국 공업의 손실은 상해를 비롯하여 청도, 무한, 북평, 무석, 광주, 제남 등을 합쳐 약 20억 원에 달하였다. 粟寄滄, 「吾國戰時工業建設之回顧與前瞻」, 『中國戰時經濟問題研究』, 1942.11, p.36.

3) spindle: 면사를 생산하기 위한 방적기계로서, 실을 감기 위한 부속품이 달려있다.

47퍼센트를 차지하였다. 더욱이 하북성 당산의 화신사창과 유대사창은 중일전쟁 이전에 이미 일본자본의 지배하에 들어갔으며, 청도의 화신방직도 일본자본의 국광방직으로 소유권이 넘어간 상태였기 때문에, 이들 세 공장을 더할 경우 일본자본의 방직설비는 방추수에서 화북지역 전체의 무려 71.5퍼센트를 차지하였다.[4]

한편 일본은 화중의 점령지역하에 있던 중국자본 사창을 접수하여 재화일본사창으로 하여금 경영하도록 위임하였다. 일본이 방직공장에 대한 지배권을 장악한 범위는 주로 상해에서도 조계를 제외한 지역을 비롯하여 강소성, 절강성의 항주, 안휘성의 무호 등 연안지역이었다. 예를 들면 일본자본 대강사창은 상해의 항풍사창, 합기사창을 위임경영하였으며, 동흥방직은 상해의 대풍사창, 내외면사창은 소주의 소륜사창, 상해방직은 신신사창 제6창을 위임경영하였다. 1938년 12월 이들 위임경영 공장 가운데 생산활동에 종사하고 있던 총설비가 방추 336,000추, 직포기[5] 2,300대에 달하였다.[6]

노구교사변 이후 중국 경제의 중심지인 상해의 생산력을 보존하고 내지로 생산설비를 이전하는 문제는 항일전쟁을 수행하기 위한 경제적 기반을 확보한다는 점에서 중요한 과제로 부각되었다. 1933년의 통계를 살펴보면 공장법 규정의 조건, 즉 고용 노동자가 30명 이상의 16대 공업기업은 모두 2,435개 공장이었으며, 자본 합계는

---

4) 高村直助, 『近代日本綿業と中國』, 東京大學出版會, 1982, p.237.
5) loom: 면사를 원료로 직물을 짜서 면포를 생산하기 위한 기계로서 직기라고도 부른다. 전통적으로 수공업에서 수직기를 사용하였으나, 이후 원동기를 이용한 역직기가 발명되어 산업혁명을 주도하였다.
6) 池上杆德, 「事変下の支那綿業現地報告」, 『大陸と纖維工業』, 紡織雜誌社, 1940, pp.123-124.

406,929,534원이었다. 이 가운데 상해공장이 1,229개 공장으로서 전국의 50.47퍼센트를 차지하였으며, 자본 합계는 166,672,202원으로 40.96퍼센트를 차지하였다.[7] 이와 같은 경제적 역량이 적국의 수중에 고스란히 넘어갈 경우 중국의 대일 항전능력을 크게 감소시킬 것임에 틀림없었다.

전쟁이 발발하자 중국의 중앙정부인 남경국민정부는 당초 장기항전에 충분히 대비하지 못하였으며, 따라서 공장설비의 내지 이전에 대해서도 미처 면밀한 계획을 수립하지 못한 상태였다. 전쟁이 확대되면서 상해, 남경 등의 군사적 방위와 안전에 문제가 제기되고 남경국민정부의 천도문제가 공식적으로 논의되기 시작하면서, 일부 산업계 인사들도 국민정부와 함께 내지 이전에 동참할 뜻을 표명하였다.

가장 적극적인 인사들은 병기, 기계, 오금공업[8] 등 전시 군수물자의 제조 및 정부에 대한 납품과 밀접한 관련을 가진 업종이었다. 이러한 가운데 상해시기기오금동업공회의 안요추가 남경의 중앙정부로 찾아가 민간업자들이 자발적으로 조직하여 내지 이전을 준비할 의향이 있다는 의사를 전달하였다. 상해시기기오금동업공회는 7월 30일 천창준비회의를 개최하여 내지 이전을 결의하였다. 회의 직후 호궐문 등을 대표로 임명한 후 남경으로 파견하여 국민정부 자원위원회에 철, 전기 및 오금공업의 신속한 내지 이전과 함께 군수품의 제조 및 정부에 대한 납품을 승인해 주도록 요구하였다.

한편, 7월 21일 남경에서는 국민정부 행정원, 군수서, 참모부, 교통부, 병공서, 자원위원회, 경제위원회 등의 대표가 참석하여 총동원과

---

7) 劉大鈞, 『支那工業調査報告』, 1941, pp.33-66.
8) 금, 은, 철, 동, 주석의 생산과 관련된 공업

전시통제를 실시하기로 결정하였다. 이어서 7월 24일 국민정부 자원위원회는 연해공업의 후방 이전문제를 제안하였으며, 이에 의거하여 재무, 광업, 연료, 기계·화학, 면업, 건축재료, 목축, 전문인재 등 8개 조직으로 나누어 관련 산업계 인사들을 참여시켜 협의를 진행하기로 하였다.

7월 28일 자원위원회는 임계용, 장전정, 장계희 등 3명을 상해로 파견하고 공상업계의 대표들과 회동하여 공장설비의 내지 이전문제를 협의하였다. 그러나 정부의 예상과는 달리 상해지역의 자본가들은 공장의 내지 이전에 매우 신중한 입장을 견지하였으며, 이에 따라 쉽사리 결론에 도달하지 못하였다. 어떤 사람은 민영공장의 경우 규모가 작아 내지 이전이 불필요하다고 하였고, 어떤 사람은 사태가 긴박하여 내지 이전의 시간이 충분치 않다고 회의적 입장을 표명하였으며, 어떤 사람은 발상은 가상하나 경비가 지나치게 소요되므로 실현되기 어렵다는 의견을 제기하기도 하였다.[9]

내지로의 이전을 추진한 임계용의 회고에 따르면, 공상자본가들 가운데 심지어 자신은 상해에 남아서 구국공작을 하겠다거나, 상해에서 공장을 경영하는 일이 결코 적을 위해서가 아니라 실업노동자를 구제하기 위해서라거나, 몸은 여기에 있지만 마음은 후방에 가있다거나, 산업이 이미 파괴되어 더 이상 실업에 종사하지 않고 태평하게 지내고 싶다거나 하는 온갖 핑계를 말하였다. 더욱이 상해 조계 내에서 기업을 경영한다면 적을 이롭게 할 이유도 없을 것이라 주장하였다.[10]

대체적으로 상해의 자본가들은 내지 이전에 소극적인 태도를 견지

---

9) 孫果達, 『民族工業大遷都』, 中國文史出版社, 1991, p.3.
10) 林繼庸, 『民營工廠內遷紀略』, 1943.1, pp.54-55.

하였으며, 심지어 공공연히 반대의 뜻을 표명하기도 하였다. 심지어 천창위원회 위원인 엄유당조차 자신이 경영하는 대륭기기창의 내지 이전을 거부하였다.[11] 자본가들 사이에서는 격론이 벌어졌으며, 일부는 생산설비의 이전에 동의한 반면, 다른 한편은 반대의 입장을 표시하고, 나아가 내지 이전에 동의한 자본가들을 거칠게 비난하기까지 하였다.[12]

중일전쟁의 비상시기에 국민정부는 무엇보다도 국방의 수요에 부응하기 위한 견지에서 군사공업의 내지 이전을 우선시할 수밖에 없었다. 7월 29일, 임계용은 상해공업계 인사인 호궐문, 오온초, 지병연 등을 소집하여 항전을 지원하기 위한 방안에 관해 논의한 이후 우선 병기 관련 제조업과 기계, 오금 제조공장을 조속히 내지로 이전하기로 결정하였다.[13]

그러나 통계에 따르면 내지로 이전한 민영기기창이 담당한 군용품의 생산과 납품액은 총 4,383,005.08원에 불과하였으며, 이 가운데 무기류가 2,094,840.79원, 군수품류가 1,002,031.31원, 방독, 소방류가 368,477.78원, 군용통신류가 917,655.20원에 달하였다.[14]

1937년 8월 10일, 국민정부 행정원은 자원위원회를 비롯하여 재정부, 군정부, 실업부의 대표를 소집하여 상해공창천이감독위원회를 조직하기로 결정하였다. 이를 위해 자원위원회의 임계용, 재정부의 방송

---

11) 齊植璐, 「抗戰時期工鑛內遷與官僚資本的掠奪」, 『工商經濟史料叢刊』2輯, 1983, pp.65-66.

12) 黃逸峰, 『舊中國民族資産階級』, 江蘇古籍出版社, 1990, pp.473-474.

13) 顔燿秋, 「抗戰期間上海民營工廠內遷紀略」, 『20世紀上海文史資料文庫』3, 上海書店出版社, 1999.9, pp.375-376.

14) 黃立人, 「抗日戰爭時期工廠內遷的考察」, 『抗戰時期大後方經濟史研究』, 中國檔案出版社, 1998, p.169 및 p.171.

주, 실업부의 구양륜, 군정부의 왕개를 위원으로 구성하고, 임계용을 주임위원으로 하여 모든 공장의 내지 이전 업무를 주관하도록 하였다. 당시 시국이 매우 혼란하여 위원회는 사실상 임계용 한 사람에 의하여 모든 일이 추진되었다.[15] 같은 날 상해의 공상업 자본가들도 상해 공창연합천이위원회를 조직하여 공업 생산설비의 내지 이전에 협력하기로 결의하였다.

같은 해 12월에 상해공창천이감독위원회는 업무의 범위가 확장되면서 군사위원회 예하의 창광천이감독위원회로 개조되었으며, 1938년 2월이 되면 다시 공광조정처로 개조되었다. 그리하여 같은 해 4월 경제부가 성립된 이후에는 그 예하기관으로 소속되었다. 1938년 말까지 공광조정처는 내지 이전을 위한 비용으로 500만 원 이상을 지출하였다. 이 가운데 120만 원은 내지 이전을 위한 비용으로 사용되었으며, 150만 원은 운영자금으로, 250만 원은 건축 및 기계 부설을 위해 사용되었다. 이 밖에 공장의 내지 이전을 위해 다시 은행으로부터 500만 원을 차입하였다.[16]

이러한 가운데 제2차 상해사변(8·13 송호전사)이 발발하면서 상해 공장의 내지 이전은 더욱 현실적인 문제로 부각되었다. 8월 13일 당일 사천성의 주석인 유상은 송자문을 통해 장개석에게 사천으로 남경 국민정부의 수도를 이전하도록 건의하였다. 장개석은 당일로 장학량의 공관에서 유상을 만나 사실상 수락의 뜻을 표시하였다.[17] 1937년

---

15) 顔燿秋, 「抗戰期間上海民營工廠內遷紀略」, 『20世紀上海文史資料文庫』3, 上海書店出版社, 1999.9, p.377.
16) 粟寄滄, 「吾國戰時工業建設之回顧與前瞻」, 『中國戰時經濟問題硏究』, 新華書店, 1942.11, p.37.
17) 蔣順興, 『民国大遷都』, 江蘇人民出版社, 1997, p.185.

11월 20일, 마침내 국민정부는 천도선언을 발표하고, 서남지방을 항일을 위한 대후방으로 정식으로 선포하였다. 남경이 함락된 이후 국민정부는 각 공장의 지속적인 내지 이전을 통해 후방의 생산을 확보하도록 지시하였다.[18]

2. 제2차 상해사변과 열강의 중립정책

노구교사변의 폭발은 8년에 걸친 일본의 중국 침략이 본격적으로 전개되는 신호탄이었으며, 다른 한편으로 중국 관민이 항일전쟁에 나서는 출발점이기도 하였다. 중국 인민의 저항 앞에서 3개월 만에 중국을 점령하여 전쟁을 종식시키겠다던 일본 군부의 헛된 망상은 좌절되고 말았다. 중국 측의 견결한 대일항전은 미국을 비롯한 구미 열강으로 하여금 동방에서 일본의 세력 팽창을 저지할 수 있는 안전판으로서 중국의 역할에 대한 기대를 불러 일으켰다.

이와 같은 객관적 조건을 바탕으로 장개석이 이끄는 국민정부는 적극적인 대미외교를 전개하였다.[19] 국민정부는 미국의 정치, 경제, 군사적 역량에 주목하여 항일전쟁의 수행 과정에서 이를 적극 동원하려는 계획을 수립하고, 대중원조 및 중미관계의 공고화에 대한 필요성을 끊임없이 미국에 전달하였다. 이러한 과정에서 국민정부 대미외교에

---

18) 史全生, 『中華民國經濟史』, 江蘇人民出版社, 1989, p.426.

19) 대표적인 연구로 陶文釗, 『中美關係史』, 重慶出版社, 1993; 傅啓學, 『中國外交史』, 臺灣商務印書館, 1979; 蘆田均, 『第二次世界大戰外交史』, 時事通信社, 1960; 入江昭, 『米中關係史』, サイマル出版會, 1971 등을 들 수 있다. 기존 중일전쟁 시기 중미관계에 대한 연구는 주로 정치, 군사적 방면에 중점이 두어져 상대적으로 사회, 경제적 측면에서의 연구가 부족한 실정이다.

서 핵심적인 역할을 수행했던 인물이 바로 송자문이었다.[20]

그러나 이와 같은 국민정부의 노력에도 불구하고 중일전쟁이 폭발한 이후 미국은 중일 양국에 대해 중립적 태도와 정책을 견지하였다. 일본의 중국 침략으로 동아시아 국제정세 및 세력 판도에 변화가 발생했음에도 불구하고 미국은 어떠한 연유에서 적극적인 대응을 회피하고 현상의 유지에 급급했을까.

1930년대 중반 중일 간의 정치, 군사적 긴장관계가 고조되면서, 이미 중일전쟁이 발발하기 전해인 1936년 6월 16일에 영국 하원에서 노동당 의원은 만일 중일전쟁이 발발할 경우 상해의 조계는 교전국 쌍방의 진입을 거부할 것인지의 여부에 대해 문제를 제기하였다.[21] 노구교사변 직후인 1937년 7월 16일 미국 국무장관 헐Cordell Hull은 미국의 입장에서 상해는 막대한 이익과 권익이 걸려있는 특수한 지역이므로, 다양한 대응방안을 강구하고 있다고 담화를 통해 밝혔다.[22] 8월 7일 미국 상원외교위원장 비트먼은 북평과 천진에 주둔하는 1만여 명에 달하는 미국 교민을 보호하기 위해 대응책을 강구해야 한다고 주장하였다.[23]

----

20) 전시 송자문의 대미외교에 관한 대표적인 연구로는 陳立文, 『宋子文與戰時外交』, 國史館, 1991; 吳景平, 『宋子文評傳』, 福建人民出版社, 1992; 吳景平, 「宋子文與太平洋戰爭爆發前后的中美關係」, 『民國春秋』1999年 4期; 金志煥, 「棉麥借款與宋子文的日本登岸」, 『社會科學論壇』2005年 10期; 陳永祥, 「美援外交中的胡適與宋子文」, 『民國檔案』2003年 3期; 陳永祥, 「抗戰時期美國對華經濟援助評析」, 『廣州大學學報』2004年 3期 등을 들 수 있다.

21) 上海通信社, 『上海研究資料續編』, 上海書店, 1984.12, p.181.

22) 上海社會科學院歷史研究所, 『'八一三'抗戰史料選編』, 上海人民出版社, 1986.5, p.525.

23) 姬野德一, 『支那事變と列國の論調』, 東京日支問題研究所, 1937.5, p.74.

한편, 일본은 1937년 7월 7일 발발한 노구교사변 이후에 중경, 한구 등 장강유역의 자국 교민들에게 철수하도록 명령하였으며, 이에 따라 8월 9일 약 1,600명의 일본 교민들이 상해로 집결하였다. 그러나 당일 일본 해군의 오오야마 이사오大山勇夫 중위가 상해에서 이들을 시찰하던 중 사살되는 사건이 발생하자, 일본은 이를 빌미로 전쟁의 확대에 박차를 가하였다.

8월 10일, 상해영사단회의는 오카모토岡本 총영사에게 중일 간에 긴장상태가 고조되고 있음에 비추어 상해를 전쟁구역으로부터 제외시켜 주도록 요청하였다. 상해를 비전구역으로 설정하는 계획에 대해 중국정부는 대체로 동의한다는 뜻을 표명하였는데, 그 주요한 이유는 상해가 중국의 재정, 상업, 공업 및 은행의 명실상부한 근거지였기 때문이다. 만일 상해가 파괴된다면 설령 중국이 전쟁에서 승리한다고 하더라도 재정, 경제상 심각한 손실이 아닐 수 없었기 때문이다.[24]

뒤이어 11일 미국을 비롯한 영국, 프랑스, 독일, 이탈리아 등 5개국 대사는 가와고에 시계루川越茂 일본 대사 앞으로 중국정부가 이미 외국 교민과 상해의 안전을 보장한 만큼 일본도 같은 취지의 성명서를 발표해 주도록 서한을 발송하였다. 이와 같은 열강의 요구는 일본에게 압력으로 받아들여지지 않을 수 없었다.

이에 대해 가와고에 대사는 상해에서 외국인의 안전과 재산을 보호하는 일이 일본의 일관된 신념이기는 하지만, 열강의 요구를 관철하기 위해서는 다음과 같은 중국의 조치가 선행되어야 한다고 회답하였다. 첫째, 상해 조계 부근에 집중 배치되어 있는 중국 정규군 및 보안대를 교전거리 밖으로 철수시킬 것, 둘째, 조계 부근에 설치되어 있는 중국

---

24) 石源華, 『中華民國外交史』, 上海人民出版社, 1994, p.503.

의 군사시설을 해체할 것 등을 요구하였다.[25]

열강의 중재에도 불구하고 8월 13일 일본군은 대대적으로 중국 군대에 대한 공격을 개시하였다.(제2차 상해사변) 같은 날 상해의 미국, 영국, 프랑스 3개국 총영사는 중국에 대해 첫째, 정규군을 원주둔지로 철수시킬 것, 둘째, 보안대도 일정한 거리 밖으로 철수할 것을 요구하는 한편, 일본에 대해서도 증원부대를 즉시 철수시키고 잔류 육군도 일정 거리 밖으로 철수시킬 것, 8월 9일 오오야마 이사오 중위 사건 이후에 증파된 군함을 철수시킬 것 등을 요구하였다.[26]

이 밖에 각국 영사는 중국 비행기가 조계 상공을 비행하는 일을 조계의 안전을 위협하는 행위로 규정하여 항의서한을 전달하였다. 이에 상해시장 유홍균은 "조계는 중국 영토이며, 조계 상공은 중국의 영공이다. 따라서 영공권은 주권의 일부이므로 우리 공군이 우리 나라의 영공을 비행하는 것은 타국이 간섭할 일이 아니다"[27]라고 주장하였다.

8월 14일 미국 국무장관 헐은 상해가 군사행동의 본거지가 되지 않도록 중일 양국에 요청하였으며, 분쟁으로 인해 미국 교민이 피해를 입지 않을까 우려한다는 입장을 전달하였다. 이와 함께 그는 기자회견을 통해 미국정부는 분쟁에 말려들어 가는 일을 피할 예정이며, 미국 해군으로 하여금 3천 명에 이르는 미국 교민의 인양을 준비하도록 지시했다고 말하였다.[28]

---

25) 日本外務省,『上海及其附近ニ於ケル交戰回避ニ關スル各國申出』, 1937, p.21.
26) 日本外務省,『上海及其附近ニ於ケル交戰回避ニ關スル各國申出』, 1937. p.23.
27) 上海社會科學院歷史硏究所,『'八一三'抗戰史料選編』, 上海人民出版社, 1986.5, p.534.
28) 姬野德一,『支那事變と列國の論調』, 東京日支問題硏究所, 1937.5, p.73.

8월 16일, 헐은 담화를 발표하고, 상해에 거주하는 3천여 명의 미국 교민을 비롯하여 10만 명의 외국인을 보호하기 위해 중일 양국과 교섭하고 있다고 언급하였다. 19일, 상해의 미국 총영사는 상해 조계가 중립지역인만큼 중일 양국 군대로 하여금 즉시 철수할 것을 요구하였다. 특히 영국은 도쿄에서 일본정부와 협의하고 영국, 미국, 프랑스 삼국이 상해의 조계지역 내에서 일본의 권익을 존중할 방침임을 전달하였다.[29]

상해 중립화의 요구에 대해 25일 일본은 3만 명에 이르는 일본인과 막대한 투자를 외국에 위탁하는 것은 불가능한 일이며, 중국의 정전협정은 과거의 경험으로부터 볼 때 믿을 수 없다고 하면서 중립화 방안을 완곡히 거부하였다. 오히려 일본 제3함대장 다니카와谷川 사령관은 당일 저녁 6시부터 북위 32도 4분 동경 122도 북위 23도 14분 동경 226도 48분까지 중국 연안의 모든 중국 선박에 대한 봉쇄를 선언하면서 긴장이 더욱 고조되었다.[30]

8월 31일, 상해의 미국, 영국, 프랑스, 이탈리아 총영사는 성명을 발표하고, 조계지역의 평화와 치안이 매우 중요한 문제임을 재삼 강조하면서, 금번 군사충돌의 책임이 일본에 있다고 비난하였다. 이와 함께 각국은 교민의 생명과 재산의 보호에 최선을 다할 것임을 선언하였다.[31] 더욱이 열강은 상해의 중립화를 관철하기 위해 군사적 개입을 경고하였는데, 이는 일본에게 엄중한 위협이 아닐 수 없었다.

---

29) 上海社會科學院歷史研究所, 『'八一三'抗戰史料選編』, 上海人民出版社, 1986.5, p.538.
30) 日本外務省, 情報部第三課, 『北支事變ニ關スル各國新聞論調概要』, 1937.8.27.
31) 上海社會科學院歷史研究所, 『'八一三'抗戰史料選編』, 上海人民出版社, 1986.5, pp.533-535.

미국정부는 상해의 교민을 보호하기 위해 캘리포니아에 주둔하고 있던 1,200명의 해군을 상해로 파견하기로 결정하고, 9월 10일에 실제로 이들을 상해로 출발시켰다. 주중 영국 함대사령관도 상해의 조계를 보위하기 위해 영국 군대가 협력할 의향이 있음을 표명하였다. 이어 8월 24일, 프랑스도 홍콩에 주둔하고 있던 1개 대대를 상해로 급파하는 동시에, 3개 대대를 증파하기로 결정하였다.[32] 실제로 9월 9일에는 각국 육전대가 상해에 상륙하였다.[33]

이렇게 되자 일본도 구미 열강과 전쟁을 치룰 수는 없는 노릇으로, 어쩔 수 없이 본격적으로 상해의 중립화문제를 논의하지 않을 수 없었다. 특히 일본은 열강으로 하여금 중일전쟁에 대한 중립을 유도하기 위해 상해의 중립문제를 적극 이용하였다. 9월 10일 일본의 시데하라 기주로幣原喜重郎 외상은 미국 대사와 중국문제에 관해 논의하였으며, 9월 24일과 25일에 각각 프랑스 대사 및 영국 대사와 중국의 시국에 대해 논의하였다. 회담에서 시데하라는 이들에게 중국문제에 대한 불간섭을 요구한 것으로 보인다. 10월 17일 상해 영사단은 중국군의 서수쟁에게 상해지역으로부터 철군하도록 요구하였다.[34]

그러면 일본은 상해 중립을 요구한 열강의 동향에 대해 어떠한 인식과 대응책을 마련하고 있었을까. 당시 외무성을 비롯한 일본정부 내부의 문서는 일본 측의 대응방침을 명확하게 보여주고 있다. 우선 일본은 열강의 요구에 대해 "상해는 열강의 이해가 복잡하게 얽혀있는 지역이므로 여기에서 전쟁을 확대시키는 것은 불필요하다"[35]고

32) 上海社會科學院歷史研究所, 『'八一三'抗戰史料選編』, 上海人民出版社, 1986.5, p.536.
33) 日本外務省, 『涉外事項日誌』, 1937.9, p.15.
34) 日本外務省, 『涉外事項日誌』, 1937.9, p.17.

인식하고 있었다. 따라서 일본은 이미 내부적으로 열강의 요구인 상해 중립화에 대해 수락 방침을 세워두고 있었으며, 단지 이러한 과정에서 일본의 요구와 이해를 관철시켜 나가려는 의도를 가지고 있었던 것이다.

이러한 취지에서 일본은 상해에서 스스로의 권익을 확보하기 위한 구체적 조치로서 중국에 다음과 같이 요구하기로 결정하였다. 즉 "금번 오오야마大山 중위 사건에 비추어 조계 및 그 부근에 중국군이 주둔하는 일은 조계의 안전을 위협하는 사안일 뿐만 아니라, 제국(일본) 신민의 재산과 생명을 위협하는 것이다. 따라서 중국군은 일정선 밖으로 퇴각해야 한다. 단지 상해 조계지역 안에서 치안을 유지하기 위해 상해 시장의 지휘하에 경찰을 임명하여 열강의 감독을 받도록 한다."[36]

1937년 11월 27일, 일본 수상 고노에 후미마로近衛文麿는 "상해 조계문제는 필요시 일본이 무력을 행사할 수도 있다"라고 성명을 발표하였다. 그러나 고노에 수상의 성명은 결코 이를 진정으로 실현하기 위한 의도는 아니었으며, 단지 이에 대한 열강의 대응 수위를 가늠해보기 위한 제스처에 불과했던 것으로 보인다.

이에 12월 2일 영국 외무장관은 "영국은 조계 내에서 특정 국가가 독단적으로 조계의 행정문제를 해결할 수 있는 권리를 인정하지 않는다"라고 하여 일본의 조계 접수에 반대하였다. 1938년 1월 12일, 미국 정부도 일본의 요구에 대해 "미국의 태도는 절대 반대이며, 이와 같은 입장에는 변화가 없을 것"이라고 선언하였다.[37]

---

35) 日本外務省, 『上海及其附近ニ於ケル交戰回避ニ關スル各國申出』, 1937, p.28.
36) 日本外務省, 『上海及其附近ニ於ケル交戰回避ニ關スル各國申出』, 1937. p.30.

결국 일본으로서도 상해 중립화 방안을 수용하지 않을 수 없었지만, 이러한 과정에서 자신들의 정책적 기조에 근거하여 상해 조계에 대한 영향력을 확대해 나갔다. 일본은 수시로 조계 공부국에 항일운동의 단속을 요구하였을 뿐만 아니라, 조계지역 내에 일본 관원을 두고 공부국의 행정에 관여하고자 시도하였다. 공부국도 이와 같은 일본의 조치에 어느 정도 양보하고 타협하지 않을 수 없었다.[38]

뿐만 아니라 열강은 상해 등 지역에서 자신들의 권익을 보존하기 위하여 이 지역의 중립화를 요구하였으며, 이를 위해서는 스스로 먼저 중일전쟁에 대한 중립성을 표방하지 않으면 안되었던 것이다. 일본은 바로 이 점을 간파하고 있었으며, 상해 중립을 보장하는 대가로 중국문제에 대한 열강의 중립성을 이끌어 낼 수 있었던 것이다. 이와 같이 상해 중립화는 구미 열강과 일본 제국주의 사이의 일종의 정치, 외교적 타협의 산물이었으며, 1941년 12월 태평양전쟁이 폭발하면서 양자 사이의 관계가 파열되어 본격적인 전쟁에 돌입할 때까지 유지될 수 있었다.

3. 미국 중립정책의 경제적 배경

중일전쟁이 발발하기 직전인 1937년 5월에 루스벨트 대통령은 이미 중립법에 서명하였는데, 법안의 골자는 외국 간의 분쟁을 미국 대통령이 전쟁 상태로 인정할 경우 이 사실을 내외에 포고하여 병기, 탄약 및 군수물자를 미국 영토로부터 교전국으로 운송하거나 수출하는 행위를 금지하는 내용이었다. 그러나 문제는 노구교사변 이후 중일

---

37) 唐振常主編, 『上海史』, 上海人民出版社, 1989, p.796.

38) 費成康, 『中国租界史』, 上海社會科學院出版社, 1998.1, pp.236-237.

전쟁이 확전되고 있음에도 불구하고 루스벨트 대통령은 이를 전쟁으로 인정하여 포고하지 않고 있었다.

7월 17일 미국의 『Boltimore Sun』은 중일전쟁에 중립법을 적용하는 것은 결국 해군력이 강한 일본에 유리한 조치로서, 중립법을 적용할 경우 오히려 미국은 비중립상태에 빠질 우려가 있다고 지적하였다.[39] 7월 30일 『Journal of Commerce』는 중일전쟁이 확대되면 미국 대통령이 전쟁상태의 존재를 인정할 것인가의 문제를 제기하면서 중립법을 적용할 경우 정치, 경제적으로 미국은 곤란한 상황에 처할 수 있음을 지적하였다.

미국의 대일 수출품은 주로 기계류, 철강, 비행기 및 그 부품이 상당부분을 차지하는데, 중립법상 수출의 중심 품목이 군수품으로 지정될 우려가 있음을 지적한 것이다.[40] 7월 31일의 『Newyork Times』도 일본에 대한 미국의 주요 수출품은 기계류로서, 이들은 이론상 군수품에 속한다고 강조하였다. 이로부터 미국의 여론은 중립법의 선포가 미국과 중일 양국 사이의 무역에 미칠 영향을 우려하고 있었음을 알 수 있다.

중일전쟁이 발발한 직후에 미국의 일반 국민과 여러 단체로부터 국무성 앞으로 답지한 편지가 2,000여 통에 이르렀는데, 이 가운데 미국이 전쟁에 휘말려 들어가서는 안된다는 요망을 담은 내용이 95퍼센트에 달하였다. 헐 국무장관은 1937년 9월 1일 미국은 결코 중일분쟁에 말려들지 않을 확고한 의지를 가지고 있으며, 이는 바로 미국 대외관계의 근본원리임을 천명하였다.

루스벨트가 중립법을 적용하지 못하고 있었던 이유는 일단 전쟁상

---

39) 日本通商局總務課, 『米國中立法』, 1937.8.23, p.22.
40) 日本通商局總務課, 『米國中立法』, 1937.8.23, p.24.

태의 존재를 선언하면 이후 미국 상사나 선박업자가 양국에 물자를 공급하는 것이 불법이 되며, 이 경우 미국 선박이 중일 양국에 의해 나포, 억류 등의 처분을 받게 될 경우 미국이 중일 쌍방과 교전상태로 휘말려 들어갈 우려가 있기 때문이다.[41]

이와 같이 미국의 태도는 자국의 이해와 밀접한 관련을 가지고 있었다. 미국은 중국 및 일본과 경제적으로 밀접한 관계를 유지하고 있었으며, 중립법의 발동은 미국과 중일 간의 정상적인 교역을 위태롭게 할 가능성이 있었다. 1930년대 초 미국은 이미 중국 경제와 밀접한 연계를 가지고 있었다. 중국은 일본 자본주의가 발전하는 과정에서 불가결한 시장이었지만 만주사변(9·18사변) 이후 양국의 정치, 군사적 관계의 악화는 중일무역의 규모를 크게 축소시켰다. 1930년대 중국의 대외무역에서 일본의 비중이 감소한 반면 미국과 영국과의 교역 규모는 상당한 비중을 차지하였는데, 이러한 사실은 다음의 표에서도 잘 나타나고 있다.

중국의 대외무역 (단위: 1,000元)

국가	1933년도			1934년도		
	수출	수입	합계	수출	수입	합계
미국	113,146	297,468	410,614	94,435	271,732	366,167
영국	48,765	154,041	202,806	49,806	124,647	174,453
일본	95,807	132,349	228,156	81,232	126,886	208,118
기타	354,575	775,120	1,129,695	310,260	515,714	825,974
합계	612,293	1,358,978	1,971,271	535,733	1,038,979	1,574,712

출처: 馮亨嘉,「最近中日貿易與英美日在華市場之爭戰」,『錢業月報』15卷 11期, 1935, p.27.

---

41) 具島兼三郎,『世界政治と支那事變』, 東京白揚社, 1940, p.113.

위의 표에서 보여지듯이, 1930년대 미국은 영국, 일본을 제치고 교역 규모에서 중국의 최대 무역 상대국이 되었다. 특히 미국의 서해안 제조업(잡화, 염료, 식품 등)과 무역업, 동부의 금융업, 대기업 세력이 중국 무역과 밀접한 관계를 가지고 있었다. 1920년대 말부터 1930년대 초에 걸쳐 이미 미국 기업은 다투어 중국에 진출하였으며, 대표적인 기업으로 American & Foreign Power와 ITT(International Telephone & Telegraph Co), Curtis Wright, Dollar Steam Ship, GM(General Motor Co), U.S.Steel 등을 들 수 있다.[42]

특히 상해는 중국의 대외무역 가운데 가장 큰 비중을 차지하는 지역이었다. 1935년도 수입에서 전국의 54.9퍼센트, 수출에서 50.14퍼센트를 차지하였으며, 1936년에는 전국 수입의 58.78퍼센트와 전국 수출의 51.26퍼센트를 차지하였다.[43] 이러한 이유에서 상해지역의 중립화는 미국 등 열강의 경제적 이해와 직결되는 사안이었음을 잘 알 수 있다.

미국의 대일무역, 대중무역 비교   (단위: %)

국가	1936년		1937년		1938년	
	수입	수출	수입	수출	수입	수출
일본	7.1	8.3	6.6	8.6	6.5	7.8
중국	3.1	1.9	3.4	1.5	2.4	1.1

출처: 具島兼三郎, 『世界政治と支那事變』, 東京白揚社, 1940, p.9.

---

42) 金志煥, 『中國 國民政府의 工業政策』, 新書苑, 2005, p.167.

43) 上海社會科學院歷史硏究所, 『"八一三"抗戰史料選編』, 上海人民出版社, 1986.5, p.500.

한편, 위의 표에서 알 수 있듯이 미일무역은 규모에서 미중무역을 크게 앞지르고 있었다. 뿐만 아니라 중국에 대한 미국의 투자는 중일전쟁이 발발한 당시 총액이 약 2억 5,000만 달러였음에 비해, 일본에 대한 미국의 투자는 약 4억 5,000만 달러에 달하였다. 따라서 경제적으로도 미일 간의 무역 및 투자 규모가 중미관계를 압도하는 상황에서 중국 시장을 보존하기 위해 일본과 개전한다는 것은 생각할 수 없는 일이었다.

미국의 중립정책은 바로 이와 같은 경제적 이익이 정치, 군사적 충돌로 파괴되는 상황을 원치 않았던 결과였던 것이다. 미국의 재계는 일본과의 무역관계에서 현상을 유지하기 위해 일본과의 정면충돌을 원치 않았으며, 이를 반영하여 미국 의회는 정부의 철저한 중립주의와 중일전쟁에 대한 불간섭을 요구하였던 것이다.

미국은 현상의 파괴를 통해 중일전쟁이 확대되는 것을 결코 원치 않았다. 이러한 의미에서 미국이 장개석정권을 원조한 것은 일본의 팽창을 저지함으로써 현상의 확대를 억제하는 데 주요한 목적이 있었던 것이지, 결코 일본의 철저한 패망을 의도한 것은 아니었다. 더욱이 노구교사변(7·7사변) 직후인 7월 12일, 주미 일본 대사는 미국정부에게 중국에서 미국의 권익을 보호할 것임을 약속하였다. 이와 함께 7월 27일 일본 내각은 이 문제를 재차 확인하였으며, 다음 날인 28일 히로타 고키廣田弘毅 외상은 자신을 방문한 주일 미국 대사에게 이를 다시 확약하였다.44) 일본이 극동에서 미국의 이해를 침해하지 않는 한 미국 역시 일본과의 정치, 군사적 충돌을 야기하여 경제적 이익을 희생해야 할 이유를 찾지 못했던 것이다.

---

44) 日本外務省, 『第三國ノ權益及第三國人ノ生命財産保護問題(一)』, 1937, p.8.

중경국민정부의 물자 수입상황을 살펴보면, 가장 많은 물질적 원조가 바로 미국에 의해 이루어졌음을 알 수 있다. 1938년에는 중경, 만현, 사시, 장사, 영파, 구룡 등 24개 항구를 통해, 1939년에는 18개 항구를 통해 후방으로 유입된 각국 물자의 수입을 비교해 보면 다음과 같다.

중경국민정부에 대한 열강의 물자 공급 상황

1938년(24개 항구)		1939년(18개 항구)	
국명	수입금액(金單位)	국명	수입금액(金單位)
미국	27,513,415	미국	13,929,822
독일	26,546,024	네델란드	7,446,878
영국	21,437,076	영국	6,801,110
프랑스	9,823,262	독일	5,403,897
네델란드	8,992,788	홍콩	5,249,227
이탈리아	5,929,969	프랑스	4,093,913
홍콩	5,491,626	이탈리아	37,989
소련	2,399,264	소련	8,423

출처: 具島兼三郎, 『世界政治と支那事變』, 東京白揚社, 1940, p.16.

그러나 중경국민정부에 대한 미국의 물자 공급이 결코 일본에 대한 중국의 결정적 승리를 희망하여 의도된 결과는 아니었다. 왜냐하면 미국은 상대국인 일본에 대해서도 막대한 물자를 공급하고 있었기 때문이다. 예를 들면 1937년 일본의 총수입 가운데 33.6퍼센트, 1938년에는 34.4퍼센트, 1939년에는 34.3퍼센트가 미국으로부터 수입되었다.

미국 상무성의 통계에 따르면 중국에 대한 미국의 수출 총액은 1937년에 49,703,000달러, 1938년에는 34,772,000달러였음에 비해, 일본에 대한 수출은 1937년에 288,558,000달러, 1938년에는 239,575,000

달러에 달하여 도저히 비교할 수 없을 정도였다. 이와 같이 미국은 일본에 물자를 공급함과 동시에, 다른 한편으로 일본 상품의 유력한 구매자이기도 하였다. 1937년 일본의 총수출 가운데 대미수출이 20.1퍼센트, 1938년에는 15.8퍼센트, 1939년에는 17.9퍼센트를 차지하였다.[45]

이와 같이 중국에 대한 미국의 원조는 철저한 성질이 아니라 일정한 한계를 지닌 원조였다. 미국이 중립법의 적용을 유예한 것은 사실상 일본에게 유리한 조치였다. 중일전쟁이 발발한 이후 일본에 대한 미국의 수출은 오히려 급신장되었을 뿐만 아니라 수출품에서도 원유, 철강, 구리 등의 원료제품을 포함하여 자동차, 기계류의 수출이 눈에 띄게 증가하였다. 극단적으로 말하자면, 일본군은 미국으로부터 구매한 원료 등을 사용하여 중국에서 전쟁을 치루고 있었던 것이다.[46]

중립법을 적용할 것인지의 여부에 대한 미국정부 내부의 입장은 당시 미국 기업가의 전언으로부터 잘 살펴볼 수 있다. 1937년 7월 중순 모건Morgan 상사의 라몬트는 와카스기若杉 뉴욕 주재 일본 총영사에게 다수의 정부 실력자로부터 들은 정보라고 하면서, "미국정부의 분위기는 매우 현실적으로서, 가령 중일 간의 충돌이 상당 정도까지 확대된다고 하더라도 막대한 대일무역을 위태롭게 할 우려가 있어 중립법의 적용은 힘들 것 같다"고 알려주었다.[47] 이와 같이 미국정부의 입장은 기본적으로 자국의 경제적 이해를 위해 현상을 유지해 나가는 정책을 선택했던 것이다.

더욱이 상해의 중립화는 일본과 중국 모두에게 매우 중요한 의미

---

45) 具島兼三郎, 『世界政治と支那事變』, 東京白揚社, 1940, p.18.
46) 入江昭, 『米中關係史』, サイマル出版會, 1971, p.73.
47) 日本通商局總務課, 『米國中立法』, 1937.8.23, p.11.

를 가지고 있었다. 먼저 일본의 입장에서는 전쟁이 발발한 이후 영미 등의 대일 경제봉쇄정책이 강화되면서 조계를 통한 제3국 물자 및 외화의 획득이 필요했다는 점이다. 뿐만 아니라 조계지역 내에 있는 일본 기업의 역량을 전쟁의 확대를 위해 동원할 수 있다는 계산도 서 있었다.

한편, 중국정부에게도 조계지역 내의 기업들은 매우 중요한 의미를 가지고 있었다. 중국정부는 전시재정을 확보하기 위해 중경으로 천도 한 이후에도 구국공채 등 거액의 전시공채를 발행하여 상해의 금융기 관 및 기업에 강제로 할당하였으며, 나아가 이들에게 소득세, 유산세, 인화세(인지세) 등 각종 세금을 징수함으로써 항전을 위한 물질적 기 초를 확보하고자 하였다.[48]

4. 내지 이전에 대한 자본가의 대응

국민정부의 내지 이전 정책에 호응하여 실제로 이전한 공장은 어느 정도의 규모였을까. 1937년 11월 12일까지 상해로부터 내지, 즉 국민 정부 통치구(대후방)로 이전한 민영공장은 모두 148개 공장에 달하였 다. 기계 중량은 모두 1만 4,600여 톤에 달하였으며, 기술노동자가 2,500명에 달하였다. 업종별로 보면 기계, 오금업이 66개 공장, 조선업 이 4개 공장, 전기 및 무선전기가 18개 공장, 도자기, 유리가 5개 공장, 화학공업이 19개 공장, 인쇄업이 14개 공장, 방직공업이 7개 공장, 식 품업이 6개 공장, 기타 공업이 5개 공장이었다.[49]

....

48) 增田米治, 『支那戰時經濟の研究』, ダイヤモンド社, 1944.4, pp.92-93.
49) 林繼庸, 『民營工廠內遷紀略』, 1943.1, pp.14-15.

1935년의 통계에 의하면 상해의 공장수는 모두 5,418개였는데, 전후 내지로 이전한 공장은 전체의 2.75퍼센트에 불과한 수치였다. 특히 최대의 공업부문인 방직자본가는 내지 이전에 소극적이었으며, 최대의 방직기업인 영안사창과 영가기업 등도 참여하지 않았다.[50]

이와 같이 내지 이전에 참여한 민영공장은 소수에 불과했으며, 대부분 상해에 잔류하였다. 이로부터 국민정부가 추진한 공업설비의 내지 이전 계획이 사실상 소기의 성과를 충분히 달성하지 못하였으며, 이후 후방지역의 공산품 부족과 물가의 상승, 통화팽창, 투기와 사재기 등의 경제적 혼란상도 바로 전쟁이 발발한 초기에 내지 이전의 성패와 밀접한 관계를 가지고 있었음에 유의하지 않으면 안된다.

더욱이 종래 연구에서 말하는 소위 '항전을 위한 민족적 신념에 근거한 내천'과는 일치하지 않는 현상을 적지 않게 발견할 수 있다. 당시 일본 외무성의 기록에는 국민정부에 의한 내지 이전 정책을 "장려와 함께 강제적 방법을 동원하여 실행하였다"[51]라고 파악하고 있었다. 또 다른 일본 측의 기록에 따르면 "공장의 내지 이전이 어느 정도 성과를 거두긴 했지만, 상해 부근 공장은 전후 조계의 기형적 번영으로 말미암아 막대한 이윤을 보증 받았기 때문에 내지 이전을 회피하였으며, 일부는 홍콩으로 이전하는 등 전체적으로 보아 결코 성공했다고 보기는 어렵다"[52]라고 평가하고 있다.

위의 기록이 적대국 일본 측의 입장에서 중국 측의 정책을 평가절하하려는 의도가 있었다고 하더라도, 전시 공장설비 이전의 실무를 담당했던 국민정부 내 관료들 역시 비슷한 평가를 내리고 있음은 주

---

50) 黃逸峰, 『舊中國民族資産階級』, 江蘇古籍出版社, 1990, p.478.

51) 日本外務省, 『蔣政權の經濟的抗戰力の動向』3, 1940, p.24.

52) 增田米治, 『重慶政府戰時經濟政策史』, ダイヤモンド社, 1943, p.176.

목할 만한 사실이다. 1937년 7월 7일 노구교사변(7·7사변)이 발발한 직후 내지 이전 공작에 참여했으며, 항전승리 직후 장개석에 의해 항주지역의 적산을 접수하는 총책임자로 임명된 황소굉은 회고록에서 다음과 같이 기술하였다.

"항주가 함락되었을 때 나는 각 공장주로 하여금 설비를 내지로 이전하도록 촉구하였다. 그러나 강제로 이전된 소수의 공장을 제외하고 자발적으로 내지로 천이하여 공장을 개설한 경우는 실제로 많지 않았다. 1940년 중경에서 내천공장의 출품전람회를 참관했을 때, 경제부 공광조정처 처장인 임계용은 강제집행이 없었더라면 이전한 공장들도 적점령구에 그대로 남았을 것이며, 내천한 것은 상해나 한구의 3, 4등급 공장에 불과하였다고 이전의 어려움을 내게 토로하였다."[53]

그러면 최대의 공업인 방직공업의 사례를 통해 이 문제를 검토해 보도록 하자. 국민정부의 생산설비 이전 계획에도 불구하고 많은 방직자본가들은 이에 적극적으로 협조하지 않았으며, 오히려 상해 이외의 지역에 있던 방직공장들이 기업환경이 좋고 안전한 상해지역으로 이전하는 기현상이 발생하였다. 실제로 내지 이전에 참여한 방직공장은 예풍사창, 유화사창, 신신사창 제4창, 진환사창, 사시사창, 대화사창, 태안사창 등 소수에 불과하였다.

12월 29일 국민정부 군사위원회 제3부는 각 사창의 대표들을 소집하여 방직공장의 내지 이전에 관해 협의하였다. 여기서 공광조정처는 각 사창의 책임자에게 후방지역 군민의 의복 수요가 시급하므로 적어도 방추 5만 추가 당장 필요하며, 이를 위해 진환사창과 유화사창 측

53) 黃紹竑, 『民國叢書』5編 82(『五十回憶』), 上海書店, 1945.12, pp.507-508.

에 방추 3만 추를, 신신사창이 2만 추를 시급히 내지로 이전해 주도록 요청하였다. 군사위원회는 공장의 안전과 후방의 군수 조달을 이유로 각 사창으로 하여금 내지 이전을 명령하고, 4일의 말미를 주어 1월 2일까지 가부를 회답하도록 하였다.

이에 유화사창은 바로 다음날인 12월 30일 이사회를 소집하여 "공장의 내지 이전은 손실이 매우 크므로 타당하지 않으며, 다른 사창과 논의한 이후 그 결과에 따라 회답한다. 만일 잔류가 허가되지 않을 경우, 본창은 아무리 많아도 2만 추의 이전을 원칙으로 한다"[54]라고 결정하였다.

1938년 1월 2일과 1월 6일 공광조정처는 각 사창의 책임자와 두 차례에 걸쳐 방직공장의 내지 이전을 협의하였다. 여기서 공광조정처 위원회는 조속히 내지 이전에 착수할 것을 종용하였으나, 사창 책임자들은 여전히 명확한 답변을 회피하였다. 그러자 위원회는 사창 대표들에게 "정부가 초토화정책을 시행할 계획임을 명심해야 한다. 정부는 이들 공장을 폭파하여 적을 돕거나 재산이 한간에 넘어가는 일이 없도록 할 것"[55]이라고 경고하였다.

이와 함께 공광조정처 위원회는 "국방상의 필요에 따라 정부가 강제로 공업설비를 이전하도록 하는 것이니, 각 사창은 국가와 자신을 위해 조속히 내지 이전에 착수하도록 하라. 그리고 2월 15일 이전에 모든 장비의 포장을 마치도록 해야 한다. 그대로 이행해야 하며 불이행을 허락치 않는다"[56]라고 하달하였다.

---

54) 裕大華紡織資本集團史料編輯組, 『裕大華紡織資本集團史料』, 湖北人民出版社, 1984.12, pp.312-313.
55) 裕大華紡織資本集團史料編輯組, 『裕大華紡織資本集團史料』, 湖北人民出版社, 1984.12, p.314.

협의회가 종료된 이후 유화사창의 경우 이사회에서 다시 이 문제를 논의하였는데, 회의에서는 격론이 전개되었다. 일부는 정부의 명령을 받아들여 내지로 이전하자는 반면, 다른 한편은 전쟁이 방직공장의 생산에 미치는 영향이 크지 않을 것이며, 더욱이 사천지역은 원면 생산의 어려움, 교통의 불편, 물자 운송의 곤란 등으로 경영에 어려움이 있을 것이라며 반대하였다. 심지어 사천성으로 이전하자는 사천 출신의 이사를 다른 뜻이 있다고 하여 공격하였다.[57] 결국 이사회는 "사태를 관망하고 당분간 내지 이전을 실행하지 않으며, 현재는 경영상 이윤이 많은 시기이므로 연기할 수 있는 한 연기한다"[58]라고 결정하였다.

1938년 4월 9일, 유화사창 이사회의 기록을 살펴보면 여전히 내지 이전에 부정적인 생각을 가지고 있었음을 알 수 있다. 이사회에서는 "정부의 천창에 대한 훈령이 매우 엄격하니, 일부 자산을 사천성으로 이전하여 공사의 명맥을 보존하는 것이 상책이라 생각된다. 우리 사창은 이미 방추 5,000추, 직포기 200대를 이전 중이므로 더 이상 이전한다면 손실이 지나치게 많다. 현재의 상태에서 볼 때 시국이 안정되어 정부가 재촉하지 않기를 기다리는 것이 최선이다. 이미 철거한 설비 외에는 잠시 철거를 중단하여 생산을 유지하고, 필요시에 다시 내지 이전을 논의한다"[59]라고 결정하였다. 즉 사창의 일부 설비만을 이전

---

56) 裕大華紡織資本集團史料編輯組, 『裕大華紡織資本集團史料』, 湖北人民出版社, 1984.12, p.313.

57) 孫果達, 『民族工業大遷徒』, 中國文史出版社, 1991, pp.118-119.

58) 裕大華紡織資本集團史料編輯組, 『裕大華紡織資本集團史料』, 湖北人民出版社, 1984.12, pp.313-314.

59) 裕大華紡織資本集團史料編輯組, 『裕大華紡織資本集團史料』, 湖北人民出版社, 1984.12, p.314.

하여 공장 이전에 형식적으로 협조함으로써 대부분의 사창 및 설비를 보존하고자 하는 의도를 파악할 수 있다.

이러한 가운데 8월 2일에 소집된 유화사창 이사회에서는 전쟁의 진행과 국민정부의 생산설비 이전 계획을 고려할 때 더 이상 연기하는 것이 불가능할 것으로 예상하였다. 과연 8월 5일에 공광조정처 위원회는 각 사창 대표회의를 소집하여 장개석의 명령을 전달하였다. 즉 중국자본 사창은 모두 즉시 내지 이전에 참여해야 하며, 그렇지 않을 경우 폭파하여 이적행위가 없도록 할 것이라 전달하였다. 8월 7일 공광조정처도 다시 각 사창의 책임자와 회의를 개최하여 이러한 사실을 통고하고, 즉시 내지로 이전하도록 명령하였다. 이와 함께 8월 10일에는 공광조정처에서 인원을 파견하여 각 사창의 내지 이전을 감독하고 매일 상황을 상부에 보고하였다.[60]

대화사창은 8월 5일 당일 "각 사창이 원치 않고 있지만 이를 회피할 방도가 없다. 만약 내지로 이전하지 않으면 폭파한다고 하니 어쩔 수 없이 내지로 이전하기로 결정하며, 즉시 생산설비의 가동을 중지한다"고 결정하였으며, 유화사창도 8월 19일 이사회에서 사창의 모든 설비를 내지로 이전하기로 결정하였다.[61]

1938년 2월 19일, 공광조정처 위원회는 예풍사창의 책임자에게 내지 이전을 명령하였으며, 이에 대해 경리 반세경, 창장 정언지 등은 고심 끝에 이를 받아 들였다. 그리하여 방추 56,448추, 직포기 224대, 발전설비 3,500킬로와트 및 기타 기계 9,000여 톤을 철거하여 2개월에 걸쳐 모두 내지로 이전하였다.[62] 그런데 공장 내지 이전의 총책임자

60) 孫果達, 『民族工業大遷都』, 中國文史出版社, 1991, p.120.

61) 裕大華紡織資本集團史料編輯組, 『裕大華紡織資本集團史料』, 湖北人民出版社, 1984.12, pp.314-315.

였던 임계용은 예풍사창의 경우 내지로 이전하지 않으려고 하여 공광조정처가 강제로 전격 철거하였다고 회고하였다.[63] 이러한 사실로부터 볼 때, 방직자본가들은 공장의 내지 이전에 상당히 주저하고 있었음을 알 수 있다.

앞에서 언급했듯이 적지 않은 상해지역 자본가들이 내지 이전에 참여하지 않고 상해지역에 잔류했던 이유 가운데 하나는 상해지역의 중립화와 밀접한 관계를 가지고 있었다. 즉 자본가들은 구미 열강의 세력에 의한 상해의 정치, 경제적 안정에 기대를 걸고 있었던 것이다. 이러한 과정에서 상해지역 내의 사창은 일본의 침략과 조계 내부의 통제에 대비하기 위해 영국이나 미국 등 열강의 자산으로 명의를 변경해 두는 사례가 빈번하게 발생하였다.

예를 들면 유홍생이 개설한 장화모직방직공사는 1937년 11월 5일 독일회사인 예화양행에 모든 자산을 양도한다는 계약을 체결한 후 공장과 기계, 원료와 생산품 등을 독일 대사관의 비준을 얻어 이 회사의 자산으로 등록할 수 있었다.[64] 영안방직공사는 1930년대 중반 중일 간의 군사적 충돌이 빈번해지자 일찍이 1936년에 영안사창 제2창과 영안사창 제4창을 담보로 미국의 신창양행으로부터 50만 원의 법폐를 차입하였는데, 이때 허위로 차관계약을 맺어 상해 주재 미국 영사관에 이를 미국의 자산으로 등록하였다.[65] 중면공사는 이탈리아 신보양행의 자산으로 등록하였으며, 항풍사창은 1937년 영국 상흥양행의 명의

---

62) 林繼庸, 『民營工廠內遷紀略』, 1943.1, p.34.

63) 郭廷以, 『林繼庸先生訪問紀錄』(中央研究院近代史研究所口述歷史叢書), 1983.1, p.205.

64) 蔣順興, 『民國大遷都』, 江蘇人民出版社, 1997, p.48.

65) 黃逸峰, 『舊民族資產階級』, 江蘇古籍出版社, 1990, p.490.

로 영국 자산으로 등록하고 회사명도 진업공사로 바꾸어 상흥양행의 마하이를 이사장으로 임명하였다.[66)

부흥사창은 기계설비를 한구사창 제1창으로부터 임대하였는데, 영국상 안리양행으로부터 채무 900만 원을 지고 있는 까닭에 영국인 관할로 등기할 수 있었다. 이러한 결과 채무 제공자인 영국 측의 동의 없이는 소유권을 마음대로 이전할 수 없게 되었다. 국민정부는 이들 공장설비를 내지로 이전하기 위해 여러 차례 영국 측과 절충하였으나 아무런 결과도 얻을 수 없었다. 이에 임계용이 강제수단을 동원하여 내지 이전을 시도하였으나, 영국 측이 병사를 정문에 배치하자 결국 충돌을 우려하여 실행에 옮길 수 없었다.[67)

신신사창의 영덕생은 국민정부의 무한 사수가 어렵다고 판단하였으며, 그렇다고 해서 내지 이전 역시 쉽지 않다고 보았다. 그리하여 공장을 미국 영사관의 승인을 얻어 미국자본의 명의로 임대하고 공장 내에 미국기를 게양하였으며, 최종적으로 국민정부의 승인을 얻어 임대수속을 마치려 하였다. 그러나 국민정부의 공광조정처는 이에 불만을 가지고 승인을 거부하는 한편, 사창의 내지 이전을 재촉하였다. 신신사창은 임대가 불가능하게 되자 사방에 줄을 대어 내지 이전을 회피하려 하였다.[68)

신신사창과 관련된 또 다른 기록에서도 "공장은 미국 국적을 이용하여 안전을 도모하였다. 공장 정문에 상해기기창과 우드워드Woodworth 공사 사무소라는 두 개의 명패를 걸어 두었으며, 미국 국기를 게양하

66) 中國科學院上海經濟研究所編, 『恒豊紗廠的發生發展與改造』, 上海人民出版社, 1958, pp.68-69.
67) 林繼庸, 『民營工廠內遷紀略』, 1943.1, p.25.
68) 孫果達, 『民族工業大遷都』, 中國文史出版社, 1991, p.125.

였다. 또한 두 명의 인도인으로 하여금 정문을 지키도록 하였다"[69]라고 하였다. 임계용은 회고록에서 자본가들이 매수하거나 혹은 면식있는 외국인 등을 통해 외국 영사관에 가등기를 한 이후, 공장의 정문 앞에 외국 국기를 걸고 외국 공장을 사칭하였다고 회고하였다.[70]

그러면 외국 국적으로 공장의 명의를 이전한 공장들은 어떠한 운명을 맞이하였을까. 1941년 말 태평양전쟁이 폭발한 이후 일본 군대는 신속히 조계로 진입하는 동시에, 영국, 미국 등의 기업을 '적산'으로 간주하여 접수한 이후 군관리나 일본자본 공장의 관리하에 두었다. '적산'의 접수는 1942년 1월 8일부터 시작되었는데,[71] 일본 육군이 상해에서 접수한 영미 국적의 '적산공장'은 모두 71개 공장에 달하였으며, 이 가운데 영국 국적이 52개 공장, 미국 국적이 19개 공장에 달하였다.[72] 군관리, 위임경영, 중일합판, 임대, 수매 등 다양한 방식을 통해 사실상 몰수된 사창은 전전 중국자본 사창의 87퍼센트였으며, 방추의 70퍼센트, 직포기의 66퍼센트에 달하였다.[73]

이들 영미 기업 가운데 적지 않은 경우는 사실상 명의만을 차용한 중국 공장이었다. 예를 들면 신신사창 제2창, 신신사창 제9창, 합풍사창, 영안방직 제3창, 안달사창, 보풍사창, 덕풍사창 등 수많은 공장들이 외국기업으로 등록하여 경영하던 중 일본에 의해 접수되어 일본군

69) 顔燿秋, 「抗戰期間上海民營工廠內遷紀略」, 『20世紀上海文史資料文庫』3, 上海書店出版社, 1999.9, p.384.

70) 郭廷以, 『林繼庸先生訪問紀錄』(中央研究院近代史研究所口述歷史叢書), 1983.1, p.117.

71) 中國第二歷史檔案館編, 『中華民國史檔案資料匯編』第5輯 第2編, 江蘇古籍出版社, 2000.1, pp.1177-1178.

72) 徐新吾, 『上海近代工業史』, 上海社會科學院出版社, 1998, p.252.

73) 陳眞等編, 『中國近代工業史資料』第2輯, 三聯書店, 1958, pp.440-443.

관리로 들어가고 말았다.[74)]

이들 가운데 일부는 1942년 5월 22일에 원 중국인 소유자에게 반환되었다. 그러나 적지 않은 공장들이 반환되지 못한 채 군관리로 남아 있었으며, 이들은 1945년 8월 15일 이후 국민정부의 적산 접수 시기에 또다시 복잡한 문제를 야기하였다.

영국자본 안리양행 소유로 명의를 이전했던 부흥사창의 경우 태평양전쟁 이후 일본 군대가 조계로 진입하면서 영국계 자본으로 분류되어 일본군관리로 편입되었다. 그러나 군관리로 편입되는 과정에서 부흥사창 측은 명의만 영국 소유일 뿐 실제로 중국자본 사창임을 적극 밝혀 다시 환수 받을 수 있었다. 이로부터 부흥사창이 채무관계를 통해 영국 소유로 명의를 변경한 것은 내지 이전을 회피하기 위한 수단에 불과했음을 잘 알 수 있다.

공상자본가들이 공장의 내지 이전에 소극적으로 대응한 이유 가운데 하나는 바로 전쟁에 대한 안이한 판단이 있었다고 볼 수 있다. 실제로 임계용이 상해의 방직자본가들을 소집하여 국가, 민족의 안위를 역설하며 공장의 내지 이전을 권유하자, 이에 이들은 "임선생, 너무 흥분하지 말고 잘 생각해 보시오. 만주사변 직후에 발발한 제1차 상해사변(1932년의 1·28 상해사변) 당시 우리들이 공장 가동을 중단한 시간은 열흘에 불과합니다"[75)]라고 말하였다.

이로부터 이들은 중일전쟁 발발의 심각성을 인식하지 못하였음을 알 수 있다. 실제로 당시 발간된 자료에서는 내지 이전이 순조롭게 이루어지지 못한 이유에 대해 "자본가들은 전쟁이 머지않아 끝날 것

74) 水谷啓二, 『上海經濟の再編成』, 同盟通信社, 1942.9, pp.45-47.
75) 林繼庸, 『民營工廠內遷紀略』, 1943.1, p.3.

이라 보고, 헛되이 눈앞의 이익을 버리고 이전 비용을 부담할 수 없다고 생각하여 관망의 태도를 취하였다"[76]라고 기록하였다.

다음으로는 전시 내지 이전의 위험성에 대한 우려 때문이라고 할 수 있다. 예를 들면 무한 진환사창의 경우 당초 방추와 직포기를 모두 장강을 통해 중경으로 이전할 계획을 세웠으나, 선박의 부족으로 겨우 방추 10,000추만 운송할 수 있었다. 나머지 16,336추는 어쩔 수 없이 육로를 통해 서안으로 운송하였으며, 250대의 직포기와 전동설비는 이전할 수 없었다. 더욱이 운반선이 폭격으로 침몰되었기 때문에 서안으로 이전한 방직설비만으로는 공장을 다시 재개할 수 없어 어쩔 수 없이 이를 유화사창과 대화사창에 매각할 수밖에 없었다.[77]

이 밖에 후방지역의 경제적 조건이 상해에 비해 상대적으로 열악하였다는 점도 지적할 수 있다. 예를 들면 모 방직자본가는 "첫째, 전쟁으로 인해 교통이 봉쇄되면 운송이 곤란하며, 더욱이 폭격의 위험이 있다. 둘째, 기계를 이전하더라도 즉시 경영을 개시할 수 있는 이상적인 지역을 찾기 어려우며, 비록 정부가 보조한다고 하더라도 운반 비용이 막대하다. 셋째, 상해의 각 공장은 모두 동력을 전기에 의존하고 있는데, 내지로 이동하게 되면 원동설비에 문제가 발생할 우려가 크다"[78]라고 지적하였다.

영안방직공사의 유홍생은 국민정부의 내지 이전 계획이 타당하지 못하다고 비판하며, 마치 물고기를 물이 말라버린 우물 속으로 들어가게 하여 살 수 없도록 만드는 것과 같다고 비유하였다. 대신 유홍생은 자유통상항구의 개설을 주장하였는데, 즉 장강 하류의 무호지역 주위

76) 葉笑山, 『中國戰時經濟特輯』, 上海中外出版社, 1939, p.74.
77) 黃逸峰, 『舊中國民族資産階級』, 江蘇古籍出版社, 1990, p.481.
78) 馮叔淵, 「民元来我國国棉紡織業」, 『民國經濟史』, 1948.1, p.337.

에 자유통상항구를 설치하고 상해의 대공장으로 하여금 이 지역으로 이전하도록 하자는 주장이다.

이들 지역은 지세가 험준해 천혜의 요새이며, 더욱이 국민정부가 무력으로 이를 방어할 수 있으므로, 이 곳에서 생산활동에 종사하도록 하자는 주장이다.[79] 그러나 일본의 침략이라는 절박한 위기 속에서 자유통상항구의 설치와 보존은 국민정부의 역량에 비추어 현실적으로 가능한 계획이라 생각되지 않으며, 내지 이전을 회피하기 위한 수단으로 밖에 보여지지 않는다.

공장 내지 이전에 참여한 황소굉은 이러한 상황에 대한 현상과 원인에 대해 "규모가 큰 공장은 생산과 소비가 모두 하나의 성省, 혹은 하나의 현縣에 국한되지 않는다. 공장에서 필요로 하는 원료 및 연료를 성 밖이나 외국으로부터 공급받기도 하며, 소비 역시 국외에서 이루어지기도 한다. 더욱이 내지에서는 숙련공을 찾기 어렵다"[80]라고 지적하였다.

내지로 이전한 사창의 설비 규모를 살펴보면, 먼저 신신사창 제4창은 원래 4만 5,000추의 방추설비를 가지고 있었는데, 전시에 3만 추의 손실이 있었으며, 나머지를 중경, 성도, 한중으로 이전하였다. 유화사창은 방추 2만 7,000추를 중경과 성도로 천이하였다. 이 밖에 국민정부 군정부는 일본자본 태안사창을 중경으로 이전시켰는데, 방추 24,816추, 직포기 380대에 달하였다. 예풍사창의 경우 원래 방추 5만 6,000추를 보유하였으나 전시 일부 소실되어 중경과 합산에 공장을 설립하였다. 사시사창은 1만 추의 방추를 중경으로 이전하여 공장을

---

79) 劉鴻生,「拟遷移前區工廠及創設自由商港之管見」,『劉鴻生企業史料』下, 上海人民出版社, 1981, pp.3-8.
80) 黃紹竑,『五十回憶』(『民國叢書』第5編 82), 上海書店, 1945.12, pp.507-508.

개설하였다.[81] 내지 이전의 과정이 어떠하든 이들이 후방에서 사창을 경영함으로써 국민정부의 항전에 일조한 것은 틀림없는 사실이다.

후방 각 사창의 설비를 살펴보면 대형사창은 방추 총 280,380추, 이 가운데 국영사창이 약 6만 추를 차지하였다. 소형사창의 방추는 총 11,486추로서, 이 가운데 국영사창 소속이 약 2,000추를 차지하였다. 직포기는 동력직포기가 모두 3,600대로서 이 가운데 국영이 800대였으며, 목직기는 4,700대로서 이 가운데 합작사 소유가 800여 대였다.[82]

전시의 어려운 상황 속에서 생산설비를 머나먼 후방으로 이전하여 대일항전을 위한 경제적 기초를 제공하는 일은 자본가 자신의 희생을 전제로 하지 않으면 불가능한 일이었음에 틀림없다. 이러한 의미에서 공업 생산설비를 내지로 이전하는 정책을 성공과 실패의 양단으로 구분하여 평가하기는 어려울 것이며, 비록 소수라 할지라도 이러한 행위에 대한 역사적 평가는 당연한 것이라 생각된다.

그럼에도 불구하고 항전 시기 국민정부가 단행한 연안지역 생산설비의 내지 이전 정책은 사실상 소기의 성과를 충분히 달성하지 못하였다. 이러한 결과는 매우 엄중하였으며, 후방의 경제적 어려움은 최초 중일전쟁 발발 시에 생산설비의 내지 이전 정책이 소기의 성과를 거두지 못했던 것에 근본적인 원인이 있었다. 전시 인플레가 각 지역에 공통적으로 발생하기는 하였지만, 후방 생산설비의 절대량 부족과 이로 인한 제품 생산의 부족은 가격 상승의 주요한 원인으로 작용하였다.

81) 劉國良, 『中國工業史』近代卷, 江蘇科學技術出版社, 1992, pp.830-831.
82) 劉國良, 『中國工業史』近代卷, 江蘇科學技術出版社, 1992, pp.832-833.

물론 이러한 물가 상승을 전적으로 천장에 협조하지 않은 자본가의 탓으로 돌리는 것은 합당하지 않다. 왜냐하면 공장 이전의 계획을 미처 수립하지 못하였거나 제반 여건이 구비되지 못한 상태에서 경제적으로 불리한 내지로 이전하는 것은 비현실적이라고 생각되기 때문이다. 그러나 한편으로 이러한 경제주의적 합리성이 결국 정부의 경제정책 수립을 상당 부분 제한하였으며, 항전을 위한 경제적 기초를 수립하는 데 불리하게 작용했음도 부인할 수는 없을 것이다.

5. 상해의 '고도번영'과 후방경제

1937년 7월 7일 노구교사변이 발발한 이후 일본의 대륙 침략이 본격화되자, 국민정부는 부득불 중경을 임시수도로 선포하여 천도를 결정하고 침략국 일본에 대한 장기항전을 선언하였다. 이와 함께 항전을 위한 경제적 기초를 마련한다는 기조에서 전시 후방의 일용필수품과 군복 등 군수품을 생산하는 방직공업의 내지 이전을 추진하였다.

앞서 지적한 바와 같이 상해의 공상자본가들은 정부의 내지 이전 계획에 소극적으로 대응하였다. 이러한 이유 가운데 하나는, 상해의 공상자본가들이 중일전쟁 이후 출현한 공전의 전시호황을 기업 경영의 전략으로 인식하고 이를 적극적으로 활용하였기 때문이다. 이와 같은 전시호황을 통한 이윤의 창출이 앞에서 언급한 상해의 정치, 군사적 중립화와 밀접한 연관을 가지고 있음은 물론이다. 실제로 중일전쟁이 발발한 직후 상해지역 내의 피해는 거의 없었으며, 오히려 공전의 기형적 번영을 구가할 수 있었다.

이렇게 되자 오히려 다른 지역의 수많은 공장들이 전쟁으로 인한 피해를 회피할 수 있으며, 경제적 활동이 자유롭고 이윤의 획득이 용이한 상해로 몰려들었다. 공상자본가들이 전시호황을 구가하기 위해 오히려 상해로 몰려들게 되니 상해 공업은 공전의 호황을 맞게 되었다. 상해지역의 기형적 번영을 '고도번영'이라 칭하는데, 대체로 1937년 8월 13일의 제2차 상해사변(8·13 송호전사)으로부터 1941년 12월 7일 진주만공습까지 4년 4개월 내외의 시간을 가리킨다.[83]

중일전쟁이 발발한 직후 상해를 고도孤島(외로운 섬)라고 지칭한 이유는 1937년 11월 12일 상해를 비롯한 연안의 많은 지역이 일본의 침략으로 적의 수중에 떨어졌으나, 상해의 중심지역인 공공조계와 프랑스조계에는 일본군이 진입할 수 없었기 때문이다. 강소성, 절강성 등 상해 주변의 다수 지역이 점령지로 분류되었으며, 해당지역의 공상업은 정상적인 생산과 유통이 어려워 경영상 곤란한 지경에 처하였다. 그러나 상해의 조계지역은 오히려 공전의 번영을 구가하며 외로운 섬처럼 남겨진 형국이 된 것이다. 이러한 상황은 1941년 12월 일본의 진주만공습까지 지속될 수 있었다.

이 시기에 상해의 공공조계 및 프랑스조계로 대량의 자본과 인구가 유입되었다. 중일전쟁이 발발한 다음 해인 1938년 이 지역의 공장수는 약 4,700여 공장에 달했는데, 이는 전쟁 직전의 약 10배에 해당되는 수치였다. 1939년까지 상해에 신설된 공장은 1,705개에 달하였으며, 이 가운데에서도 방직공업의 약진이 두드러졌다. 당시 통계에 따르면, 1939년 상해에서 신설된 방직공장은 823개 공장, 직포기는 2만 3,200대가 증가하여 매월 142만 필의 면포를 생산할 수 있었다.

---

83) 金志煥, 「中日戰爭期 上海 中立化와 工業 內地移轉」, 『中國學論叢』第20輯, 2005.12 참조.

전시의 수요가 급증함으로 말미암아 전시호황이 발생한 까닭에 자연히 상해의 공업은 공전의 이윤을 획득할 수 있었다. 예를 들어 유대사창 이사회에서 내지 이전에 반대한 사람들의 주장을 살펴보면, "이미 소주, 무석, 상주 등이 함락되었기 때문에 생산량을 증대시킨다면 이익이 평소의 열 배는 될 것"[84]이라고 주장하였다. 실제로 1938년 유대사창 이사회의 기록에 따르면 원료면화의 가격 하락과 전시 수요의 팽창으로 면제품 가격이 상승하여 1937년도의 이윤은 총 2,175,500원에 달하였으며, 순익이 무려 130만 원에 달하였다.[85]

이 시기에 상해의 공업은 전반적으로 공전의 이윤율을 기록하였다. 1939년 2월 28일의 보도에 의하면, 20번수 금성면사는 1건의 가격이 515원으로 방직공장은 약 150-200원의 이윤을 획득하여 이윤율이 30-40퍼센트에 달하였다. 신신사창, 신유사창, 통익사창 등도 1938년의 이윤이 200-400만 원에 달하였다. 1938년도 신신사창 제2창의 이윤은 272만 원으로서 이윤율이 무려 52.61퍼센트에 달하였으며, 영국 자본 이화사창의 이윤은 1937년의 217만 원에서 1938년에는 무려 618만 원으로 급상승하였다.[86]

1937년도 신신사창 제2창의 면사 생산량은 26,301건으로 이윤이 총 543,300원이었는데, 1940년 생산량이 37,716건으로 1937년에 비해 43.4퍼센트 증가하면서 이윤도 3,409,260원으로 상승하였다. 1937년도 신신사창 제9창의 생산량은 63,914.59건으로 이윤이 2,251,130원이었는데, 1940년도 생산량은 97,144.71건으로 52퍼센트나 증가하였으며, 이

---

84) 孫果達, 『民族工業大遷都』, 中國文史出版社, 1991, pp.118-119.

85) 裕大華紡織資本集團史料編輯組, 『裕大華紡織資本集團史料』, 湖北人民出版社, 1984, p.282.

86) 唐振常, 『上海史』, 上海人民出版社, 1989, p.803.

에 따라 이윤도 10,937,350원으로 증가하였다.[87] 신신사창 제9창의 사례로 살펴보면 1937년에는 2,251,128원, 1938년에는 6,912,665원, 1939년에는 10,220,000원, 1940년에는 10,937,353원, 1941년에는 12,290,448원 등으로 막대한 이윤을 거두었다.[88]

상해 조계 내 공부국의 조사에 따르면, 1938년 1월 1일부터 5월 1일까지 조계에서 신설된 공장은 모두 560개에 달하며, 9월 말까지 조계 내의 공장 수는 이미 2,540개를 돌파하였다. 10월에서 다음해 2월까지 전기의 사용을 위해 전력국에 전선의 연결을 신청한 신설 공장수가 매월 300-500개 공장으로 증가하였으며, 5개월 내 총 1,994개 공장에 달하였다.[89]

중일전쟁 이후 상해 방직설비의 변화

설비	1937년	1938년	1939년	1940년	1941년
방추(千錘)	374	445	583	633	687
직포기(臺)	1,700	1,846	2,788	4,829	5,328
총설비지수	100	117	155	184	195

출처: 王子建, 「'孤島'時期的民族棉紡織工業」, 『中國近代經濟史硏究資料』10, 上海社會科學院出版社, 1990.5, p.12.

상해의 번영은 무역량으로부터도 잘 입증된다. 중일전쟁이 발발한 이후 약 1년 가량 상해의 무역은 쇠퇴기로 접어들었으나, 이후 다시 급속히 회복되어 이미 전전의 무역 총액을 능가하면서 중국 전체 무

87) 上海社會科學院經濟硏究所編, 『榮家企業史料』下, 上海人民出版社, 1980, pp.71-74.
88) 黃逸峰, 『中國近代經濟史論叢』, 上海社會科學院出版社, 1988.9, pp.138-139.
89) 湯心儀, 「上海之金融市場」, 『戰時上海經濟』1輯, 上海長鳳書店, 1945, p.15.

역 가운데 수출에서 57퍼센트, 수입에서 45퍼센트라는 절대적인 비중을 차지하였다.[90] 상해 공업의 발전과 함께 방직설비도 크게 증가하였는데, 내지 각 지역으로부터 상해로 이전한 공장은 영풍사창, 신생사창, 창흥사창, 광근사창, 공영사창, 보충사창, 안달사창, 합풍사창, 중방사창, 신화사창 등 방추 220,872추, 직포기 2,790대에 달하였다.[91]

그렇다면 이와 같은 상해지역의 '고도번영'을 가져온 구체적인 요인은 어디에서 찾을 수 있을까. 우선 공업의 발전을 위한 풍부한 유휴자본이 상해로 집중된 것에서 그 원인을 찾을 수 있다. 중일전쟁이 폭발한 이후 광주, 무한 등 각지의 자본이 홍콩과 상해로 몰려들기 시작하였으며, 상해의 은행에는 자본이 넘쳐났다. 거액의 자금은 암시장에서 외환으로 태환된 이후 상해로 몰려드니, 상해는 외환의 집중지가 되었다. 이미 1937년 7월 10일부터 8월 12일까지 상해의 각종 외국계 은행의 외환 매도액은 750만 파운드에 달하였다.

통계에 따르면 1938년 여름에 조계에 집중된 유휴자본은 5억 원에 불과하였으나, 이후 급속히 증가하여 1940년 5월 말 이미 50억 원 이상에 달하였다. 거액의 자본이 상해로 집중되면서 공업경제가 발전할 수 있는 재정적 기반을 마련해 주었다.[92] 미달러와 황금, 면제품은 주요한 투기대상으로 간주되어, 세간에서는 "공업이 상업만 못하고, 상업이 투기만 못하다"[93]라는 풍자가 횡행하였다.

---

90) 增田米治, 『支那戰時經濟の硏究』, ダイヤモンド社, 1944.4, p.91.

91) 馮叔淵, 「民元來我國之綿紡織業」, 『民國經濟史』, 1948.1, p.338. 다른 자료에서는 상해로 이전한 방직설비를 방추 204,400추, 직포기 2,795대로 집계하였다. 朱仙舫, 「三十年來中國之紡織工業」, 『三十年來之中國工程』, 華文書局, 1967.7, p.9.

92) 吳景平, 『抗戰時期的上海經濟』, 上海人民出版社, 2001.6, p.79.

93) 唐振常, 『上海史』, 上海人民出版社, 1989, p.804.

이와 함께 상해 공업의 발전과 황금시대의 도래는 풍부한 노동력에 기초하고 있었다. 전후 각지로부터 전쟁을 피해 상해로 인구가 급속히 유입되면서, 상해의 인구는 전전에 250만 명 정도였으나 1938년 10월에 이미 500만 명을 돌파하였다. 유입된 인구 가운데에는 청장년층이 상당한 비중을 차지하였으며, 풍부하고 저렴한 노동자원은 상해의 공업 발전을 위해 매우 유리한 환경을 조성해 주었다.[94] 비록 노동자의 명목임금은 상승하였으나 물가 상승 및 생활비지수와 비교할 때 노동자의 실질임금은 이전보다 하락하였으며, 이는 자연히 생산코스트를 인하하는 데 매우 유리한 조건을 제공해 주었다.

상해 노동자의 임금 변화 (단위: 원)

연도	월평균수입	화폐수입지수	생활비지수	실제수입지수
1936	14.353	100.00	100.00	100.00
1937	12.176	84.80	118.15	71.80
1938	13.259	92.38	152.90	60.42
1939	17.093	119.09	203.25	58.59
1940	34.802	242.47	430.61	56.31
1941	67.122	467.65	871.89	53.64

출처: 黃逸峰, 『中國近代經濟史論叢』, 上海社會科學院出版社, 1988.9, p.143.

마지막으로 상해 공업의 호황을 가져온 요인 가운데 하나는 국민정부 통치구, 즉 대후방의 공산품에 대한 수요의 급증과 이로 인한 상해 제품의 대규모 후방 유출에서 찾을 수 있다. 중일전쟁이 발발한 이후 후방에서는 인구의 급증으로 말미암아 공산품의 수요가 급증하였으나, 이를 충족시킬 수 있는 공장설비는 부족한 형편이었다. 조사에 따

---

94) 吳景平, 『抗戰時期的上海經濟』, 上海人民出版社, 2001.6, p.78.

르면 1940년과 1941년 귀주, 운남, 사천 등 후방지역의 시장에 공급되는 상품의 약 80퍼센트가 상해로부터 유입되는 실정이었다.[95] 매년 십수억 원에 달하는 면제품, 의약품 등이 상해로부터 중경으로 유입되었다.[96]

일용필수품을 중심으로 수요에 비해 공급이 턱없이 부족하자, 후방지역에서는 자연히 물가가 급등할 수밖에 없었다. 1937년 6월 20번수 면사의 가격은 상해가 236.3원, 천진이 237.8원인 반면 중경은 362.3원이었다. 이러한 상황에서 중일전쟁이 발발한 1938년의 가격은 상해가 342.9원, 천진이 293.6원인 반면 중경은 835.4원으로 폭등하였다. 1940년 6월 상해의 가격은 1,089.4원이었음에 비해 중경에서의 가격은 2,850원이었다. 1941년 6월 상해에서는 1,400원이었음에 비해 중경에서는 무려 4,900원에 달하였다.[97]

상해와 후방 사이의 가격 격차로 말미암아 상업상의 이익을 실현하기 위해 상해 등 적점령구 상품들이 국민정부 통치구(국통구, 대후방)로 대량 유입되었다. 이와 같이 상해 공업의 발전은 국민정부 통치구의 경제 상황과 밀접한 관계를 가지고 있었던 것이다.

그러나 중일전쟁 이후 상해에서 출현한 '고도번영'은 전시호황에 편승한 비정상적이며 단기적인 발전이었으며, 태평양전쟁의 발발과 함께 급속히 냉각될 수밖에 없는 취약한 구조를 가지고 있었다. 전쟁이 확대되면서 면화의 수입이 어렵게 되면서 수입면화에 주로 의존하고 있던 상해 방직공업의 경영은 곧 어려움에 봉착하게 되었다.

더욱이 1941년 7월 영미의 대일자산 동결 및 당해년도 말 태평양전

---

95) 齊春風, 『中日經濟戰中的走私活動』, 人民出版社, 2002.5, p.253.
96) 增田米治, 『支那戰時經濟の研究』, ダイヤモンド社, 1944.4, p.93.
97) 馮叔淵, 「民元來我國之綿紡織業」, 『民國經濟史』, 1948.1, p.339.

쟁의 발발과 더불어 면화의 수입이 두절되면서 원료가격이 급등하자, 면사의 가격도 따라 급등하지 않을 수 없었다. 1941년 상해 주변 3성의 면화 생산은 풍작이었던 전년도에 비해 절반 이하에도 미치지 못하는 수준이었다. 태평양전쟁이 폭발한 이후 일본 군대는 신속히 조계로 진입하는 동시에 상해지역의 공업에 대한 통제를 강화하였다. 이러한 결과 상해 공업의 주요한 이윤의 획득 경로인 후방지역에 대한 제품의 유출이 엄격히 통제되자 공상업계는 전반적으로 엄중한 불황에 직면하였다.

제3장

중경국민정부의 경제통제정책

1937년 11월 20일 장개석이 중경을 임시수도로 선포한 이후, 중경국민정부는 전 민족적 항일전쟁을 총지휘하는 본부로서 중요한 역할을 수행하였다. 특히 경제분야와 관련해서, 중경국민정부는 관세, 염세, 통세 등 주요 세원을 상실한 상태에서 간접세를 직접세로 전환하고 공채를 발행하였으며, 상해 등 연안지역의 공장설비 및 자본을 후방으로 이전함으로써 생산력의 증대와 적자 재정의 해소를 도모하였다.

중일전쟁 시기 중경국민정부는 항전을 수행하기 위한 물질적 기반을 확보하고 군수 및 민수물자의 부족을 타개하기 위해 국가권력이 직접 경제의 운용을 통제하는 경제통제정책을 시행하였다. 이를 위해 사련총처四聯總處, 공광조정위원회工鑛調整委員會, 무역조정위원회貿易調整委員會, 화사포관제국花紗布管制局 등을 설치하여 생산력의 증대와 물가의 통제를 통해 항전을 위한 물질적 기반을 마련하는데 진력하였다.[1]

이 시기에 국민정부가 시행한 주요한 경제통제정책으로는 법폐에 대한 화폐통제, 공업 및 농업에 대한 산업통제, 은행 및 차관, 대출 등의 금융통제, 전시 관세 및 통세 등의 세제통제, 수출입 등의 무역통제 등을 들 수 있다. 이 가운데 중국 공업에서 최대의 비중을 차지하며, 군수 및 민수 필수품을 생산하는 방직공업에 대한 통제정책은 전시 국민정부 경제통제정책 가운데 핵심적인 부분이었다고 할 수 있다.

여기에서는 중경국민정부가 시행한 경제통제정책 가운데 물가통제정책과 면업통제정책을 중심으로 살펴보려 한다. 전시 국가권력에 의한 경제통제정책은 항전의 물질적 기초를 확보하고 사회의 공급과 수요를 조절하며 이를 통해 물가를 안정적으로 유지, 관리하는 데 초점이 맞추어져 있었다. 따라서 중경국민정부가 시행한 경제통제정책의 구체적인 내용과 주관 기관의 변천, 그리고 정책에 대한 정책수용자의 대응 및 정책의 효과 등을 중심으로 살펴보고자 한다.

1. 중경국민정부의 물가통제정책

전시 물가 상승과 통화팽창은 근본적으로 공농산품의 수급 불균형으로부터 비롯되었으며, 투기는 중국 경제를 총체적으로 악화시킨 원인으로 간주할 수 있다. 따라서 정부의 경제정책은 당연히 공업 생산

---

1) 중일전쟁 시기 중경국민정부의 경제통제정책과 관련된 구체적 내용과 평가에 대해서는 劉殿君, 「評抗戰時期國民政府經濟統制」, 『南開經濟研究』1996年 3期; 陳雷, 「抗戰時期國民政府的糧食統制」, 『抗日戰爭研究』2010年 1期; 鄭會欣, 「統制經濟與國營貿易」, 『近代史研究』2006年 2期; 李先明, 「抗戰時期國民政府對花紗布的管制述論」, 『貴州社會科學』2004年 3期; 方學英, 「論抗戰時期國民政府統制經濟政策的影響」, 『四川行政學院學報』2001年 2期 등 참조.

력의 제고와 함께 투기 및 비정상적 유통을 억제하는 데 중점이 두어
졌다.[2]

여기에서는 중경국민정부의 물가통제정책이 출현한 배경으로서 전
쟁이 발발한 이후에 중경을 비롯한 국민정부 통치구에서의 물자 수급
구조를 살펴보고자 한다. 이와 같은 배경하에서 중경국민정부의 물가
통제정책이 입안되고 실시된 일련의 과정과 내용을 분석하며, 이와
함께 정부의 정책에 대해 공상자본가의 입장과 대응은 어떠했는지 살
펴보려 한다.

1) 전후 국민정부 통치구의 물자 수급 구조

1937년 7월 7일 노구교에서 발생한 7·7사변은 8년 중일전쟁의 서
막을 열었다. 일본의 침공이 본격화되면서 전쟁의 범위와 양상이 점차
확대되자, 1937년 11월 20일 장개석은 중경을 임시수도로 선포하여
천도선언을 발표하고 사천, 운남, 귀주, 광서와 섬서, 감숙, 신강 등
지역을 항일을 위한 대후방 근거지로 선포하였다. 따라서 중경국민정
부의 성립은 일본의 침략에 분연히 맞서 장기항전을 내외에 천명하는
결연한 의지를 내포하고 있다고 할 수 있다.

중경국민정부는 1938년 '비상시기공광업장려잠행조례', '공업장려
법' 등을 반포하고, 상해 등 연안지역의 공장 및 생산설비의 내지 이전을

---

2) 중일전쟁 시기 대후방의 물가 및 통제정책에 대해서는 曹發軍, 「試論抗戰時
期四川物價管制的實施」, 『西南大學學報』2009年 2期; 覃玉榮, 「抗戰時期
川康區食糖專賣政策對內江糖業的影響」, 『西南交通大學學報』2009年 3期;
張照靑, 「抗戰時期晋察冀邊區物價問題研究」, 『中國經濟史研究』2008年 3
期; 蔡志新, 「抗戰時期晋察冀邊區物價問題研究」, 『西南大學學報』2007年
5期; 楊菁, 「試論抗戰時期的通貨膨脹」, 『抗日戰爭研究』1999年 4期 등 참조.

촉구하였다. 이전 기업에 대해서는 1)수출세의 경감, 혹은 면제, 2)원료세의 경감, 혹은 면제, 3)국영 교통사업의 운수 비용 경감, 4)장려금 교부, 5)일정 지역 내 5개년 이하의 전리권 부여 등을 약속하였다.3)

이러한 결과 1940년까지 총 449개 공장이 내지(후방)로 이전하여 항전을 위한 물질적, 재정적 기반을 마련하는 데 기여하였다. 경제부장 옹문호의 발표에 따르면, 1938년 12월까지 내지로 이전한 공장수는 총 339개, 생산설비는 총 57,000톤에 달하였다. 이전한 공장의 분포를 살펴보면 사천성에 141개, 호남성에 101개, 귀주성에 18개, 기타지역에 54개 공장이 위치하였다. 이 가운데 40퍼센트가 상해나 무한으로부터, 나머지 20퍼센트가 천진, 청도로부터 이전해 온 것이다.4) 대후방에서 공업의 발전 상황은 중경에서 기계공업의 발전을 보여주는 아래의 통계 수치로부터도 잘 알 수 있다.

중경지역 기계공업의 발전 상황(1939-1942)

연도	공장수(개)	자본(만원)	기능공(명)	공작기계(대)	동력기계(대)
1939	69				
1940	185	794.8	4,200	970	
1941	332	1,173			
1942	436	17,388	11,762	2,400	636(5,441마력)

출처: 韓渝輝, 『抗戰時期重慶的經濟』, 重慶出版社, 1995.8, p.65.

위의 통계수치로부터 전시 중경의 공업이 이전 시기와 비교하여 크게 발전하였음을 알 수 있다. 1937년 이전에 중경에는 총자본금 881만원에 불과한 67개 공장이 있는 데 불과하였으나, 1945년이 되면 중경

---

3) 增田米治, 『重慶政府戰時經濟政策史』, ダイヤモンド社, 1943, p.177.
4) 增田米治, 『重慶政府戰時經濟政策史』, ダイヤモンド社, 1943, p.175.

에는 총자본금 272.6억 원에 달하는 1,690개 공장이 존재하였다.[5] 이와 같은 공업의 발전은 항전을 위한 전시 군수물자의 생산뿐만 아니라, 대후방지역의 일용필수품 공급에도 크게 공헌하였다.[6]

상해 등 연안지역의 생산설비 및 자본의 내지 이전이 당초 계획한 규모로 이행되지는 못하였지만, 국민정부 통치구의 경제 발전을 선도하였으며, 나아가 항전의 경제적 기반을 조성했음은 부정할 수 없다. 그러나 문제는 공업설비와 더불어 방대한 인구 역시 이 지역으로 물밀 듯이 유입되었으며, 따라서 전반적인 공업의 발전 상황을 인정한다 하더라도 한정된 공산품의 수급에 비추어 소비 수준이 반드시 제고되었다고 보기는 어렵다는 사실이다.

중경국민정부는 상해의 유휴자본과 해외 화교자금의 흡수에도 많은 노력을 기울였다. 당시 상해에는 적어도 20억 원, 많게는 50-60억 원의 유휴자본이 있는 것으로 파악되었으나, 중경국민정부의 권유에도 불구하고 이들 자본이 내지로 움직이지 않았다. 이러한 이유에 대해 중국의 경제학자인 마인초는 1)유휴자본의 투기성, 2)내지에 양호한 투자처의 결여. 3)외환 태환과 현금 인출의 어려움, 높은 수수료, 4)물가 상승으로 인한 투자 이윤의 불확실성, 5)내지시장의 협소성 등을 들었다.[7]

따라서 기존의 연구에서 지적한 바와 같이 공장설비의 내지 이전이 중경 등 국민정부 통치구의 경제 발전과 항전에 기여한 것은 사실이

---

5) 韓渝輝, 『抗戰時期重慶的經濟』, 重慶出版社, 1995.8, p.101.
6) 내지로 이전한 공장이 국민정부 통치구의 경제 발전에 미친 영향은 金志煥, 「中日戰爭期 上海中立化와 工業 內地移轉」, 『中國學論叢』第20輯, 2005 및 虞寶棠, 『國民政府與民國經濟』, 華東師範大學出版社, 1998, pp.236-238 참조.
7) 石濱知行, 『重慶戰時體制論』, 中央公論社, 1942.6, pp.60-61.

지만, 당초 계획과는 상당한 격차가 있었음을 인정하지 않으면 안될 것이다. 국민정부 통치구(대후방)의 수급 불균형과 물가 상승은 바로 최초 공장의 내지 이전 성과의 한계와 불가분의 관계에 있음에 유의해야 할 것이다.

다음의 도표는 상해시내 6개 기차역에서 발송되어 내지로 이송되거나, 내지로부터 상해로 유입되는 화물의 품목과 수량을 나타낸 수치이다. 이로부터 중경 등 국민정부 통치구(대후방)와 상해의 수급이 상호 얼마나 긴밀히 연계되어 있었는지를 잘 알 수 있다. 더욱이 상해 등 연안지역과 중경 등 국민정부 통치구 사이의 물자 교역은 국민정부가 발행한 법정화폐인 법폐의 가치를 유지시키는 작용을 수행함으로써, 중경국민정부로 하여금 중국 전역에 대한 상당 정도의 통제력을 유지할 수 있는 조건을 마련해 주었다고도 할 수 있다.

1939년 상해 시내 6개 역의 발송, 도착 화물 통계(상해 - 중국 내지 간) (단위: 톤)

품목	발송	도착	품목	발송	도착
석탄	41,018	2,708	금속	15	257
목재	12,884	5,852	약품류	1,525	3,755
석유류	23,778	380	설탕	23,356	60
야채류	1,148	45,929	과일	7,709	13,918
가축류	185	65,799	종이, 문구	15,230	9,838
차류	193	8,574	콩	5,479	35,380
주류	28,569	3,997	연초	28,569	3,997
면사	13,182	1,725	견직물	168	1,415
면직물	32,800	6,075	식용유	13,193	2,272
면화	7,048	4,802	쌀	8,660	192,809
잡곡	4,340	131,023	양탄	646	12,738
합계	373,956	798,325			

출처: 石立隆司, 『國民政府要覽』, 新武漢社, 1941.5, pp.262-263.

2) 일본의 경제봉쇄와 물가문제의 심화

국민정부가 중경으로 천도한 이후 연안지역은 대부분 일본의 세력권 아래로 편입되고 말았다. 그러나 상해 등 조계지역은 여전히 영국, 미국, 프랑스 등 열강의 세력권하에서 일본의 세력이 미치지 못하는 중립지역으로 남아 있었다. 그렇다면 일본 제국주의는 열강의 세력권 하에 있는 상해 등 조계지역에 대해 어떠한 인식을 가지고 있었을까.

일본은 조계가 배일운동의 근거지로 활용되고 있다는 인식을 가지고 이를 경계하고 있었다. 일본정부와 일본 국내에서는 이와 같은 인식이 상당히 보편적으로 받아들여지고 있었던 것으로 보인다. 예를 들면 "미국과 영국은 조계를 원장(장개석에 대한 지원), 배일의 기지로서 활용하고 있으며, 중경정부도 조계를 통해 전선의 배후로부터 일본을 위협하고 있다."[8] "상해는 열강이 중국을 착취하는 근원지이며, 중경국민정부의 전진기지"[9]인 동시에, "동아시아의 혼란을 조성하는 근원지일 뿐만 아니라 배일, 원장분자들의 별천지가 되어 중일관계를 이간질시키는 기지가 되고 말았다"[10]라는 기록은 이러한 인식을 잘 보여주고 있다. 또한 하문 고랑서鼓浪嶼 공동조계를 반환할 당시에도 일본은 "중일전쟁이 발발하자 미국과 영국의 지배하에 있던 이 조계에서 일본에 대한 적대감으로 수많은 문제점이 야기되었음은 기억에 새롭다"[11]라고 회고하였을 정도이다.

그렇다면 일본이 상해 등 조계지역을 원장, 배일의 기지로 인식하

---

8) 植田捷雄, 『支那に於ける租界還付,治外法權撤廢』, 龍文書局, 1944.10, p.9.
9) 日本外務省, 『本日の新聞輿論』495號, 1940.4.22, p.2.
10) 植田捷雄, 『支那に於ける租界還付,治外法權撤廢』, 龍文書局, 1944.10, pp.23-24.
11) 植田捷雄, 『支那に於ける租界還付,治外法權撤廢』, 龍文書局, 1944.10, p.19.

였던 구체적인 이유는 무엇이었을까. 무엇보다도 중일전쟁이 발발한 이후 전쟁의 양상이 영미 대 독일, 이탈리아, 일본의 구도로 진행되면서 일본으로서는 영국과 미국 등 구미의 세력권 아래에 놓여있던 상해 등 조계지역의 정치적 동향에 매우 민감할 수밖에 없었다. 따라서 조계 당국의 배일적 성향과 친국민정부적 태도는 경계의 대상이 아닐 수 없었다. 뿐만 아니라 조계지역은 배일을 주창하던 중국공산당에게 활동무대를 제공함으로써 소위 '대동아전쟁'을 수행하고 있던 일본에게 배후로부터의 심각한 위협이 아닐 수 없었다.

이러한 일본의 인식은 "중일전쟁 발발 이후 조계 당국이 극단적인 원장, 배일적 태도, 즉 소위 '이적성'을 발휘하여 우리의 '성전' 수행에 막대한 지장을 초래하였다. 더욱이 상해 조계는 배일을 주창하는 중국 공산당의 근거지가 되고 있다. 조계 당국이 자국 정부의 정책을 반영하여 배일, 원장적 태도를 취하는 것은 조계가 가진 국제적 성격을 홀시하고 국제분쟁을 조장하는 일이다"[12]라는 비판에서도 잘 알 수 있다.

조계의 존재는 대륙 침략전쟁의 주체인 일본 군부에게도 현실적인 위협 요인으로서 받아들여졌다. "천진의 영국 조계는 일본군의 작전 행동을 무전으로 홍콩, 중경에 통보하고, 화북지역에 준동하는 유격대에 편의를 제공하였으며, 화북공산군에 대한 코민테른의 자금 공급 거점으로 변질되었다. 더욱이 화북연은권華北聯銀券을 위조하여 유통시킴으로써 금융 혼란을 야기하는 한편, 법폐의 유통을 조장하여 화북에서 물가를 상승시켜 민간 생활에 일대 위협이 되고 있다. 더욱이

---

12) 植田捷雄, 「帝國の租界還付とその斷行合理的根據」, 『外交時報』916號, 1943.2.1, p.33 및 p.37.

조계 당국은 지역 내에서 항일 언론과 교육이 자행되는 것을 묵인하고 있다. 이와 같은 사실에 대해 지금까지 우리 군대는 은인자중하여 왔지만, 자위와 생존의 필요에서 언제 단호한 조치를 취할지 알 수 없다"[13]는 기록으로부터 일본 군부가 조계의 존재와 역할을 어떻게 받아들였는지를 잘 알 수 있다.

여기서 말하는 화북연은권이란 중일전쟁 시기에 일본의 괴뢰정부인 '중화민국임시정부'가 설립한 중국연합준비은행이 발행한 지폐인 중국연합준비은행권의 약칭이다. 이 화폐는 1938년 발행되기 시작했으며, 주로 화북의 일본 점령지역에서 유통되었다. 연은권은 일본 화폐 및 만주국 중앙은행권(中銀券)과 등가로 유통 및 태환되었으며, 종전 이후 중국정부는 연은권 5원을 중국법폐 1원으로 태환할 수 있도록 조치하였다.

그런데 일본의 입장에서 상해가 가지는 '이적성'은 앞에서 언급한 정치, 군사적 요인뿐만 아니라 경제적으로도 일본에 매우 심각한 타격을 주고 있었다. 상해 등 조계지역은 중경으로 천도한 국민정부에게 매우 중요한 경제적 명맥이었다고 할 수 있다. 국민정부는 상해, 청도 등 연안지역을 상실한 이후 3대 세수였던 관세, 염세, 통세의 세원을 대부분 상실하였으며 따라서 재정의 염출방안으로 거액의 구국공채를 발행하여 그 상당 부분을 상해의 금융기관과 기업에 강제적으로 할당하였다.

뿐만 아니라 중경국민정부는 상해자본가들에게 소득세, 유산세, 인화세 등 각종 명목의 세금을 부과, 징수함으로써 항전의 주요한 물질적 기초로 삼았다.[14] 다시 말해, 국민정부는 중경으로 천도한 이후에

---

13) 時局宣傳資料, 『天津英租界問題』, 1939.7, p.5.

도 여전히 상해 등 조계지역 내의 공상자본가들에게 영향력을 행사하고 있었으며, 조계지역 내의 공상자본가들은 중경국민정부의 항전을 경제적으로 지지하는 중요한 역할을 수행하고 있었던 것이다.

이러한 이유에서 이미 일본정부는 조계의 처리와 관련된 방침을 세워두고 있었으며, 이후 왕정위정부에게 조계를 반환한 것은 일본의 예정된 수순에 불과했음을 알 수 있다. 1939년에 일본 외무성은 자국에 비협조적인 조계의 처리와 관련하여 다음과 같은 몇 가지 대응방안을 세워두고 있었다. 1)실력으로 조계를 접수하여 중국(왕정위정부) 측에 인도한다. 2)평화적인 방법을 통해 조계를 중국이 회수하도록 한다. 이것은 중앙정권 수립 후 일본의 원조 아래 중국 측이 주도하도록 한다. 3)조계 당국으로 하여금 일본에 순응하여 협력하도록 한다. 4)조계를 봉쇄 혹은 단절시켜 외부와의 교통, 연락을 차단하고 항일책동의 여지를 근절한다.[15]

전쟁이 총력전 체제로 전개되면서 이를 수행하기 위한 물질적 기초를 확보하는 일은 전쟁의 승패를 가름하는 관건이 아닐 수 없었다. 중일전쟁 초기 중경국민정부는 적국에 대한 경제봉쇄를 단행하여 아군 측의 물자가 적점령구로 유출되지 않도록 하기 위해 1938년 10월 27일 '사금적화조례'[16] 및 '금운자적물품조례'[17]를 반포하였다. 조례의 주요한 내용은 다음과 같다.

1) 적국 물품의 수입을 일률적으로 금지하며, 국내에서의 소비를 금지한다. 적점령지역 내의 공장, 상점 가운데 적인의 투자나 경

---

14) 增田米治, 『支那戰時經濟の研究』, ダイヤモンド社, 1944.4, pp.92-93.

15) 時局宣傳資料, 『天津英租界問題』, 1939.7, p.11.

16) 査禁敵貨條例: 적국의 제품을 조사하여 유통을 금지하는 조례

17) 禁運資敵物品條例: 적의 항전역량을 지지하는 물자의 운송을 금지하는 조례

영과 관련된 것도 역시 적국 물품으로 간주하여 금지한다.

2) 적점령지역의 공장 가운데 이미 적에 의해 탈취되어 통제되거나 이용되는 것은 경제부가 수시로 지정하여 그 물품의 명칭, 생산지 및 공장 명칭, 상표 등을 고시하여 국내에서의 유통을 금지한다.

3) 국내 물품 가운데 적의 실력을 증진시킬 수 있는 품목은 경제부가 지정하여 적국 혹은 적점령지역으로의 반출을 금지한다.[18]

이와 같은 상황에서 상해 등 조계지역으로부터 중경 등 국민정부 통치구로 유출되는 물자를 통제하는 일은 일본으로서도 매우 긴요한 당면과제가 아닐 수 없었다. 외국으로부터 홍콩으로 들어와 하적된 물자는 다시 상해로 유입되었다. 이후 상해로부터 육로로 강소성이나 절강성을 거쳐 밀수를 통해 내지로 들어가거나, 또는 해로로 정크선, 영국선이나 기타 제3국 선박을 이용하여 영파, 온주, 복주, 천주 등 절강, 복건의 제 항구로 운송되었다. 여기서 다시 트럭, 나귀 등으로 절공철도까지 운반된 이후 이 철도를 통해 형양을 거쳐 다시 상계철도로 계림, 곤명, 중경 등 내지로 운송되었다. 이 밖에도 상해로부터 베트남의 하이퐁海防까지 해로로 운송된 이후, 하이퐁에서 다시 전월철도를 통해 곤명으로 운송되는 루트도 있었다.[19] 결과적으로 홍콩, 상해는 중경국민정부에 대한 외국의 원조물자가 유입되어 내지로 운송되는 양대 거점이 되었다.

홍콩과 상해의 두 도시를 거점으로 하는 국민정부 원조루트 이 외에도 전면공로, 소비에트연방과의 사이에 서북루트 역시 중경국민정

---

18) 龍大均, 『十年來之中國經濟』, 1948.3, p.U-10.
19) 石濱知行, 『支那戰時經濟論』, 慶應書房, 1940.9, p.207.

부를 원조하는 중요한 루트가 되었다. 서북루트를 통해서는 주로 군기의 운송이 이루어졌으며, 이 밖에 각국으로부터 유입된 물자가 전면로(중국 운남성 - 미얀마), 전월로(중국 운남성 - 베트남) 및 기타 루트를 통해 내지로 운송되었다. 따라서 상해, 홍콩을 기점으로 하는 각 해안루트, 전면루트, 전월루트, 서북루트의 4개 노선을 대표적인 원장(장개석 원조)루트라 할 수 있다.[20]

더욱이 일본은 물자 유통로의 30퍼센트 전후를 차지하는 광서공로를 차단할 목적에서 1939년 10월 남녕전투를 발동하여 마침내 1940년 1월에 이 지역을 점령하였다. 그러나 이와 같은 계획이 소기의 성과를 거두지 못하자 1940년 6월 각 해안과 변경에 대한 감시를 한층 강화함으로써 물자의 유출을 철저히 통제하고, 광서성으로부터 베트남을 통해 내지로 들어가는 루트를 폐쇄함으로써 물자의 유통을 압박하였다.[21]

이와 같은 통제를 통해 일본은 물자 유출의 단속에서 어느 정도 성과를 거둘 수 있었다. 그런데 문제는 이러한 물자 유출의 단속이 상해 공업의 발전을 제약하는 결과를 낳기 시작했다는 점이다. 상해로부터 서남 각 지역으로 통하는 광대한 시장이 차단되자 상해 공업 역시 경영에 어려움을 겪기 시작하였다.[22]

중일전쟁 이후 전시호황을 맞았던 상해 경제가 1940년 7월부터 하향세로 돌아서게 되는데, 가장 중요한 원인은 일본군이 7월부터 상해로부터 곤명에 이르는 간선루트인 전월철도를 파괴하였기 때문이다. 더욱이 일본군은 7월부터 해군함정을 동원하여 전월, 남해구를 봉쇄

---

20) 石濱知行, 『支那戰時經濟論』, 慶應書房, 1940.9, p.208.

21) 金志煥, 「中日戰爭期 國民政府 農本局의 綿業統制政策」, 『韓中人文學硏究』16輯, 2005.11, p.428.

22) 張公權, 『中國通貨膨脹史』, 文史資料出版社, 1986, p.188.

하는 동시에 중국 국경의 주요 요충지역에 군대를 파견하여 감시를 강화하였다.[23] 1941년 4월, 일본은 절강, 복건 연해의 경제봉쇄를 위해 영파, 진해, 임해, 온주, 복주, 복청 등을 점령하고 남하하여 다시 소흥, 여요 등을 공략하였다.[24]

더욱이 물자의 유출을 철저히 통제할 경우 재화 일본공장의 경영 이윤과 상호 충돌되는 모순이 출현할 가능성도 있었다. 실제로 중국자본 공장뿐만 아니라 일본자본 공장의 생산품도 대량으로 국민정부 통치구로 유입되었으며, 이는 일본자본 공장이 높은 이윤을 거둘 수 있었던 원천이었다. 상해 등 조계 내의 일본자본 방직공장 역시 국민정부 통치구에 면제품을 공급하면서 높은 이윤을 거두어 일본군과 일본정부 당국에 눈에 가시 같은 존재였다.[25]

이에 대해 일본의 여론은 "물자의 이동이 제한되게 되면 일본 제품에 대한 통제도 이루어지게 되고, 그 결과 이윤도 저하되어 일본자본 공장의 조업단축도 불가피하게 될 것이다. 그러나 자유 유통에 대한 제한은 중경의 항일진영이 존재하는 한 계속해서 강행되지 않으면 안 된다"[26]는 입장을 통해 물자통제의 불가피성을 주장하였다.

1941년 6월 23일 왕정위가 방일하여 고노에 수상과 '일화공동성명'을 발표한 이후 일본에서는 중경국민정부에 대한 경제봉쇄를 한층 적극적으로 실시해야 한다는 주장이 비등하였다. 일본의 여론은 "중경

---

23) 張公權, 『中國通貨膨脹史』, 文史資料出版社, 1986, p.188.
24) 國防最高委員會對敵經濟封鎖委員會, 『敵僞在我淪陷區域經濟統制動態』, 1941.5, pp.12-18 참조.
25) 高村直助, 『近代日本綿業と中國』, 東京大學出版會, 1982, p.285.
26) 小室誠, 「近衛·汪共同聲明の意義と指向」, 『外交時報』879號, 1941.7.15, pp.65-66.

에 대한 군사작전이 부단히 계속되고 있는 오늘날 점령지역 내에서 유통을 단속하지 않는다면 모든 물자가 무제한적으로 중경 측으로 유입되게 될 것이며, 적(즉 중경국민정부)을 이롭게 하는 결과를 초래하는 모순에 봉착할 것이다. 물자의 유통에 대한 제한은 중경의 항일진영이 존속하는 한 언제까지고 지속적이고도 철저히 실시하지 않으면 안된다"[27]라는 주장이 끊임없이 제기되었다.

1941년 8월 28일 왕정위정부의 전국경제위원회 부위원장이며 재정부장인 주불해는 '장강하류지대물자통제잠행조정강요'를 발표하여 "물자 이동의 통제는 중경국민정부 통치구로 유입되는 상해 물자를 대상으로 한다"[28]라고 명확히 규정하였다. 주불해는 국민정부 통치구로 물자가 유출되는 것을 봉쇄함으로써 상해 등 점령지역의 경제적 안정을 도모하고, 나아가 중경국민정부의 전력을 약화시킬 수 있다고 주장하였다.[29]

1942년 12월 21일에 개최된 제9차 일본어전회의에서 '대중처리근본방침'이 결정된 이후 바로 다음날인 22일 일본 육군 참모총장은 "대적봉쇄와 관련하여 점령지역 안의 물자가 적통치구역(즉 일본의 입장에서 국민정부 통치구를 가리킴)으로 유출되는 것을 방지하기 위해 모든 노력을 기울여야 한다"[30]라고 강조하였다. 이러한 결과 일본은

---

27) 小室誠, 「近衛・汪共同聲明の意義と指向」, 『外交時報』879號, 1941.7.15, pp.65-66.

28) 黃美眞, 「1937-1945:日僞對以上海爲中心的華中淪陷區的物資統制」, 『抗日戰爭硏究』1991年 1期, p.98.

29) 日本外務省, 『周財政部長訪日ノ際話題トナルベキ事項ノ応待資料』, 1941, p.101.

30) 日本防衛廳戰史室編纂, 天津市政協編譯委員會譯, 『日本帝國主義侵華資料長編』(中), 四川人民出版社, 1987, pp.665-666.

점령지역으로부터 국민정부 통치구로의 물자 유출을 철저히 단속하였으며, 그 결과 중경을 비롯한 대후방지역의 물가는 상해와 비교해서도 한층 급격히 상승하였다.

상해와 중경의 물가상승지수 비교(1937.6.-1940.12.)

지역	1937.6	1937.12	1938.6	1938.12	1939.6	1939.12	1940.6	1940.12
상해	105.03	147.58	152.54	147.5	176.15	304.06	422.91	579.7
중경	97.2	98.7	128.2	164.0	209.3	355.4	596.6	1,276.2

출처: 增田米治, 『重慶政府戰時經濟政策史』, ダイヤモンド社, 1943, p.377.

상해와 중경의 공산품가격 비교(면사 20번수) (단위: 원)

지역	1937.6	1937.12	1938.12	1939.6	1939.12	1940.6	1940.12	1941.6
상해	236.3	301.6	342.9	429.9	714.7	1089.4	1238.4	1400
중경	362.3	통계무	835.4	1027	1600	2850	4215	4900

출처: 馮叔淵, 「民元來我國之棉紡織業」, 『民國經濟史』, 1948, p.339.

3) 물가통제정책과 공상업의 쇠퇴

중일전쟁 이후 생산력의 위축으로 말미암아 수급이 불안정해지자 중국 전역에서 물가가 급격히 상승하기 시작하였으며, 이에 따라 물가의 통제와 안정은 중국국민정부의 시급한 정책 과제가 되었다. 1937년 12월 국민정부는 '비상시기농광공상관리조례'를 반포하였는데, 이 조례는 1938년 11월에 수정을 거쳐 확정되었다. 조례에 따르면 국민정부 경제부는 행정원의 비준을 거쳐 다음과 같이 물품의 가격 및 관련 기업을 통제하도록 규정하였다.

경제부는 면화, 면사, 면포 등 섬유제품, 금, 은, 동, 철 등 금속류, 식량, 설탕, 소금, 석유, 식용유, 종이, 시멘트, 석탄, 땔감, 전기재료 등의 일용필수품을 통제의 대상품목으로 지정하였다. 경제부는 이들 일용필수품을 생산하는 기업의 경영방식, 원료의 종류 및 잔고, 노동시간과 대우, 품질, 생산원가, 운송 및 판매가격, 이윤 등의 항목을 정하고 각각의 적절한 표준을 책정함으로써 가격의 급등을 억제하고자 하였다. 뿐만 아니라 생산자가 투기나 기타 매점매석 등의 행위를 통해 가격을 고의로 제고시키는 행위를 단속하였다.[31]

이와 같은 단속에도 불구하고 전쟁이 격화됨에 따라 물가가 다시 급등하기 시작하자 국민정부 경제부는 1939년 2월 15개조의 '비상시기 물가안정 및 투기단속판법'을 공포하였다. 이 법안의 제2조는 각 지방의 주관관서(시사회국 및 현시정부)로 하여금 현지 유력기관, 상회, 동업공회, 유력상인과 협력하여 일용필수품의 적정가격을 결정하기 위한 평가위원회를 설립하여 물자의 가격 억제(제한) 업무를 관장하도록 규정하였다.

이 법안의 제6조에 따르면, 평가위원회는 생산자, 소비자 쌍방의 입장을 고려하여 다음과 같은 원칙에 입각하여 적정가격을 결정하도록 하였다.

1) 전쟁으로 생산원가, 운임 등에 영향이 없는 물품은 전전 3년간 혹은 1년간의 평균가격을 표준으로 삼는다.

2) 전쟁으로 인해 생산원가, 운임 등에 변동이 있는 물품은 전쟁 이후의 원가에 합당한 이윤을 포함시켜 표준으로 한다.

3) 원가계산이 곤란한 물품은 그 경영자본 총액에 합당한 이윤을 포함시킨 것을 표준으로 한다.

---

31) 重慶市檔案館, 『抗日戰爭時期國民政府經濟法規』上, 檔案出版社, 1992.7, pp.78-82.

4) 이 밖에 평가위원회는 시장의 수급 상황 및 일용필수품 가격의 변동 원인을 조사하고, 필요한 경우에는 지방 주관관서 스스로 운송, 판매 혹은 다른 기관에 이를 위탁하는 등의 방법을 통해 물가를 통제하도록 하였다.[32]

더욱이 법안은 공상자본가가 투기 및 매점매석을 통해 물가를 고의적으로 제고하는 행위를 방지하기 위해 평가위원회로 하여금 지방 주관관서를 통해 해당 지역에서 생산 및 소비되는 일용필수품의 공장, 상호(상점)의 생산원가, 구매가격 및 잔고 수량 등을 수시로 보고하도록 하였다. 또한 공급 및 수요의 상황에 따라 수시로 가격 변동 및 그 원인을 점검하여 이를 보고하도록 하였다. 특히 고의적으로 투기를 일삼거나 규정을 위반한 자에 대해서는 법원에 의뢰하여 검거하도록 하였다.

이를 위해 공장의 매매 수량이 실제 잔고 수량을 초과할 수 없도록 제한하였으며, 일용필수품은 반드시 공개된 시장에서 거래하도록 함으로써 암시장에서의 거래를 차단하고자 하였다. 뿐만 아니라 동업자 사이의 상호 거래를 금지하였으며, 매매를 위해 유사 교역소나 시장을 설립하는 행위도 금지하였다. 물품의 거래상황을 보고하지 않거나 사실대로 보고하지 않을 경우, 혹은 평가위원회의 제한가격에 의거하여 일용필수품을 판매하지 않을 경우, 일용필수품의 사재기 혹은 대량으로 은닉한 자는 법에 의거하여 처벌하도록 규정하였다.[33]

1940년 9월, 독일, 이탈리아, 일본이 삼국동맹을 체결한 이후 전쟁

---

32) 增田米治, 『重慶政府戰時經濟政策史』, ダイヤモンド社, 1943, p.389.
33) 龍大均, 『十年來之中國經濟』, 1948.3, p.U-13.

의 양상이 더욱 격렬하게 전개되자 그 파장은 즉시 중국을 비롯한 동아시아지역에도 파급되었다. 중경국민정부가 추진해 온 물가통제정책에도 불구하고 1941년에 들어서면서 전반적인 물가의 상승현상이 출현하였다. 물가 상승은 다시 시세 차익을 목적으로 한 일용필수품의 투기 및 매점매석을 야기하였으며, 이것이 다시 물가를 상승시키는 악순환이 반복되었다.

이에 중경국민정부는 '비상시기 일용필수품의 매점매석, 투기 단속 판법'을 반포하고, 1)양식류, 2)면화, 면사, 면포 등 섬유류, 3)연료류, 4)기타 경제부가 지정한 제품을 단속 대상품목으로 정하였다. 이와 함께 1)상업을 본업으로 하지 않는 자가 위의 지정품목을 대량으로 구입, 보관하는 행위, 2)상인으로서 위의 지정품목을 매점매석하는 행위, 3)매매 시 매매주가 없거나 허위로 위의 품목을 공매도하는 경우를 투기로 명확히 규정하였다.[34]

중경국민정부 경제부는 지정품목의 명칭, 종류를 공고하고, 이를 각 지역 사회국, 현시정부 등에 송부하여 해당 지역에서 4일 이내에 공고 사항을 숙지시키도록 지시하였다. 이와 함께 법안을 시행한 이후 상인이 보유하고 있는 지정품목의 잔고를 모두 동업공회에 보고하도록 하는 동시에, 주관관서가 지정품목의 가격을 결정함으로써 가격의 급등을 방지하도록 하였다. 이와 함께 위반자에 대한 밀고를 장려하기 위한 장려금의 지급도 약속하였다.

그러나 1941년 12월 진주만공습 및 태평양전쟁의 발발 이후 국민정부 통치구의 공산품 부족이 심화되면서 물가는 다시 급등하기 시작하였다. 일본은 상해 등 조계를 접수한 이후에 이 지역으로부터 후방으

---

34) 増田米治, 『重慶政府戰時經濟政策史』, ダイヤモンド社, 1943, p.520.

로 유출되는 물자를 엄격히 통제하였으며, 이와 함께 전면로(중국 운남성 - 미얀마)와 상해, 홍콩 등지로부터 내지로 이어지는 원장루트를 차단하자 후방의 물자 수급이 크게 동요되기 시작하였다.

이에 1942년 3월 29일 중경국민정부는 국가총동원법을 발령하고, 같은 해 5월 5일부터 이를 실행할 것임을 공포하였다. 국가총동원법이 실시되기 전날인 5월 4일에 장개석은 '국가총동원법 실시에 즈음하여 전국 동포에 고함'이라는 방송연설을 통해 "국가총동원법의 목적은 전국의 인력과 물력을 집중하여 운용하고, 국방력을 강화하여 항전을 효율적으로 실시하기 위함"이라고 설명하였다. 국가총동원법은 병기 탄약 및 군용기재, 식량, 의복 재료, 약품, 선박, 차량, 전력, 연료, 통신 기재 등을 국가총동원 물자로 지정하는 한편, 국가에 1)물자의 매입, 징용 권한, 2)물자의 자유처분을 금지시키는 권한, 3)물자의 생산, 판매, 저장, 소비, 운송, 전매 등을 지도, 관리, 통제하는 권한을 부여하였다.[35)]

그러나 국가총동원법의 공포 및 실시에도 불구하고 물가의 상승은 그치지 않았으며, 중경국민정부는 이러한 현상의 배후에 공상자본가들의 투기가 있다고 확신하였다. 이러한 인식에 근거하여 장개석은 1942년 9월 '물가통제강화방안'을 선포하고, 이를 10월에 개최된 제3기 참정회에 상정하였다. 이 법안은 10월 29일 참정회 본회의에서 가결된 이후 다시 11월 12일부터 27일에 걸쳐 개최된 10중전회에 회부되어 통과되었다. 그 결과 12월 17일 장개석의 명의로 이 법안이 공포되었으며, 법안에 의거하여 1943년 1월 15일부터 전국적으로 일제히

35) 重慶市檔案館, 『抗日戰爭時期國民政府經濟法規』上, 檔案出版社, 1992.7, pp.169-172.

물가의 통제를 실시한다고 선포하였다.36)

공상자본가에 대한 불신은 장개석이 참정회의 개회사에서 "상업계의 간도들이 비상시기를 틈타 암거래나 매점매석에 몰두하여 국가에 화를 입히고 민중에 해를 끼쳐 불법적인 재화를 모아들인다. 이와 같은 악풍이 만연하니, 이러한 폐습은 신속히 교정하지 않으면 안된다"라고 하였다. 10월 29일 참정회 본회의에서는 "1940년 이후 매점매석의 풍조가 극심하여 모든 생산품에 파급되었으며, 따라서 그 대책을 시급히 마련하지 않으면 안된다"라고 언급한 사실로부터 공상자본가에 대한 부정적인 인식을 잘 알 수 있다.37)

'물가통제강화방안'에 따르면 국민정부는 행정원 부원장, 군사, 재정, 경제, 교통, 양식, 사회, 농림부장을 구성원으로 하는 국가총동원상무위원회를 조직하여 전국 물가정책의 최고기관으로 위치시켜 매주 한 차례 회의를 개최하도록 규정을 두었다. 그 하위기관으로 각 성정부는 성단위의 물가를 관리하기 위한 물가관리국을 설치하며, 현정부도 물가전담기구를 설치하도록 하였으며, 향진의 합작사를 통해 물자를 집중 배급하도록 하였다.

이와 같은 통제기구를 통해 정부는 주요 물자에 대한 기간, 지역, 종류별로 제한을 두어 한도를 초과할 경우 매매 금지, 물자 봉쇄, 군법에 의한 처벌 등을 조치하도록 하였다. 이와 함께 상인들로 하여금 적점령지역으로부터의 물자 획득을 장려하는 한편, 공산품 생산을 장려하고 일용필수품의 생산, 원료, 운송 등을 적극 지원하도록 하였다.38)

---

36) 重慶市檔案館, 『抗日戰爭時期國民政府經濟法規』上, 檔案出版社, 1992.7, pp.131-132.
37) 日本外務省, 『重慶政權財政經濟綴』, 1943, pp.127-128.

1943년 1월 15일부터 전국적으로 실시된 물가통제정책의 주요 내용은 다음과 같다.

1) 각 성시정부는 관할구역 내 주요 시장의 물가, 운임, 노임에 대해 1943년 1월 15일부터 일률적으로 가격 제한을 실시한다.

2) 제한가격은 1942년 11월 30일의 원유가격을 표준으로 해당지역 정부에 의해 결정한다.

3) 가격의 제한은 일용필수품, 즉 식량, 소금, 식용유, 면화, 면사, 포필, 연료, 종이 등과 운임, 노임 등에서 우선적으로 실시한다.

4) 동일 지역, 동일 시기, 동일 물품, 동일 가격을 추구한다.

5) 제한가격은 상급기관의 심의를 거친 이후 시행한다.

6) 각 동업공회 소속 공장, 상점은 제한가격을 물품 상단에 표시해야 하며, 정부의 승인 없이 변경할 수 없다.

7) 가격의 제한을 실시한 이후 암시장을 엄금하며, 위반 시 군법에 의거하여 처벌한다.[39]

그러나 '물가통제강화방안'을 공포한 이후에도 투기와 매점매석, 암시장은 여전히 근절되지 못하였다. 1942년 11월 국가총동원회의와 성도경제검찰대는 투기, 매점매석과 관련된 사안을 적발하였는데, 이 가운데 신도현은행 경리이자 천강은행 신도판사처 주임인 오영장이 포함되어 있었다. 그는 직무를 이용하여 미곡 2,000여 석을 매점하였으며, 법원은 그에게 사형을 언도하였다.[40]

1943년 1월 15일 물가통제를 전면적으로 시행한 이후에도 여전히

38) 日本外務省, 『重慶政權財政經濟綴』, 1943, pp.132-136.
39) 龍大均, 『十年來之中國經濟』, 1948.3, pp.U-16-17.
40) 「成都囤積案判決」, 『新華日報』, 1942.11.3.

물가는 상승하였다. 예를 들면 1942년도 계림지역에서 매매되는 소금의 1근당 판매가가 5.3원이었는데, 1943년 5, 6월경에는 1근당 7.7원으로 상승하였으며, 11월에는 다시 26원으로 상승하여 반년 내 거의 3배 가까이 상승하였다.[41)]

중경국민정부는 중경시 사회국과 시정부, 현정부에 철저한 단속을 지시하는 동시에, 매점, 매석을 적발할 경우 이를 강제로 수매할 수 있도록 하였다. 특히 1) 식량(쌀, 보리, 밀, 고량, 조, 옥수수, 콩), 2) 의류(면화, 면제품, 마포, 피혁), 3) 연료(석탄, 목탄), 4) 일용품(식염, 종이, 성냥, 식용유) 등의 가격을 철저히 통제되었다.[42)] 지정물품을 생산, 판매, 구입하는 자는 매번 이를 동업공회를 통해 경제부에 등기, 신고하도록 하였다. 위반할 경우 해당 물품을 몰수하고 1,000원 이하의 벌금을 부과하였으며, 경우에 따라서는 '비상시기농광공상관리조례'에 의거하여 엄중히 처벌하였다.

중경국민정부는 이 법안에 의거하여 중경시장 오국정을 책임자로 하여 중경 시내의 매점매석, 부정 투기에 관하여 정보를 수집하였으며, 그 결과 관료들이 오히려 자신의 지위를 이용하여 매점과 투기에 관여하고 있음을 밝혀냈다. 이에 중경국민정부는 엄벌주의를 내세워 성도시장 양전우를 사형에 처하였으며, 부정이 발각된 부패 관료들 가운데 행방불명 된 자가 부지기수였다.[43)]

문제는 이와 같은 가격통제정책이 해당품목의 생산을 급속히 위축 시켰다는 사실이다. 예를 들면 동유[44)]의 경우 전국 생산량은 약 150여

41) 于素雲, 『中國近代經濟史』, 遼寧人民出版社, 1998, p.399.
42) 增田米治, 『重慶政府戰時經濟政策史』, ダイヤモンド社, 1943, pp.386-387.
43) 日本外務省情報局, 『各國の戰時國民生活』, 1941.10, p.139.
44) 桐油: 유동나무 씨에서 생산되는 옅은 황색의 건성유로서, 목유 또는 중국목

만 담이었는데, 이 가운데 전시 후방에서의 생산이 평균 약 70-80만 담 정도에 달하였다. 그런데 중경국민정부가 물가통제정책을 실시한 이후에 생산량이 급격히 감소하고 말았다. 잠사의 경우 전국에 걸친 생산이 약 10만 담, 전시 후방지역에서의 생산이 약 2-3만 담 정도였는데, 물가통제정책을 실시한 이후 매년 생산은 2,000여 담으로서 평소의 10분의 1에도 미치지 못하였다.[45]

1943년에 들어서면서 대후방의 공업은 현저히 쇠퇴하는 모습을 보이기 시작하였다. 1942년 전면공로(중국 운남성 - 미얀마)가 일본군에 의해 차단되면서 항공을 제외한 교통로가 사실상 단절되자 생산재 및 부품, 즉 기계, 금속, 종이, 철강 및 철사, 방직기계, 제화기 등의 국통구 유입이 사실상 어렵게 되었다. 1943년 하반기에 들어 중경에 있던 18개 철강공장 가운데 14개 공장이 이미 정업에 들어간 상태였다. 중경에 있던 324개 기계공장 가운데 가동을 중지한 것이 73개 공장에 달하였으며, 가릉의 경우 석탄업에 종사하던 300개 공장 가운데 1943년에는 186개 공장만이 생산활동을 지속하고 있었으며, 다음 해인 1944년에는 다시 44개가 정업하였다. 1944년에 이르러 생산 규모가 비교적 큰 공장 가운데 실제로 영업을 지속하고 있었던 것은 최초의 절반이나 혹은 3분의 1에 불과하였다.[46]

공상자본가들은 자신들이 직면한 경영 위기의 근본적인 원인을 전시 생산력의 감소 및 수급의 불균형보다도 오히려 실패한 정부의 경제정책에서 찾고 있었다. 당시 신문의 보도에 따르면 "현재 대후방의

유라고도 한다. 방수제로서 속성 니스와 페인트에 사용되며 니놀륨, 유토, 절연물질을 제조하는 데 사용된다.

45) 凌耀倫, 『中國近代經濟史』, 重慶出版社, 1987.8, pp.451-452.
46) 謝本書, 『抗戰期間的西南大後方』, 北京出版社, 1997, p.172.

사창은 원면의 공급 중단으로 말미암아 이미 대부분 기계의 가동을 중단한 상태에 처해 있다. 토포업 역시 면사의 부족과 정부의 가혹한 통제로 말미암아 이미 40퍼센트나 감산을 실행하고 있다. 이러한 원인이 단지 물가의 상승에만 있는 것이 아니라, 최대의 원인은 바로 정부의 가혹한 통제정책과 불합리한 조세제도에 있는 것이다"[47]라고 하여 중경국민정부에 대한 불만을 토로하였다.

종전 직후인 1945년 9월 천천공창연합회가 중경에서의 회원 동태를 보고한 자료에 따르면, 총 433개 공장 가운데 정업, 휴업한 것이 33.9퍼센트, 영업을 지속하고는 있으나 정업과 다름없는 처지가 27.7퍼센트에 달하였다. 다시 말해 중일전쟁 직후 연안지역으로부터 내지로 이전한 304개 공장 가운데 무려 60-70퍼센트가 정업상태에 있었으며, 그나마 생산을 유지하고 있는 것은 30-40퍼센트에 불과했음을 의미한다.[48]

1937년 중일전쟁이 발발한 이후 전쟁으로 인한 수급의 불균형은 중국의 전반적인 물가 상승을 초래하였다. 물가의 상승은 전통적인 상해 등 연안 공업지역으로부터 유리된 중경 등 국민정부 통치구에서 더욱 가파르게 진행되었다. 전시 중경 등 국민정부 통치구의 공산품 수요는 상해지역의 수급과 밀접한 관련을 가지고 있었다. 상해의 공상업 역시 전시호황을 틈타 높은 이윤을 거둘 수 있었는데, 이윤의 주요한 원천 가운데 하나는 바로 방대한 국통구의 수요였던 것이다. 더욱이 상해 조계는 일본의 침공에도 불구하고 중립성을 확보할 수 있는 조건을 갖추고 있었다. 그러나 전쟁이 총력전으로 전개되면서 일본

---

47) 「統制政策結果如此」, 『新華日報』, 1944.7.10.
48) 澎迪先, 『中國經濟史研究論叢』, 四川大學出版社, 1986, p.112.

제국주의는 상해 공산품의 국통구 유출을 경계하지 않을 수 없었다.

이러한 이유에서 일본 제국주의는 상해, 홍콩을 거점으로 하는 원장, 배일루트를 차단함으로써 상해 공산품이 국민정부 통치구로 유출되는 것을 차단하려 시도하였다. 그러나 이는 중국자본 공상업뿐만 아니라 상해의 일본자본 공상업의 발전과 모순관계에 있었다. 그럼에도 불구하고 대륙침략정책을 주도하는 일본 군부와 여론은 전쟁을 수행하기 위해 불가피하다는 점을 강조하며 상해에 대한 경제봉쇄의 당위성을 주장하였다. 이러한 결과 상해 등으로부터 국통구로 연결되는 원장루트에 대한 경제봉쇄가 감행되었다. 특히 1941년 12월 진주만공습 및 태평양전쟁의 발발과 함께 일본 제국주의가 상해 조계를 접수한 이후 일본은 경제봉쇄를 효과적으로 진행할 수 있게 되었다.

2. 농본국의 면업통제정책

1937년 중일전쟁이 발발하자 국민정부는 임시수도인 중경으로 천도하였으며, 이후 사실상 산업에 대한 전면적인 통제정책을 실시하기 시작하였다. 전시라는 특수상황 아래에서 국민정부가 산업 전반에 걸쳐 통제정책을 실시한 것은 항일전쟁을 수행하기 위한 물질적 기초를 확보한다는 측면에서 매우 중요한 의미를 가지고 있었다. 특히 군수 및 민수의 필수품을 생산하는 방직공업에 대한 통제정책은 항전 시기 국민정부 경제정책의 핵심적인 부분이 아닐 수 없었다.

여기에서는 면업통제정책의 실시기관인 농본국과 복생장, 물자국, 화사포관제국 등을 통해 항전 시기 국민정부가 실시한 면업통제정책의 내용과 성격을 규명해 보고자 한다. 이를 위해 먼저 각 통제기관이 어떠한 배경 속에서 설립되었으며, 통제정책의 구체적인 내용과 목적은 무엇인지 살펴보고자 한다.

1) 대후방 면업통제정책의 배경

앞에서 설명했듯이 중일전쟁이 발발한 직후 상해에서는 전시호황이 발생하여 '고도번영'을 구가하였다. 면업에서도 마찬가지의 양상이 출현하여, 중국자본으로 새로 증설된 대형 사창만도 합풍사창, 영풍사창, 안달사창, 신화사창, 보풍사창, 신생사창, 덕풍사창, 중방 제1창, 제2창, 광근사창, 여신사창, 공윤사창 등 12개에 이르렀다. 그리하여 1940년 상해 방직공장의 총생산량은 정점에 달하였는데, 면사 총생산액은 234,746,560원, 면포 총생산액은 136,234,520원에 달하였다.[49]

그런데 유의할 점은, 전시기간에 면업에서 출현한 이와 같은 고도번영의 수익 원천이 바로 면제품 부족으로 말미암아 발생한 국민정부 통치구에서의 방대한 수요였다는 사실이다. 중일전쟁이 발발하기 직전인 1937년 6월과 비교하면 1939년 4월 면화가격은 1.3배 상승하였음에 비해 면사는 2.2배나 급등하였으며, 1940년 5월에는 무려 5.7배로 상승하여 면업의 호황이 출현하였다.[50] 상해 방직공업에서 생산된 제품이 국민정부 통치구로 유출되는 정황과 이로부터 발생하는 막대한 이윤에 관해서는 다음의 기록을 통해서도 잘 알 수 있다.

"상해 소재 일본자본 방직공장에서 생산되는 면사의 판로를 살펴보

---

49) 徐新吾, 黃漢民主編, 「上海近代工業主要行業的槪況與統計」, 『上海硏究論叢』第10輯, 上海社會科學院出版社, 1995.12, pp.77-78.

50) 高村直助, 『近代日本綿業と中國』, 東京大學出版會, 1982, p.259.

92

면, 일부가 남양방면으로 수출되고 있기는 하지만 대부분은 중국 국내에서의 소비를 목적으로 생산된 것으로서, 오지 및 비점령구(즉 국민정부 통치구)의 시장이 상당 부분을 차지하고 있다. 면사상을 통해 끊임없이 조계로 반입되어 중국계 염색공장, 혹은 직포공장에서 가공된다. 이곳으로부터 어느 지역으로 얼마만큼의 수량이 이출되는지는 정확히 알수 없지만, 이런 사정을 묻는 사람이 오히려 이상한 사람으로 취급될 정도이다."[51]

예를 들어 일용필수품 가운데 하나인 면사포의 경우를 살펴보더라도, 국통구의 수급은 매우 불균형하여 가격 상승의 주요한 원인을 제공하였다. 통계를 살펴보면, 전시 후방으로 이전한 방추수는 연안지역 전체의 5퍼센트에 불과하였으며, 결과적으로 국민정부 통치구의 인구 증가에 따른 상대적 공급 부족의 직접적인 원인이 되었다고 할 수 있다.

1943년 후방의 면사포 수요량과 생산량의 수치를 살펴보면 다음과 같다.

최저 수요량 : 면사 700(千件),　면포 25,000(千疋)
최고 수요량 : 면사 1,600(千件),　면포 55,000(千疋)
평균 수요량 : 면사 1,150(千件),　면포 40,000(千疋)

그런데 실제로 생산된 수량을 살펴보면 다음과 같다.

최저 생산량 : 면사 370(千件),　면포 10,500(千疋)
최고 생산량 : 면사 550(千件),　면포 12,425(千疋)
평균 생산량 : 면사 460(千件),　면포 11,462(千疋)

---

51) 高村直助,『近代日本綿業と中國』, 東京大學出版會, 1982, pp.258-259.

이러한 통계수치로부터 면사포의 생산과 수요 사이에는 큰 격차가 있어, 평균적으로 면사 15만 건, 면포 1,258만 필이 부족한 상황이었음을 알 수 있다.[52] 이러한 이유에서 중경을 비롯한 국민정부 통치구에 출하된 공산품의 80퍼센트 전후가 바로 상해로부터 공급된 것이었다.[53]

상해와 후방지역 사이의 가격 격차는 상해 방직공업이 발전할 수 있는 토대가 되었다. 다시 말해, 국민정부 통치구의 경제상황은 상해 공업의 발전과 불가분의 관계를 가지고 있었던 것이다. 전쟁이 폭발하면서 일본이 중국의 연해 교통을 봉쇄하면서 해외로부터의 수입이 어려워지자, 후방에서는 각종 공산품이 부족해지고 가격도 자연히 급등할 수밖에 없었다. 그러자 상업상의 이익을 실현하기 위해 상해 등 연안지역의 상품이 국통구로 대량 유입된 것이다.

이 시기에 국민정부 통치구로 유출된 상해 면제품은 후방지역의 의류 부족을 완화시켜 주었으며, 또한 법폐를 가지고 원료를 구입하고 제품을 판매함으로써 법폐의 유통범위를 확대시키고 그 가치를 유지시키는 데 일조하였다. 특히 상해의 물가 상승률이 일본 국내의 수준을 넘어서자 수많은 일본 상품이 이윤을 좇아 상해로 수입되었으며, 이 가운데 60퍼센트 이상이 중국 각지로 밀수출되었다.[54]

이러한 의미에서 전쟁이 장기화됨에 따라 일본으로서는 국민정부 통치구로 연계되는 물자 공급로를 차단하는 일이 시급한 과제가 되었

---

52) 毛翼豊,「戰時棉紡織業之變遷及其救濟」,『中國紡織學會會刊』1期, 1943.4, p.35.

53) 齊春風,『中日經濟戰中的走私活動』, 人民出版社, 2002.5, p.253.

54)「上海淪陷前期的"孤島繁榮"」,『中國近代經濟史論叢』, 上海社會科學院出版社, 1988.9, p.145.

다. 따라서 일본은 장기전에 대비하여 국민정부 통치구에 대한 경제봉쇄를 강화하고 중국 내 물자의 유통을 전면적으로 통제하기 시작하였다. 일찍이 1938년 10월 26일에 '화중지역 내에서 일반 상품의 국경 출입에 대한 단속규정'을 만들어 점령구로부터 비점령구로의 물자 유출을 금지하였다.

1939년 12월에 일본은 점령구 내의 면화, 기계 등을 비점령구(국민정부 통치구)로 유출하는 행위를 엄격하게 금지하는 단속규정을 마련하였다.[55] 비록 상해지역이 일본군에 의해 점령되지는 않았지만, 상해지역에서 생산된 상품이 국통구로 유출되기 위해서는 일본 점령지역을 거치지 않으면 안되었던 것이다. 반면 1940년 3월 국민정부는 재정부와 경제부의 명의로 점령구로부터 국통구로의 양식, 면화, 면사, 면포 등의 수입을 장려하는 성명을 반포하였다.[56]

소비시장의 차단은 상해 방직공업의 경영에 심각한 지장을 초래하였다. 1940년 5월 초 면사가격은 1곤(1000포)당 1,760원에 달하였으나 6월에는 800원으로 급락하였다. 면업의 붐이 붕괴되면서 상해 방직공업은 6월 중순부터 15퍼센트에 달하는 조업단축을 시작하지 않을 수 없었으며, 7월에는 이를 30퍼센트로 확대하였다. 같은 해 하반기 국민정부 통치구로 유출되는 물자에 대한 단속이 한층 강화되면서 10월부터는 50퍼센트의 조업단축에 돌입하였으며, 11월부터는 심야작업을 전폐함과 동시에 50퍼센트의 조업단축을 실시하였다.[57] 이러한 사실

55) 古廐忠夫, 「中日戰爭期間華中經濟戰的一個側面」, 『上海硏究論叢』第9輯, 上海社會科學院出版社, 1993.8, p.293.

56) 齊春風, 「抗戰時期中日經濟封鎖與反封鎖鬪爭」, 『歷史檔案』1991年 3期, p.125.

57) 高村直助, 『近代日本綿業と中國』, 東京大學出版會, 1982, pp.262-263.

은 국통구의 수요가 상해 방직공업의 생산과 이윤에 주요한 원천이었음을 설명해 주는 것이다.

2) 농본국의 성립과 면업통제정책

중일전쟁 시기에 국민정부가 경제통제정책을 실시한 목적은 장개석이 대국민담화 속에서 "당면한 시급한 과제는 무엇보다도 경제를 발전시켜 항전을 지속하기 위한 역량을 증강시키는 데에 있으며, 이를 위해서는 국가총동원과 경제통제를 실행하지 않으면 안된다"[58]라고 언급했듯이, 항전역량을 제고하기 위한 경제적 토대를 다지는 것으로서 매우 중요한 의미를 가지고 있었다.

국민정부가 항전 시기 면업통제정책을 처음으로 시행한 것은 노구교사변 직후였다. 1937년 9월 8일 국민정부 군정부는 각 사창에 전문을 보내 군수품의 조달을 비롯하여 통제정책에 관한 방침을 전달하였다. 주요한 내용은 "첫째, 각 사창은 16파운드 면포, 14파운드 조포粗布 및 군용 면사포를 조속히 제조하여 조달한 이후 여력이 있으면 민수용으로 공급할 것, 둘째, 각 사창은 노동자를 적극 흡수하여 생산량을 증가시키고 매월 최저생산액을 보고할 것, 셋째, 면포의 가격은 각 사창과 방직공업공회가 대표를 파견하여 견본을 가지고 와서 군수서와 직접 협의를 통해 가격을 결정한다. 넷째 사창이 운송하는 물자에는 정부가 충분한 편리를 제공한다."[59]

일찍이 중일전쟁이 발발하기 직전인 1936년 6월 국민정부 행정원

---

58) 「中國工業建設之途徑」, 『中國紡織學會會刊』1期, 1943.4, p.3.
59) 裕大華紡織資本集團史料編輯組, 『裕大華紡織資本集團史料』, 湖北人民出版社, 1984.12, p.276.

회의는 농본국조직조례를 토의한 이후 심사를 거쳐 16일에 농본국장정 19조를 채택하였으며, 9월에 실업부의 예하기관으로서 농본국을 정식으로 수립하였다. 농본국장정의 제1조는 "농본국은 농작물, 농업 유동자금을 조정하여 농촌의 발전을 도모하는 것을 목적으로 하며, 실업부가 각 은행과 연합하여 조직한다"[60]라고 규정하였다.

전시 중국의 면업통제정책은 농본국의 조직 및 활동과 밀접한 관계를 가지고 있었다.[61] 농본국에 대한 연구 및 평가와 관련해서는 "농본국이 정당색을 벗어나지 못했으며, 오히려 국민당에 의한 중앙집권화를 체현하고 있었다"라는 부정적 평가도 있다.[62] 그러나 농본국에 대한 평가가 국민당과 국민정부의 지배를 벗어나지 못했기 때문에 정당색을 벗어나지 못했다는 것은 지나친 혹평이다. 중일전쟁이 발발한 직후에 출현한 인플레와 이에 대처하여 농업의 구제정책을 실행하기 위한 목적에서 국가권력이 이러한 사태에 적극적으로 관여한 것은 불가피하였다고 보여진다. 더욱이 이들이 표방한 정당색의 배제 역시

---

60) 『大公報』, 1936.6.10.
61) 농본국에 대한 전론적인 연구로는 金志煥, 「中日戰爭期 國民政府 農本局의 綿業統制政策」, 『韓中人文學硏究』16輯, 2005.12; 池一隆, 「農本局の成立とその役割」, 『大分縣立藝術短大硏究紀要』21卷, 1983 등을 들 수 있다. 관련사료로는 농본국이 자체적으로 『農本月刊』을 발행하였으며, 1949년 이전 일본 측에서 내부자료로 간행한 『國府の農村政策と農本局の役割』, 中國通信社, 1937.3과 日本興亞院華中連絡部, 『國民政府實業部農本局』, 1939.11이 있다. 한편 중국에서 출판된 『工商經濟史料叢刊』第四輯, 文史資料出版社, 1984에는 「何廉與農本局」, 「穆藕初與經濟部農本局」, 「農本局撤銷改組的內幕」 등 농본국에 대한 당시인들의 회고성 사료가 수록되어 있다.
62) 菊池一隆, 「農本局の成立とその役割」, 『大分縣立藝術短大硏究紀要』21卷, 1983, p.21.

일정 정도 반영되었다고 봐야 할 것이다.

물론 농본국이 완전히 정부의 관여에서 자유로웠다는 의미가 아니라 적어도 계파의 이익에 따라 농본국이 운영된 것은 아니며, 적어도 이러한 성격을 충실히 반영하려는 노력이 엿보인다는 의미이다. 농본국은 기존 국민당 관료와는 전혀 성격을 달리하는 소위 학자 등 실무관료인 테크노크라트學者從政가 주도하는 전형적인 기구였다. 따라서 실질적으로 농본국을 운영하는 인사는 대부분 국민정부나 당파와 직접적인 관련이 없었으며, 실무에 밝은 전문지식의 학자 출신이 장악하고 있었다.[63]

1930년대 중국 농민의 대부분은 필요한 자금을 민간자본이나 고리대 및 전당포, 전장 등에 의지하였는데, 대출의 조건이 매우 가혹하였으며 이자도 매우 높았다. 기록에 의하면 당시 중국 농민들은 사채업자나 지주, 부농이나 상인 등으로부터 자본을 차입하거나 혹은 전당포나 전장 등과 같은 금융기관을 이용하였는데, 대체로 전자가 3분의 2, 후자가 3분의 1 정도를 차지하였다.[64]

성립 초기에 농본국의 주요 업무는 농업합작금고를 조직하고, 이를 통해 면화 등의 주요 경제작물에 대해 직접 농업대출을 실시하는 일이었다.[65] 농본국의 주요 업무 대상지역은 본래 강소, 절강, 안휘, 하남성 등이었으나, 성립 직후 중일전쟁이 발발하자 국민정부와 함께 1938년 초 중경으로 이전하였다. 농본국은 행정적으로 실업부에 예속

63) 王文鈞, 「何廉与農本局」, 『工商經濟史料叢刊』第4輯, 文史資料出版社, 1984, pp.124-127 참조.

64) 朱佑慈等譯, 『何廉回憶錄』, 中國文史出版社, 1988.2, p.136.

65) 王文鈞, 「何廉与農本局」, 『工商經濟史料叢刊』第4輯, 文史資料出版社, 1984, p.122.

되었으나, 실질적인 정책 방침은 농본국 이사회의 결정에 따랐다. 최고기관인 이사회는 국민정부 실업부장, 재정부장, 철도부장, 교통부장, 경제위원회 비서장, 실업부 농업사장, 중앙농업실험소장, 상해상품검험국장, 이 밖에 은행가 등 총 23명으로 구성되었다.

이사장에는 행정원 부원장 겸 재정부장인 공상희가, 실무를 담당하는 총경리에는 하렴이 임명되었으며, 총경리 아래 2명의 협리를 두었다. 총국은 수도에 두고, 각 성시현의 주요 지역에 분국을 설치하거나 전문위원을 파견하여 각종 유관업무를 처리하도록 하였다.[66] 농본국은 자본 총액 6,000만 원으로 창립되었는데, 이 가운데 정부가 매년 600만 원을 5년간 불입하여 3,000만 원을 조달하였으며, 나머지 3,000만 원은 각 은행이 분담하여 조달하였다.[67]

중경으로 천도한 이후 국민정부는 기존의 실업부를 경제부로 개조함과 동시에 농본국의 예하기관으로서 자본금 1,000만 원으로 복생장이라는 특수법인을 설립하여 면화 및 면사포 관련 업무를 주관하도록 하였다. 농본국의 주요한 업무 가운데 하나는 바로 상해 등지에서 생산된 면화, 면사, 면포를 수매하여 중경을 비롯한 후방에서 면사포의 가격을 안정시키는 일이라 할 수 있다.[68]

특히 이를 구현하기 위해 복생장의 본부를 중경에 두고 그 분지점을 섬서, 호남, 호북, 절강, 광동, 사천, 계림 및 상해, 홍콩 등에 두어 면화, 면사, 면포의 구입과 운송, 판매 등의 업무를 전담하도록 하였다.[69] 1939년부터 1941년까지의 3년 동안 복생장이 구입한 면화는 총

---

66) 姚公振, 『中國農業金融史』, 中國文化服務社, 1947.11, p.230.

67) 朱佑慈等譯, 『何廉回憶錄』, 中國文史出版社, 1988.2, p.141.

68) 王子建, 「"孤島"時期的民族棉紡工業」, 『中國近代經濟史硏究資料』(10), 上海社會科學院出版社, 1990.5, p.7.

584,808담, 면사 11,170건, 토사 7,090담, 기계제 면포 32,580필, 토포 308,942필이었으며, 판매한 수량은 면화 453,166담, 면사 10,965건, 면포 123,848필에 달하였다.[70]

한편, 후방지역 소재 면방직공업의 생산설비 부족은 자연히 면사, 면포 등 면제품 생산의 부족과 가격의 상승을 야기하였다. 중일전쟁이 발발한 이후 국민정부가 중경으로 천도하자 일본 점령구의 주민들이 대거 후방으로 이주함에 따라 국민정부 통치구의 인구는 2억 5,000만 명으로 대폭 증가하였으며, 여기에 병사 4,500만 명을 합쳐 면제품에 대한 수요가 급증하였다.

중일전쟁 이전에 국민 1인당 매년 면포 소비량은 10평방마였는데, 국통구에서는 군수품의 소비를 제하고 일반 주민들이 소비할 수 있는 면포가 겨우 2평방마에 불과하였다. 중경을 중심으로 한 국통구의 면사 생산은 1940년에는 겨우 3만 곤이었으며, 이후 증가하기는 하였지만 가장 생산량이 많았던 1943년에도 11만 7,000곤에 불과하였다.[71] 이와 같이 수요와 공급의 불균형은 당연히 면제품가격의 상승을 야기하였다.

1940년 봄부터 일본의 물자 통제가 철저해지면서 각지의 면사가격이 급등하기 시작하였으며, 특히 중경지역에서 뚜렷하였다. 같은 해 3월 면사 1건의 가격은 이미 3,000원에 육박하였는데, 이는 전전 1건당 308원과 비교하면 열 배 가까이 폭등한 가격이다.[72] 그러나 후방지

---

69) 景森, 「抗戰中花紗布市價及其管理之經過」, 『中國紡織學會會刊』1期, 1943.4, p.81.

70) 劉文騰, 「中國之紡織行政」, 『紡織染工程』10卷 10期, 1948.10. p.13.

71) 嚴中平等編, 『中國近代經濟史統計資料選輯』, 北京科學出版社, 1955.8, p.100.

72) 陳昌智, 「舊中國重慶機器棉紡織工業發展初探」, 『中國社會經濟史硏究』

역에서 생산할 수 있는 면사포의 평균 수치는 이 지역의 수요량을 크게 밑돌았는데, 그 상황은 아래 표로부터 잘 알 수 있다.

국민정부 통치구의 면사포 생산량과 수요량 비교(1943년)

	후방 수요량	후방 생산량	부족량
면사(件)	1,150,000	460,000	690,000
면포(疋)	40,000,000	11,462,000	28,538,000

출처: 毛翼豊,「戰時棉紡織業之變遷及其救濟」,『中國紡織學會會刊』1期, 1943.4, p.35.

또 다른 기록에 의하면, 1940년 6월 국민정부 통치구가 보유한 면방직공업 생산설비는 방추 17만 추에 불과하여 총생산능력은 매년 면사 25,081포에 불과하였다. 이 밖에 수공방직업에서 71,238포를 생산하는 것으로 가정하면 결국 186,319포가 최대 공급량이 되므로, 결과적으로 면사 125,591포가 부족하게 되는 것이다.[73]

항전 이래 중경의 도매물가지수를 살펴보면 1937년을 100으로 할 경우, 1939년 8월의 식량 도매물가지수는 117.5로 상승하였음에 비해 의류의 도매물가지수는 무려 360.7에 달하였다.[74] 이러한 이유는 물자의 보급선이 차단되면서 식량 등 오지생산을 통해 자급할 수 있는 품목보다 의류, 전기, 연료, 금속 등 주로 외지로부터의 수입에 의존하는 품목의 물가 상승폭이 컸기 때문이다.

실제로 1940년의 통계에 의하면 후방지역에서는 581,632담의 면화, 125,591포의 면사, 4,012,705필의 면포가 부족하여 시급히 보충되지

1984年 4期, p.114.

73) 滿鐵調査部,『奧地經濟篇Ⅱ』, 1940.12, p.58.

74) 滿鐵調査部,『支那經濟年報』, 改造社, 1940, pp.500-501.

않으면 안되는 상황이었다.[75) 복생장의 목우초는 면제품가격이 상승한 원인에 대하여 "후방의 면사포는 대부분 상해제품에 의존하고 있는데, 일본이 이들 제품의 유출을 강하게 통제한 결과"[76)라고 토로하였다.

1939년 3월 초 중경시의 물가가 전반적으로 20-40퍼센트 상승하자 장개석은 면사포와 오금 등 5종 상품의 물가 상승을 시급히 억제하도록 명령하였다.[77) 그러나 준비 없는 물가 억제의 시행과 불철저한 통제는 오히려 물가의 상승을 부채질하였으며, 상인들은 물건이 있어도 시장에 내놓지 않았다. 이러한 결과 3월 말 중경시장의 물가는 격동하여, 3월 8일 예풍사창의 20번수 면사獅球紗는 1건 872원이었는데, 3월 말이 되면 960원으로 가격이 상승하였다.[78)

20번수 면사의 가격 비교표 (단위: 원)

지역	1937.6	1937.12	1938.12	1939.6	1939.12	1940.6	1940.12	1941.6
상해	236.3	301.6	342.9	429.9	714.7	1,089.4	1,238.3	1,400.0
천진	237.8	283.3	293.6	499.7	692.0	1,200.0	1,360.0	1,254.0
중경	362.3		835.4	1,027.0	1,600.0	2,850.0	4,215.0	4,900.0

출처: 馮叔淵, 「民元來我國之綿紡織業」, 『民國經濟史』, 1948.1, p.339.

앞서 지적했듯이, 농본국 복생장은 상해, 무한 등지로부터 면화 및 면사포를 매입하여 이를 후방으로 운송한 이후, 제품가격의 등락이

75) 滿鐵調查部, 『支那經濟年報』, 改造社, 1940, p.502.

76) 趙靖主編, 『穆藕初文集』, 北京大學出版社, 1995.9, p.565.

77) 厲无咎, 「抗戰時期國民党對後方花紗布業的管制」, 『工商經濟史料叢刊』 第4輯, 文史資料出版社, 1984, p.188.

78) 厲无咎, 「抗戰時期國民党對後方花紗布業的管制」, 『工商經濟史料叢刊』 第4輯, 文史資料出版社, 1984, pp.188-189.

있을 경우 수시로 판매하여 가격을 안정시키는 역할을 수행하였다. 그러나 전쟁이 내지로 확대되고 적점령구가 확대되면서 일본의 전시 물자통제가 강화되자, 복생장의 시장 통제 기능이 점차 약화되었다.

물자의 부족과 함께 상인들에 의한 사재기와 투기 등은 물가의 급 등을 부채질하였다. 이러한 이유에서 국민정부 경제부는 1939년 2월 20일 '비상시기평정물가 및 취체투기조종판법'[79]을 공포하고 12월 5 일에는 '일용필수품평가구소판법'[80]을 공포한 이후, 이 법안에 의거하 여 일용필수품의 가격 안정과 민생 수요에 공급을 담당하는 평가구소 처를 설립하고 농본국과 복생장과의 협조를 통해 정책을 실행하도록 하였다.

평가구소처는 유관기관 및 각 사창과 회동하여 생산과 운송 비용을 산정한 이후 면사포의 제한가격을 공시하여 모든 상품을 이 가격 내 에서만 매매하도록 하였다. 그리고 사창이나 면사상으로 하여금 다시 영업허가증을 신청하도록 한 이후 이를 발급받은 사람에 한하여 교역 에 종사할 수 있도록 허가하였다. 그러나 제한가격을 실시한 이후 오 히려 암시장이 더욱 창궐하였다. 실제 거래가격은 국민정부가 정한 제한가격보다 10-20퍼센트 높았으며, 이후 부단히 증가하여 두 배 이 상을 초과하였다.

제한가격으로 시장에 출시된 면제품이 상인들의 주요한 투기대상 이 되면서 사호紗戶(면사상)가 우후죽순처럼 일시에 증가하여 30여 가 에서 200여 가로 급증하였다. 이렇게 되자 평가구소처는 더 이상 영업 허가증을 발급하지 않고 중지하였으나, 사호들은 탐관오리와 결탁하

---

79) 非常時期評定物价及取締投机操縱辦法: 비상시기 물가의 책정 및 투기 조 종 단속 법안
80) 日用必需品平价購銷辦法: 일용필수품의 가격 제한 및 판매 법안

여 영업허가증을 손에 넣을 수 있었다. 더욱이 사창의 입장에서는 제한가격으로 말미암아 경영 수익에 제한을 받게 되자, 정부의 통제로부터 벗어나 사호와 결탁하여 생산한 면사를 시가로 넘긴 이후 4대 6이나 5대 5로 수익을 나누었다. 어떤 공장에서는 영업직원이 경리나 공장장 몰래 사호와 결탁하여 이윤을 챙기는 일마저 발생하였다.[81]

1941년부터 평가구소처는 중경시의 모든 면사포를 등기하도록 하여 한층 적극적으로 시장을 통제하는 한편, 같은 해 2월에 면사포의 최고가격을 제한하여 이를 공포하였다. 이후 시가는 일시적으로 안정되는 듯하였으나 머지않아 중경 이외 지역의 면사가격이 상승하고, 암시장에서의 가격도 상승하는 까닭에 효과를 거둘 수 없었다. 이렇게 되자 중경으로 유입되는 면사포가 감소하였을 뿐 아니라, 오히려 중경 밖으로 상품이 유출되기 시작하였다.[82] 8월 말에 면사의 가격이 1,500원을 넘어서자 어쩔 수 없이 9월에 다시 가격을 조정하였으나, 아무런 효과도 거두지 못하였다.[83]

가격 제한 조치가 내려지자 사창은 가능한 한 제품을 판매하지 않고 공장 안에 그대로 쌓아 두었다. 이에 따라 시장에서 면사의 공급이 급격히 감소하자 농본국은 매일 시장에 반드시 공급해야 하는 최저수량을 정하여 이를 각 사창에 통보하였다. 그러나 사창은 자체적으로 상거래기구를 설립하여 스스로 이를 사들인 다음, 다시 암시장에 내다 팔았다.[84] 더욱이 각 사창은 이윤을 낮게 기록하여 고율의 세금을 회

81) 廬无咎, 「抗戰時期國民党對後方花紗布業的管制」, 『工商經濟史料叢刊』 第4輯, 文史資料出版社, 1984, pp.191-192.

82) 馮叔淵, 「民元來我國之綿紡織業」, 『民國經濟史』, 1948.1, p.340.

83) 裕大華紡織資本集團史料編輯組, 『裕大華紡織資本集團史料』, 湖北人民 出版社, 1984.12, p.375.

피하거나, 생산 비용을 부풀려 이중장부를 만들어 하나는 대내용으로 다른 하나는 대외용으로 준비하였다.[85]

중경의 방직공장 가운데 1만 추 이상의 방추를 보유한 공장이 5개에 달하였는데, 이 가운데 특히 예풍사창과 유화사창은 3만 추 이상을 보유한 대사창으로서 방추설비에서 60퍼센트 이상, 면사 생산량에서 50-60퍼센트를 차지하여 사실상 독점적인 지위를 차지하고 있었다. 이들 두 회사는 항상 연합행동을 통해 원면의 수매가격과 면사, 면포의 판매가격을 조종하여 거액의 이득을 취하곤 하였다.

당시 중경의 면제품가격은 사실상 양대 사창의 공시가격에 좌우되었는데, 이들 두 회사는 종종 며칠 동안이나 공시가격을 공표하지 않고 열흘이나 보름 정도 면사를 시장에 내놓지 않으면 시장에서 면사의 가격은 으레 치솟기 마련이었다. 바로 이 때를 기다려 제품을 대량으로 방출하여 많은 이익을 챙기곤 하였다. 1940년 중경시의 면포가격은 1건당 3,340원이었는데, 1941년에는 1만 원을 돌파하였다.[86]

뿐만 아니라 양 사창은 중경시 면화 소비량의 60퍼센트 정도를 차지하고 있어 항상 면화의 가격을 조종하였다. 즉 예풍사창의 경리인 반억산은 당시 천창공창연합회의 이사장이었는데, 면화를 구입할 때 특정 사창이 독자적으로 시장에서 구입할 수 없도록 하고 공동구매를 원칙으로 하였다. 그리하여 시장에서 면화의 가격이 크게 하락한 이후

84) 裕大華紡織資本集團史料編輯組, 『裕大華紡織資本集團史料』, 湖北人民出版社, 1984.12, p.376.
85) 裕大華紡織資本集團史料編輯組, 『裕大華紡織資本集團史料』, 湖北人民出版社, 1984.12, p.401.
86) 陳昌智, 「抗戰時期的重慶机器綿紡織工業」, 『重慶社會科學』1986年 4期, p.88.

에 비로소 구입하도록 하여 면화 생산 농가와 면화상에 막대한 손실을 입혔다.

당시 신문은 이러한 중경 면제품가격의 등락에 대해 "사창은 현재 2년 동안 소비할 수 있을 정도의 충분한 면화를 비축하고 있기 때문에 생산원가가 그다지 상승했을 리 없고, 더욱이 노임도 이전에 비해 두 배로 증가했을 뿐인데 면사가격은 20-30배로 폭등하고 있다"[87]라고 보도하였다. 이와 같이 중경의 면제품가격은 사실상 이들 양대 사창의 조종을 받고 있었다고 할 수 있다. 이와 같이 국민정부의 경직된 가격 제한 조치와 공상자본가들의 비협조는 통제정책의 순조로운 진행을 어렵게 만들고 있었다.

3) 물자국과 면업통제의 강화

1941년 태평양전쟁의 발발과 더불어 일본이 중국에 대한 경제봉쇄를 더욱 강화하기로 결정하자, 이에 대응하여 중국국민정부는 제5계 8중전회를 개최하여 경제, 행정기구의 조정과 재편을 결의하였다.[88] 1941년 말 면제품 공급이 원활하게 이루어지지 않으면서 면사포의 가격이 치솟자, 면사포에 대한 통제는 더 이상 효율적으로 실행될 수 없게 되었다. 1942년 3월 중경의 물가는 전전에 비해 무려 34배에 이르렀다. 각급 관료와 상인들이 서로 연줄을 대고 투기와 암시장이 창궐하였다.[89]

---

87) 陳昌智, 「抗戰時期的重慶机器綿紡織工業」, 『重慶社會科學』1986年 4期, p.89.

88) 虞寶棠, 『國民政府與民國經濟』, 華東師範大學出版社, 1998.12, p.251.

89) 畢相輝, 「棉市管制之重心在布市」, 『農本月刊』57期, 1942.2, p.14.

이에 중경국민정부는 1942년 2월 물자국을 설립하여 농본국의 책임자인 하호약을 물자국의 국장으로 임명하는 동시에 면사, 식량, 연료 등 일용필수품에 대한 철저한 통제에 착수하였다. 물자국은 총무처, 지도감독처, 관제처, 재무처의 4처로 구성되어 물자의 통제와 관련된 광범위한 권한을 부여받았다. 물자국은 일용필수품의 가격을 통제할 뿐만 아니라 물자의 등기 및 배급에도 적극 관여하였다. 이와 함께 물자의 조사 및 통계 작성을 비롯하여 시장에서 투기 및 매점매석을 단속하는 등 물자의 가격을 철저히 통제하였다.[90)

경제부 물자국은 물자의 수급을 감독하며 면제품의 개량과 등기, 분배, 조사 및 통계, 공급 및 운송, 그리고 물가의 억제와 통화팽창의 억제, 시장의 관리, 사재기 및 투기의 단속, 방지 등을 주요한 임무로 표방하였다. 특히 면사포는 군용과 민수에 매우 중요한 필수품임에 비추어 각 사창 및 주요 지역에 소속 인원을 파견하여 이를 감독하고 업무의 원활한 진행을 보조하도록 하였다.[91) 물자국이 성립되자 농본국은 그 예하기구로 재편되었으며, 국장에는 목우초가 임명되었다.

1942년 2월 1일, 물자국이 성립되고 나서, 2월 4일 하호약은 4대 사창의 책임자인 반억산, 소태여, 장검혜, 소륜예 등을 초치하여 "현재 후방의 급선무는 인민의 생활을 안정시키고 인력과 물자를 동원하여 항전을 지원하는 데 있으며, 화사포의 통제는 물자총동원의 일환"[92) 이라고 강조함으로써 화사포통제가 항전의 물질적 기초임을 명확히 선언하였다.

---

90) 增田米治, 『重慶政府戰時經濟政策史』, ダイヤモンド社, 1943, pp.522-523.
91) 景森, 「抗戰中花紗布市價及其管理之經過」, 『中國紡織學會會刊』1期, 1943.4, p.82.
92) 巴圖, 『民國經濟案籍』, 群衆出版社, 2001.3, p.372.

이로부터 종래 면업통제정책의 실패가 바로 면업자본가들의 투기와 사재기 등의 편법거래에 있다고 하는 국민정부의 인식을 짐작할 수 있다. 물자국은 바로 이와 같은 자본가들의 투기와 사재기 등에 적극적으로 대처하기 위한 필요에서 성립되었으며, 이는 하호약이 물자국장으로 부임한 직후 농본국이 발행한 『농본월간』에서 다음과 같이 언급한 대목에서도 잘 알 수 있다.

"물자국의 임무는 생산을 증가시키고 운송과 소비를 총괄하여 소비를 절제하도록 하는 것이다. 그런데 더욱 시급한 문제는 국가에 도움이 되지 않으며 자신들의 사리만을 챙기는 상인들을 단속하는 일이다. 물자국이 과격한 수단을 동원하여 상인들의 재산을 몰수할 것인가. 그렇지는 않다. 물자국의 임무는 상인들에게 권고하여 그들에게 애국심을 발동하도록 하여 물자국의 통제에 따르도록 할 것이며, 그들로 하여금 제한가격으로 그들의 상품을 판매하도록 할 것이다. 또한 그들로 하여금 산업부문에 거액을 투자하도록 설득할 것이며, 혹은 점령구로 가서 물자를 구매하여 후방의 물자를 보충하도록 권고할 것이다."[93]

이와 함께 하호약은 구체적인 통제의 방침에 대해 '생산의 장려와 물가의 억제'임을 분명히 하는 동시에, 통제의 방법은 "면화를 가지고 면사의 가격을 통제하고, 면사를 가지고 면포의 가격을 통제하며, 면포를 가지고 물가를 통제한다"[94]라고 설명하였다.

1942년 2월 14일, 국민정부는 통주면사평가공소판법[95]과 물자국대

---

93) 下浩若, 「最近國際形勢的轉變與今後物資局的任務」, 『農本月刊』57期, 1942.2, p.4.

94) 巴圖, 『民國經濟案籍』, 群衆出版社, 2001.3, p.372.

95) 統籌棉紗平价供銷辦法: 면사의 가격 제한을 통한 통일적 배급 판매 법안

우직접용호청구면사잠행공응판법96)을 반포하여 면사의 가격을 고정시키고 예풍사창, 유화사창, 신신사창, 사시사창과 합천의 예풍사창 분창에서 생산되는 모든 제품을 물자국 소속의 농본국에서 일괄 수매하도록 하였으며, 물자국에서 인원을 파견하여 생산을 감독하였다. 한편 1941년 7월 복생장이 철폐되고, 농본국의 총경리인 목우초가 면화의 구입과 운수업무를 직접 주관하였다. 또한 수공업으로 생산되는 토포의 경우에도 면포 대금으로 면사를 공급하는 방식으로 면포 생산자인 직호織戶에게 직접 원료를 공급하였으며, 생산품을 농본국에서 일괄 수매 및 전매하도록 하였다.97)

물자국에서 구매하는 사창의 면사가격을 결정하는 방법은 다음과 같다. 즉, 각 사창이 생산코스트를 계산하여 물자국에 보내면, 물자국은 인원을 파견하여 각 사창에 가서 직접 조사한 이후 불필요한 생산코스트를 삭감한 이후 각 사창의 코스트 평균수치를 내어 여기에 20퍼센트의 이윤을 더하였다. 이 가격을 물자국이 경제회의비서처, 농본국, 사회국 등 유관기관 및 각 사창의 책임자로 구성된 회의에 제출하여 가격을 결정하고, 경제부의 비준을 얻어 공고하여 실시하였다.

1차 가격의 책정은 1942년 2월 15일부터 실시되었는데 20번수 1건 6,900원, 16번수 6,400원, 10번수 5,600원이었다. 당시 농본국이 정한 면화의 공시가격은 1담 387.5원(중급 섬서면화 표준)이었는데, 암시장에서의 가격은 무려 650원 정도에 달하였다.98) 생산코스트가 이미 정

---

96) 物資局對于直接用戶請購棉紗暫行供應辦法: 물자국이 생산자에게 직접 면사를 배급하여 공급하는 법안

97) 重慶市当案館編, 『抗日戰爭時期國民政府經濟法規』下, 檔案出版社, 1992, pp.268-271.

98) 巴圖, 『民國經濟案籍』, 群衆出版社, 2001.3, p.374.

부가 정한 면사 판매가격을 훨씬 초과하면서 사창 측의 불만이 고조되자 국민정부는 1942년 8월 1일 2차 가격 조정을 실시하여 20번수 1건 8,580원, 16번수 7,720원, 10번수 6,860원으로 책정하였다.[99] 그러나 이러한 조정에도 불구하고 제한가격이 시장가격에 미치지 못하자 자본가들은 여전히 불만을 가지고 있었다.

이러한 가운데 10월 말 국민정부 참정회가 개최되었는데, 유화사창의 소태여가 각 사창과 친분이 있는 참의원들에게 부탁하여 대회에서 정부로 하여금 화사포 통제의 방법을 개선해 줄 것과 합리적으로 면사의 수매가격을 결정해 주도록 청원하였다. 이러한 결과 물자국장 하호약은 참정회 기간 동안 각 사창의 대표들을 소집하여 면사가격의 조정 문제를 논의한 이후 가격의 조정 의사를 통보하였다.

11월 1일부터 장개석이 친히 국가총동원회의를 주최하였는데, 여기서 면사 판매의 공시가격에 대한 논의가 전개되었다. 최후에 장개석은 공시가격을 조정하도록 허가하면서 단 50퍼센트를 초과하지 못하도록 하는 조건을 달았다. 원래는 20번수 면사가 8,580원에서 14,500원으로 조정될 예정이었으나, 논의 끝에 결국 12,500원으로 결정되었으며, 16번수와 10번수도 마찬가지로 2,000원씩 삭감되었다. 그리하여 11월 1일부터 3차 평정이 실시되어 20번수 1건 12,500원, 16번수 11,250원, 10번수 10,000원으로 조정되었다.[100]

그럼에도 방직자본가들은 계속해서 면제품가격의 현실화를 요구하였다. 이러한 요구에 대해 농본국의 목우초는 "각 사창이 교묘한 방법을 써서 오로지 이윤만을 탐한다. 이들이 면사의 가격 현실화를 요구

---

99) 裕大華紡織資本集團史料編輯組, 『裕大華紡織資本集團史料』, 湖北人民出版社, 1984.12, pp.376-377.

100) 巴圖, 『民國經濟案籍』, 群衆出版社, 2001.3, p.376.

하는데 이는 부당하다"[101]라고 하였다. 이로부터 가격 현실화 문제에 대한 농본국 및 국민정부의 인식을 잘 살펴볼 수 있다.

실제로 각 사창은 국민정부 물자국의 이러한 정책에 대해 공동으로 대응하였다. 이들은 먼저 회의를 개최하고 여기에서 각 사창의 생산코스트를 대조하여 특정 사창의 수자가 너무 낮을 경우 해당 사창에 수치를 제고하도록 요구하였다. 당시 각 사창이 제출한 생산코스트 장부는 허위기재가 많았으며, 각 비용 항목은 종종 부풀려졌다. 생산코스트를 올리는 전형적인 방법은 노동자수를 허위로 기재하거나 기계 소비를 부풀리거나 사용 면화와 잡항의 비용을 허위 보고하고 생산량을 축소해 보고하는 등 온갖 방법이 동원되었다.[102]

그러나 물자국의 가격 통제에도 불구하고 중경 등 대후방지역에서는 투기와 매점매석 등이 여전히 창궐하였다. 이에 물자국은 사회부, 재정부, 경제부, 중경시사회국과의 협력하에 3월 1일부터 2주간에 걸쳐 7만여 개에 달하는 중경시의 공장 및 상점에 대한 검사를 일제히 실시하였다. 검사 결과 등기 수속을 어긴 자가 30퍼센트, 동업공회에 가입하지 않은 경우가 20퍼센트, 회사, 공장명의를 남용하여 투기를 행하거나, 영업 업종의 변경, 자본의 증식을 제때 신고하지 않은 것이 90퍼센트에 이르는 등 부정행위가 만연하였다.[103]

한편 물자국장 하호약은 면제품 통제를 시행하면서 면사만을 통제

---

101) 裕大華紡織資本集團史料編輯組, 『裕大華紡織資本集團史料』, 湖北人民 出版社, 1984.12, p.391.

102) "제한가격과 암시장에서의 가격이 배 이상 차이가 나는 까닭에, 간상들이 제한가격으로 면사를 구매하여 몇 단계를 거치면 가격이 급등한다. 생산자는 생산량을 허위로 보고하여 생산품을 암시장으로 빼돌린다." 畢相輝, 「棉市 管制之重心在布市」, 『農本月刊』57期, 1942.2, p.14.

103) 增田米治, 『重慶政府戰時經濟政策史』, ダイヤモンド社, 1943, p.523.

하였을 뿐 면화와 면포는 통제하지 못하였다. 농본국은 당초 사창에서 소비되는 원면을 고시가격으로 책임지고 공급하기로 약속하였으나 생산 부족과 외국면화 수입의 어려움 등으로 말미암아 실행에 옮길 수 없었다. 이러한 이유에서 각 사창은 부득불 암시장에서 비싼 면화를 구입하지 않으면 안되었다. 공광조정처 등 유관기관에서 약간의 배급이 있기는 했지만 대부분은 여전히 암시장에서 높은 가격으로 매입할 수밖에 없었다.[104]

이렇게 볼 때, 면업 측의 반발도 나름대로의 타당한 근거를 가지고 있었다고 할 수 있다. 이러한 이유에서 각 사창은 은행으로부터 대량의 자금을 차입하여 가능한 한 많은 면화 및 중요 기기, 유류 등을 구입해 두었다. 비록 은행이자가 높았지만 물가의 상승을 따라가지 못했으며, 법폐의 가치는 나날이 하락하여 사창은 자산가치를 보존할 수 있을 뿐 아니라 큰 이윤을 챙길 수 있었다.[105]

이러한 이유에서 물자국은 면화의 통제에 많은 노력을 기울였으며, 특히 면화의 가격을 억제하기 위해 모든 수단을 동원하였다. 특히 이 시기에 섬서성의 면화는 후방의 중요한 공급원이 되었으며, 따라서 국민정부는 자연히 이들 면화에 대한 통제에 주의를 기울였다. 대표적인 통제방법으로 다음과 같은 몇 가지를 들 수 있다.

첫째, 면사상이 보유하고 있는 면화의 수량이 50담을 초과하거나 혹은 사창이 구입하여 비축해 둔 면화의 수량이 1년을 초과할 경우 이를 사재기로 간주하여 통제기관이 정한 제한가격

---

104) 厲无咎,「抗戰時期國民党對後方花紗布業的管制」,『工商經濟史料叢刊』 第4輯, 文史資料出版社, 1984, p.193.

105) 厲无咎,「抗戰時期國民党對後方花紗布業的管制」,『工商經濟史料叢刊』 第4輯, 文史資料出版社, 1984, p.194.

에 의거하여 강제로 수매하도록 한다.

둘째, 강제 수매 시에 수매가격은 원구입가격에 이자와 운임 비용을 더한 것을 표준으로 계산한다.

셋째, 매월 50담 이상의 면화를 구입하는 자는 반드시 허가증 및 운수허가증을 소지해야 한다.

넷째, 면화를 구매한 자의 수매량과 등급, 가격 및 소비지역 등은 모두 정해진 규정에 따라 시행해야 한다.[106]

한편 물자국은 성립 직후 농민들이 보유하고 있던 면화를 모두 수매하도록 농본국에 지시하였다. 만일 수매에 응하지 않을 경우에는 행정명령을 적용하여 강제로 몰수하도록 하였다. 이러한 과정에서 물자국으로부터 파견된 인원이 앞에서 행정수속을 하고 농본국의 인원이 뒤를 따라 명령을 집행하였다. 그런데 이러한 조치는 군정부 군수서가 군비를 절약하기 위해 물자국에 요청한 것을 받아들여 시행한 것으로서, 자연히 면화의 수매가격이 지나치게 낮게 산정될 수밖에 없었다.[107] 따라서 이러한 강제수매는 농민의 희생 위에서 이루어졌으며, 당연히 이들의 불만을 살 수밖에 없었다.

이러한 결과 1942년 섬서성에서 생산된 면화의 경우 농본국이 정한 기간 동안 수매된 수량은 극히 적었다. 이러한 원인은 바로 정부의 고시가격이 지나치게 낮았기 때문이다. 실제로 섬서면화는 1940년의 생산량이 100여만 담이었는데, 통제를 실시한 이후에 가격의 제한으

---

106) 「我國戰時後方棉花之産銷及管制槪況」, 『金融週刊』4卷 36期, 1943.9.6, pp.4-5.

107) 趙卓志, 「農本局撤銷改組的內幕」, 『工商經濟史料叢刊』第4輯, 文史資料出版社, 1984, p.149.

로 말미암아 1942년에는 생산량이 40여만 담에 불과하였다.[108] 이러한 이유로 1943년에는 정해진 기간 내에 면화 수매에 협조하는 면작농에게는 정해진 고시가격 이외에 장려금을 지급하자는 방안까지 강구하지 않으면 안 될 정도였다.[109] 더욱이 이러한 과정에서 일반 투기상인들은 물가 상승을 부추겨 폭리를 취하였다.[110] 1937년 6월의 물가지수를 100으로 할 경우 1942년 12월의 물가지수는 무려 1576에 달하였다.[111] 결국 농본국은 면업통제정책을 더 이상 효율적으로 수행할 수 없게 되었다.

결국 장개석은 국가총동원회의에서 농본국의 목우초에게 책임을 물었으며, 이에 따라 12월 2일 행정원은 정식으로 목우초의 해직을 결정하였다. 12월 22일 국민당 행정원에서 하호약은 농본국을 철폐하는 방안을 정식으로 제출하였다. 마침내 1943년 1월 물자국이 먼저 철폐되고, 1943년 2월 16일 농본국이 철폐되었다. 농본국을 대신하여 국민정부는 새로이 화사포관제국을 설립하여 면업통제정책을 담당하도록 하였다.

3. 화사포관제국의 설립과 경제정책

화사포관제국은 태평양전쟁이 발발한 이후 중경국민정부가 운남, 사천, 섬서, 귀주, 하남 등의 국민정부 통치구, 즉 대후방지역에서 전

---

108) 韓渝輝, 『抗戰時期重慶的經濟』, 重慶出版社, 1995.8, p.83.
109) 「戰時花紗布管制槪述」, 『紡織周刊』9卷 6期, 1948.2, p.86.
110) 花紗布管制局, 『花紗布管制之槪況』, 1943.11, p.2.
111) 「戰時花紗布管制槪述」, 『紡織周刊』9卷 6期, 1948.2, p.114.

면적인 면업통제정책을 시행하기 위해 설립한 통제기구로서, 이차대전 종전 직후까지 생산, 운송, 유통, 판매 등 방직공업과 관련된 일체의 과정을 통제하였다.

중국 공업경제에서 방직공업이 차지하는 비중에 비추어 화사포관제국의 연구와 평가는 전시 국민정부가 시행한 경제통제정책을 평가할 수 있는 대표성를 가질 수 있다고 생각된다.[112] 여기에서는 중일전쟁 시기 국민정부 화사포관제국의 성립 배경과 이를 통한 국민정부 면업통제정책의 내용 및 성과, 이에 대한 방직업계의 대응 등을 살펴보고자 한다.

1) 전시 화사포관제국의 설립 배경

중일전쟁이 발발한 직후 상해의 방직공업에서는 공전의 전시호황이 나타나 그 발전이 매우 급속했음은 이미 지적한 바와 같다. 그러나 상해지역 방직공업의 발전과는 대조적으로 국민정부 통치구인 대후방에서는 생산설비의 부족으로 말미암아 면사, 면포의 부족이 엄중한 수준이었으며, 이로 말미암아 면제품가격이 급등하여 전반적인 물가의 상승으로 이어졌다.

국민정부가 중경으로 천도한 이후 적점령구의 주민들이 대량으로 이주하면서 후방의 인구는 급속히 증가하였다. 통계에 따르면 1940년

---

112) 중일전쟁 시기 방직공업의 현상과 면업통제정책에 관한 연구로는 金志煥, 「抗戰時期國民政府的棉業統制政策」, 『社會科學研究』2014年 3期; 金志煥, 「中日戰爭期 國民政府 農本局의 綿業統制政策」, 『韓中人文學研究』 16輯, 2005.12; 李先明, 「抗戰時期國民政府對花紗布的管制述論」, 『貴州社會科學』2004年 3期, 2004.5; 陳昌智, 「舊中國重慶機器棉紡織工業發展初探」, 『中國社會經濟史研究』1984年 4期 등을 들 수 있다.

까지 적점령구로부터 후방으로 이주한 인구는 약 5,000만 명으로, 후 방지역의 인구는 전전의 1억 8,000만 명으로부터 2억 3,000만 명으로 일거에 25퍼센트 이상 급증하였다.[113] 여기에 병사 4,500만 명을 포함한다면 면제품에 대한 수요가 급증했음을 쉽게 짐작할 수 있다.

중일전쟁 이전에 매년 1인당 소비할 수 있는 면포가 10평방마였음에 비해, 전쟁 발발 이후 후방의 1인당 면제품 소비는 군수품 생산을 제외하고 2평방마에 불과할 정도로 면제품의 부족이 심각한 상황이었다. 면제품의 부족은 제품가격의 상승을 수반하여, 중일전쟁 이전에 308원이던 면사 1건의 가격이 1940년 3월 중경에서 3,000원에 육박하고 있었다.[114]

적점령구와 국민정부 통치구의 면사가격 비교(20번수)   (단위: 원)

지역	1937.6	1937.12	1938.12	1939.6	1939.12	1940.6	1940.12	1941.6
상해	236.3	301.6	342.9	429.9	714.7	1,089.4	1,238.4	1,400.0
천진	237.8	283.3	293.6	499.7	692.0	1,200.0	1,360.0	1,254.0
중경	362.3		835.4	1,027.0	1,600.0	2,850.0	4,215.0	4,900.0

출처: 馮叔淵, 「民元來我國之棉紡織業」, 『民國經濟史』, 1948.1, p.339.

이미 설명한 바와 같이 후방지역은 상해로부터의 공산품 수입을 통해 일용필수품의 부족을 다소 완화할 수 있었다. 그러나 1941년 말 태평양전쟁이 발발하자 이와 같은 상황에 근본적인 변화가 발생하였다. 1942년 여름 일본군이 미얀마를 공격하는 동시에 국민정부의 주

113) 李先明, 「抗戰時期國民政府對花紗布的管制述論」, 『貴州社會科學』2004年 3期, p.108.
114) 陳昌智, 「舊中國重慶機器棉紡織工業發展初探」, 『中國社會經濟史硏究』, 1984年 4期, p.114.

요한 군수물자 및 일용필수품의 수송로인 전면로를 차단하자 후방지역의 물자 보급에 심각한 문제가 발생하게 된 것이다. 일본은 1942년 5월 운남 변경으로 군대를 진격시키는 한편, 노강怒江 일대의 광대한 지역을 점령하여 전면로의 서단 부분이 사실상 일본의 지배하에 들어가게 되었다.[115)]

더욱이 태평양전쟁이 발발한 이후 상해 조계는 일본군에 의해 접수되었으며, 일본의 흥아원 화중연락부는 조계에 지부를 두고 물자를 통제하였다. 그리하여 각 공장은 매월 생산량과 조계 내에서의 물자 이동 및 외부로의 이출 수량을 모두 통제받게 되었다. 이렇게 되자, 후방지역에서는 1941년 말부터 공급 부족으로 인해 면사포 등 공산품의 가격이 급등하기 시작하였다. 1942년 2월 중경의 물가는 전전에 비해 무려 34배에 달하였으며, 시중에는 투기와 암시장이 창궐하였다.[116)]

전쟁이 장기화 되면서 국민정부의 재정지출이 급속히 확대되어 재정적자가 눈덩이처럼 불어나자 국민정부는 법폐의 발행을 증가시켰으며, 더욱이 은행으로부터 차관을 도입하여 이를 보충하려 하였다. 1937년 6월부터 1945년 6월까지 법폐의 발행 누계액을 살펴보면 다음과 같다.

1937년 6월 법폐 발행액은 14억 700만 원이었는데, 1938년 말까지 23억 500만 원에 달하였으며, 1939년 말까지는 42억 8,700만 원, 1940년 말에는 78억 7,400만 원, 1941년 말에는 151억 3,800만 원, 1942년 말에는 343억 6,000만 원, 1943년 말 753억 7,900만 원, 1944년 말에는

115) 章易, 「滇緬公路: 抗戰時期的大后方生命線」, 『史海鈎沈』2004年 3期, p.28.
116) 畢相輝, 「棉布管制之重心在布市」, 『農本月刊』57期, 1942.2, p.14.

1,894억 6,100만원, 1945년 말에는 1조 319억 원으로 급증하였다. 이렇게 볼 때 1940년 이전에 법폐의 발행량 증가는 비교적 완만하였으나 1940년부터 시작하여 통화 발행액이 급속히 증대하여 통화팽창의 주요한 원인이 되었음을 알 수 있다.[117)

전시 국민정부의 재정지출과 은행 차입액   (단위: 억 원)

연도	재정지출	군사비	재정적자	은행차관
1937년 7월	20.91	13.68	15.32	11.95
1938년 7-12월	11.69	6.98	8.72	8.53
1939년	27.97	16.01	22.79	23.10
1940년	52.88	39.12	38.73	38.34
1941년	100.03	66.17	88.2	94.43
1942년	245.11	152.16	192.51	200.81
1943년	588.16	429.39	419.44	408.75
1944년	1,716.80	1,310.80	1,387.26	1,400.90
1945년	12,150.89	10,607.37	6,853.67	10,432.57

출처: 陸仰淵, 『民國社會經濟史』, 中國經濟出版社, 1991, pp.555-557.

통화량의 증가로 말미암아 은행, 보험공사, 신탁공사, 실업공사를 비롯하여 부상, 지주 등은 모두 방대한 잉여자금을 보유하고 있었으며, 유휴자본은 일용필수품에 대한 투기와 사재기 등 상업투기에 집중되었다. 이러한 이유에서 국민정부는 물가의 통제를 통해 상업투기를 억제하는데 역량을 집중하지 않으면 안되었다.[118) 이렇게 볼 때, 통화

117) 中國抗日戰爭史學會編, 『抗日戰爭時期重要資料統計集』, 北京出版社, 1997.4, p.300.
118) 粟寄滄, 『中國戰時經濟問題硏究』, 中新印務股份有限公司出版部, 1942.11, p.8.

팽창을 저지하고 물가를 안정시키기 위해서라도 일용필수품의 확보와 가격 안정은 시급한 과제가 아닐 수 없었다.

중국의 여론은 휘발유, 디젤, 면사, 면포 등을 적이 봉쇄하고 있어 공급 부족이 심각한 실정에서 모든 노력을 경주하여 이들 물자를 확보해야 한다고 주창하였다.[119] 일용필수품의 확보가 절실한 상황에 이르자, 1942년 5월 11일 국민정부 재정부와 경제부는 회동하여 '전시수출입물품 관리조례'를 반포하였다. 조례의 주요한 내용은 일용필수품과 군수물자를 어느 나라이든, 국내의 여하한 지역으로부터 수입되는지를 불문하고 힘써 쟁취하도록 권고하였다.[120] 일용필수품의 부족은 물가의 상승을 야기하였으며, 국민정부의 조치는 일본에 의한 물자 통제를 타개하기 위한 고육책이었다고 할 수 있다.

중경국민정부는 상인들로 하여금 적점령구로부터 물자의 확보를 장려하기 위해 '장려상인창구판법'[121]을 반포하여 다음과 같은 장려 방법을 설정하였다. 그 내용을 살펴보면, 첫째 구매한 물자가 국민정부 경제부가 지정한 구매 품목으로서 국방 군수 및 후방의 생산에 도움이 되는 것, 둘째, 구매가 곤란하여 위험이 매우 큰 것, 셋째, 일정기간 동안 구매 운송가격이 규정 장려 표준에 도달한 품목, 넷째, 일정 시기에 구매 운송 수량이 규정 표준에 도달한 것, 다섯째 정보의 제공으로 경제전에 도움이 되는 것으로 규정하였다.[122]

이러한 결과 1943년 10월부터 1944년 1월까지 국민정부가 적점령

---

119) 『大公報』, 1942.5.16.

120) 常奥定, 『經濟封鎖與反封鎖』, 1943, p.28.

121) 奬勵商人搶購辦法: 상인들로 하여금 적점령구 등 각 지역으로부터 상품을 구매하도록 장려하는 법안

122) 吳大明, 『中國貿易年鑑』, 1948, p.29.

구로부터 구매 등을 통해 획득한 물자는 4만 5,000톤으로, 총 9억여 원에 달하였다. 이 가운데 면화와 면사, 면포가 수위를 차지하여 총 3억 9,000만 원에 달하였다. 두 번째가 1억 4,000만 원으로 강철 및 금속류가 차지하였으며, 전기재료, 의료기구가 1억 2,000만 원으로 3위를 차지하였다.[123]

이와 함께 1942년 말, 장개석은 국민참정회 및 10중전회에서 국민정부 통치구 내에서 물가의 통제를 강화하기 위해 가격을 제한하는 방안을 제안하여 의결하였다. 이 방안에 따르면 모든 공산품은 1942년 11월 30일의 시가를 표준으로 하여 제품의 판매 시에 이 가격을 초과할 수 없도록 하였다.

이를 위해 국민정부는 각 동업공회로 하여금 1942년 11월 말의 가격을 제출하도록 하고, 이를 심의하여 제한가격으로 인증하였다. 제한가격은 일률적으로 1943년 1월 14일에 공포되었으며, 1월 15일부터 모든 상품을 제한가격에 의거하여 매매하도록 하였다. 미확정 부분은 각 업종 동업공회가 생산코스트 및 운임, 그리고 전국의 시황을 참작하여 결정하도록 하였다. 뿐만 아니라 노동자의 임금도 마찬가지로 제한가격에 따라 산정되었다. 특히 식량과 소금, 면화, 면사, 면포, 연료 등은 이와 같은 규제가 가장 철저히 시행되어야 할 품목으로 지정되었다.[124]

이를 위한 후속 조치로서 1942년 12월 17일, 국민정부 행정원은 '가강관제물가방안실시한가판법加强管制物價方案實施限價辦法'을 통과시키고 일용필수품인 면화와 면사, 직물 및 식량의 가격 및 임금을 우선

---

123) 齊春風, 「論抗戰時期國民政府的對日經濟戰」, 『歷史檔案』2004年 2期, p.116.
124) 「重慶市棉貨及之工資限價辦法」, 『中國紡織學會會刊』1期, 1943.4, p.105.

적으로 제한하기로 결정하였다. 이와 함께 1943년 1월 15일부터 면제품 등 주요 상품에 대해 가격의 전면적인 통제를 시행한다고 선포하였다.[125]

1943년 2월, 면제품의 통제 및 면업통제정책을 전담하기 위한 기관으로서 장개석의 직접적인 지시와 관심하에서 화사포관제국이 성립되었다. 장개석은 면제품 가격이 급등하는 것은 바로 정부정책에 대한 공상자본가들의 비협조와 이들에 의한 투기, 사재기, 암시장의 창궐에 주요한 원인이 있다고 판단하였다. 따라서 면제품 투기의 단속과 생필품의 폭등을 통제하여 가격의 안정을 실현할 수 있는 총괄기구로서 화사포관제국의 설립이 필요하였던 것이다.

장개석은 경제부에 보낸 지령(第16614号代電)을 통해 공동 유통 및 판매 등의 문제를 거론하면서 "상인이 면화를 공개된 장소에서 정해진 가격으로 매매하면 합리적 유통이 이루어지게 될 것이며, 암시장은 소멸되어 시장이 안정될 것"[126]이라는 기대를 표명하였다. 이로부터 장개석을 비롯한 국민정부 수뇌부는 생산분야 보다는 유통분야에 면업통제정책의 중점을 두고 있었음을 알 수 있다.

2) 화사포관제국의 면업통제정책

화사포관제국은 예하에 면사, 면포, 재무, 총무의 4처와 인사 및 기술의 2실을 두었다. 화사포관제국은 특히 면화의 생산을 중시하여, 면제품의 통제를 면산처와 사포처로 분리하여 각각 업무를 관장하도록

---

125) 重慶市檔案館編, 『抗日戰爭時期國民政府經濟法規』下, 檔案出版社, 1992, p.132.

126) 「戰時花紗布管制槪述」, 『紡織週刊』9卷 6期, 1948.2, p.87.

하였다. 면산처는 면화의 통일적 수매 및 면화시장의 통제 및 단속, 면화가격의 책정 등을 담당하였으며, 사포처는 면사, 면포의 통일적 수매 및 면사포시장의 통제 및 단속, 면사포의 공급 조절 및 가격 책정 등을 담당하였다. 재무처는 자금의 모집 및 배분, 자금의 대출 및 재무 사항의 전반적인 사항을 담당하였으며, 총무처는 문건의 발송 및 업무 의 계획, 보고 등의 사항을 담당하였다.[127]

성립 직후 화사포관제국은 면화의 증산 및 개량에 많은 노력을 경 주하였다. 후방지역에서 농민들은 전쟁과 면화 수매가격의 제한 등으 로 인해 면작을 포기하고 식량작물로 전환한 경우가 많았는데, 예를 들면 섬서성의 경우 1940년 100만 담에서 1942년에는 31만 담으로 면화의 생산이 급격히 감소했음을 알 수 있다.[128]

면제품 부족과 가격의 급등을 더욱 심화시킨 요인 가운데 하나는 바로 원료면화의 부족에 있었다. 이러한 이유에서 화사포관제국은 면 화의 생산을 적극 장려하기 위해 "첫째, 면화의 수매가격은 생산비와 이윤, 일반물가를 참조하여 결정하며, 둘째, 면전에 대한 세금의 감면 과 군량 등의 부담 경감, 셋째, 면전에는 반드시 면화를 심도록 지방정 부에 책임을 지우며, 넷째, 면화 생산을 위한 자금 대출을 확대하며, 다섯째, 면종을 개량하고 면전 면적을 넓혀나간다"[129]는 원칙을 확립 하였다.

화사포관제국이 시행한 면업통제정책의 골간은 중간상인의 개입을 없애 사재기와 투기 등을 통한 물가 상승의 폐해를 차단하고, 면화 및 면사, 면포의 생산을 증대하여 민수 및 군수에 조달하며, 이를 통해

---

127) 「花紗布管制局組織規程」, 『中國紡織學會會刊』1期, 1943.4, p.113.
128) 花紗布管制局, 『花紗布管制之槪況』, 1943.11, p.5.
129) 花紗布管制局, 『花紗布管制之槪況』, 1943.11, p.5.

면제품의 가격을 안정시키는 내용이었다. 이를 위해 화사포관제국은 모든 사창으로 하여금 보유하고 있는 면사포를 등기하도록 하였으며, 인원을 파견하여 화사포관제국이 결정한 제한가격에 의거하여 매매를 실행하도록 감시함으로써 암시장을 척결해 나가고자 하였다.[130]

화사포관제국이 면제품의 제한가격을 엄격히 통제하면서 방직사창의 이윤이 급감하자 방직자본가들은 물가 상승을 고려하여 제한가격을 인상해 주도록 요구하였다. 이에 대해 화사포관제국은 적어도 3개월에 한 번씩 현실 물가를 반영하여 제한가격을 조정함으로써 이윤의 보증을 약속하였으나, 이 약속은 물가의 안정이라는 기조에 매몰되어 원안대로 실행되지 못하였다.[131] 방직업자들이 비록 매점매석 등의 편법을 통해 이윤을 확보하고자 하였지만, 점차 경영 손실이 확대되자 제한가격을 견딜 수 없었다.

더욱이 화사포관제국은 면화가격의 급등을 이용한 투기와 사재기를 방지하기 위해 방직사창이 보유할 수 있는 면화의 수량을 제한하였을 뿐만 아니라, 면화의 구입 시에도 제한가격을 준수하도록 엄격히 통제하였다. 이를 위해 면화를 의무적으로 등기하도록 하여 일률적으로 통제하기 시작하였다. 등기 이후 각 사창이 구매한 면화의 수량이 1년 생산의 수요량을 초과할 경우 화사포관제국이 초과분을 다시 제한가격으로 강제 수매하였다. 1담 중급면화의 제한가격은 600원으로 결정되었으며, 등기하지 않은 면화는 강제로 몰수되었다.

사창 이외에 면화, 면사, 면포 관련 상인은 화사포관제국에 허가증을 신청하여 수매 수량, 등급, 가격 및 운송, 판매지역 등을 보고한

---

130) 中國工業經濟硏究所, 『戰時工業管制檢討』, 1945.8, p.9.

131) 厲无咎, 「抗戰時期國民党對後方花紗布業的管制」, 『工商經濟史料叢刊』 第4輯, 文史資料出版社, 1984, p.194.

이후 규정에 의거하여 판매하도록 하였다. 1942년도 신면의 가격은 1,200원으로 결정되었으며, 필요시 조정하기로 하였다.[132] 면화의 제한가격이 엄격히 실시되자 농민들은 면화의 생산을 기피하였으며, 이는 다시 면화의 부족으로 인한 방직사창의 경영 악화로 이어졌다.

이와 같이 화사포관제국이 성립된 직후 실행한 면업통제정책은 사실상 생산과 유통 과정에서 면화 및 면사포의 제한가격을 철저히 관철시키는 것에 중점이 두어졌음을 알 수 있다. 그럼에도 불구하고 면제품에 대한 통제는 철저했음에 비해 면화의 경우 제한가격에만 주의하였을 뿐 증산과 확보, 그리고 방직공장에 대한 충분하고 저렴한 원면의 공급에는 상대적으로 주의를 기울이지 못했던 것도 사실이다. 이러한 이유에서 통제정책은 충분한 성과를 거둘 수 없었다.

면화에 대한 화사포관제국의 통제가 엄격해지면서 면화의 생산이 감소하고 구매가 어렵게 되자, 방직업계는 화사포관제국에 원료면화의 확보에서부터 면사 및 면포의 유통, 생산의 모든 과정에 대한 통제를 요구하였다. 중국방직학회도 면업통제정책이 제한가격을 중심으로 시행되고 있는데, 그렇게 될 경우 전면적이고 철저하게 시행되어야 한다고 주장하였다. 그렇지 않을 경우 제품의 통제만을 엄격히 적용하면서 여전히 암시장에서 원료를 구매하게 된다면 생산코스트가 날로 상승하는 반면 판매가는 고정되어 도리에 합당하지 않아 경영에 악영향을 미칠 수밖에 없다고 주장하였다.[133]

방직업계의 요구에 직면하여 화사포관제국도 스스로 면업통제정책이 소기의 성과를 거두지 못하고 있는 원인을 다음과 같은 몇 가지

---

132) 景森, 「抗戰中花紗布市價及其管理之經過」, 『中國紡織學會會刊』1期, 1943.4, pp.82-83.
133) 慕雲, 「現時辦理紡織工業之困難」, 『中國紡織學會會刊』1期, 1943.4, p.40.

점에서 찾았다. 우선 면제품가격의 통제 과정에서 충분한 면화의 장악과 공급에 실패했기 때문이다. 둘째, 통제의 실행이 주로 중경을 중심으로 한 사천성 일대에 한정되었으며, 따라서 후방의 기타 지역에는 통제가 적용되지 않았기 때문에 통제정책이 소기의 성과를 거둘 수 없었다고 판단하였다.

이러한 판단에 기초하여 화사포관제국은 통제의 범위를 사천성으로부터 전체 국민정부 통치구로 확대하기로 결정하였다. 이와 함께 통제의 범위 역시 면화를 비롯하여 생산에서 소비에 이르기까지의 모든 과정으로 확대하였다. 말하자면 주로 면제품의 판매가격을 제한하던 통제방식으로부터 일전하여 면화의 장악과 함께 생산에서 운송, 유통에 이르기까지의 전 과정을 통제하는 방식으로 변화된 것이다. 이와 같이 방직공업에 대한 전면적인 통제는 면화의 부족으로 인한 손실이 점점 늘어나면서 각 사창의 자구책으로 먼저 강구된 것을 국민정부가 수렴한 결과였던 것이다.

화사포관제국은 1943년 8월부터 면화, 면사, 면포에 대한 전면적인 면업통제에 착수할 것을 선포하였다. 전면 통제란 각 사창이 보유하고 있는 면화를 모두 화사포관제국이 매입하는 형식으로서, 매입한 이후에 다시 원래의 사창에 원료면화로 공급하게 되는 것이다. 사창은 이 면화로 생산한 면사를 모두 화사포관제국에 넘겨주게 되고, 화사포관제국은 사창에 생산 비용(제조 비용)만을 지급하게 된다.

마찬가지로 사창에서 생산된 면사를 관제국이 일률적으로 수매하여 수공직포업자에게 공급하여 생산된 면포를 다시 수매하면서 생산 비용만을 지급하는 것이다. 이렇게 함으로써 중간상인의 개입이나 투기 및 사재기, 암시장 등의 폐해를 근절할 수 있다는 계산이었다. 이에 따라 각 사창은 화사포관제국의 통제에 따라 화사포의 교환 과정에서 생산코스트에 입각한 이윤을 취하는 방식으로 영업을 지속해 나갈 수밖에 없게 되었으며, 사실상 국영사창과 다름없는 처지에 놓이게 된 것이다.

1943년 10월 11일 재정부는 '포업상인영업등기판법'과 '면사 및 포필 등기판법'을 공포하여 면제품을 취급하는 상인들로 하여금 모든 면제품을 등기하도록 하여 통제에 따르도록 하며, 이를 어길 경우 '비상시취체일용중요물품돈적거기판법'[134]에 따라 처리하도록 명령하였다.[135] 말하자면 화사포 유관 상인도 화사포관제국의 규정과 관리하에 철저히 통제되게 된 것이다. 1944년 1월 행정원은 화사포관제국을 통한 면업통제정책을 더욱 철저하게 시행하기 위해 면화 및 면사, 면포의 교역에 관한 다음과 같은 몇 가지 규정을 공지하였다.

1) 모든 공장과 상점이 면제품을 교역하기 위해서는 먼저 화사포관제국에 교역을 신청하여 허가를 득해야 한다.

2) 교역은 공개시장에서 이루어져야 하며, 암시장에서의 거래는 불허한다.

3) 교역은 면화업, 면사업, 면포업 동업공회가 각각 주재하며, 화사포관제국에서 인원을 시장에 파견하여 이를 감독한다.

4) 각 공장과 상점은 실제 수요에 의거하여 실물을 교역해야 한다.

5) 각 공장과 상점은 교역 수량과 가격, 용도 등을 기입하여 화사포관제국에 보내 이를 검사받도록 한다.

6) 이를 어길 경우 국가총동원잠행조례에 의거하여 처벌한다.

---

134) 非常時取締日用重要物品囤積居奇辦法: 비상시기 일용필수품 및 주요 물품의 사재기, 매점매석을 단속하는 법안

135) 重慶市檔案館編, 『抗日戰爭時期國民政府經濟法規』上, 檔案出版社, 1992, pp.273-275.

이 밖에 화사포관제국은 별도의 규정을 정하여 상점 및 시민의 소매는 한 번에 면화의 경우 30근을 초과할 수 없으며, 면포는 1필을 초과할 수 없으며, 면사는 20근을 초과할 수 없도록 제한하였다.[136]

그러나 화사포관제국의 설립을 통한 의욕적인 면업통제정책의 실시에도 불구하고 지나친 가격 제한 등의 일방적 정책은 많은 부작용을 야기하였다. 방직공업에서 면사포의 생산 비용은 먼저 각 사창으로 하여금 자체적으로 명세서를 작성하여 이를 화사포관제국에 보내어 심사하도록 하였다. 이러한 과정에서 화사포관제국은 불필요한 항목이나 과도한 항목을 삭감하고 각 사창의 평균수치를 구하여 여기에 20퍼센트의 이윤을 붙이는 방법으로 가격을 결정하였다. 예를 들면, 면사 1건을 생산하기 위해 소요되는 면화의 수량을 459근이라고 한다면, 면사의 중량은 420파운드가 된다. 여기에 근거하여 20번수 1건의 가공비를 8,000원으로 계상하고, 여기에 20퍼센트의 이윤을 붙여 9,600원으로 결정하였다.[137]

화사포관제국이 각 사창으로부터 수매한 원면은 모두 145,000담에 달하였다. 수매가격은 제한가격에 따라 1담 3,800원이었으나 암시장 가격은 무려 15,000원에 달하였다. 그러나 화사포관제국은 이를 수매하면서 단지 2,700원만을 지급하여 사실상 몰수와 다름없었다.[138] 이와 같이 화사포관제국의 면업통제정책은 면방직공업의 이윤을 극도

---

136) 『新華日報』, 1944.1.10.

137) 厲无咎, 「抗戰時期國民党對後方花紗布業的管制」, 『工商經濟史料叢刊』 第4輯, 文史資料出版社, 1984, p.194. 20번수는 8,000원, 16번수는 7,200원, 10번수는 6,400원으로 생산 비용을 책정하였다. 裕大華紡織資本集團史料 編輯組, 『裕大華紡織資本集團史料』, 湖北人民出版社, 1984.12, pp.419-421.

138) 厲无咎, 「抗戰時期國民党對後方花紗布業的管制」, 『工商經濟史料叢刊』 第4輯, 文史資料出版社, 1984, p.195.

로 제한하였다.

이와 같은 방직공업의 어려움은 해당 기간 동안 설립된 방직사창의 수로부터도 알 수 있다. 이 기간 동안 신설된 공장은 소공장 3개에 불과하였고, 이들 자본의 합계는 수백만 원에 불과하였으며, 생산설비는 방추 1,218추, 직포기 20대에 불과하였다. 이는 전체 방추수의 0.95퍼센트, 직포기의 3.45퍼센트에 불과한 수치였다.[139]

더욱이 면화가격의 지나친 억제로 인해 면화 생산 농가의 의욕을 저하시켜 면화의 생산 감소를 초래하였다. 화사포관제국은 성립과 함께 각 사창이 보유하고 있던 면화를 일괄적으로 수매하였다. 수매 시에 시가가 1만 원 정도였는데, 구입가격은 전년도 제한가격인 2,700원에 불과하였다. 더욱이 정부의 재정 부족으로 말미암아 현금이 아니고 어음에 국가은행의 이자율을 더하여 계산하였다.[140]

하남성, 섬서성에서 생산된 면화는 정부가 정한 수매가격이 지나치게 낮았기 때문에 면화 생산의 이윤이 곡물의 절반에 불과하자 면화의 생산이 대폭 감소할 수밖에 없었다. 1942년 섬서성 면화의 생산량이 31만 석에 불과하였는데, 이는 1938년의 100만 석과 비교할 때 70퍼센트 감산된 상태였다.[141]

1943년 섬서산 면화의 운송상황을 살펴보면, 국민정부는 같은 해 9월에 신면을 1담 5,800원에 수매하기로 결정하였다. 그러나 정부의 예산 부족과 운수장비의 부족, 그리고 수매기관의 미비로 말미암아

---

139) 陳昌智,「舊中國重慶機器棉紡織工業發展初探」,『中國社會經濟史研究』 1984年 4期, p.112.

140) 周天豹,『抗日戰爭時期西南經濟發展概述』, 西南師範大學出版社, 1988, p.157.

141) 「戰時花紗布管制概述」,『紡織週刊』9卷 6期, 1948.2, p.157.

제 때에 면화를 수매하지 못하였다. 그러자 당장 돈이 급한 농민들은 저렴한 가격으로 면화상에게 넘기거나 면화가격의 제한이 없는 적점령구로 고가에 매도하였다. 이러한 결과 정부가 수매한 것은 총생산량의 3분의 1에 불과하였다.[142]

1943년도 호북성과 하남성 등에서 생산된 적지 않은 면화가 적점령구로 유출되었으며, 후방의 각 사창에서는 면화의 부족현상이 보편화되었다. 1943년에 후방에서 생산된 면화는 160만 담이었는데, 정부가 수매한 것은 3분의 1에도 미치지 못하였다. 수매자금의 부족과 이로 인한 경직된 제한가격은 농민으로 하여금 면화의 경작을 포기하고 맥작으로 돌아서게 만들고 말았다.[143]

1943년 말 화사포관제국이 여러 차례에 걸쳐 면화의 수매가격을 조정하였으나, 그럼에도 불구하고 면작농과 면화상인들은 면화를 판매하려 하지 않았다.[144] 이와 같은 상황은 1944년에도 마찬가지였다. 1944년 가을 화사포관제국이 서안에서 면화를 수매한 가격은 1담당 1만 1,000원이었는데, 당시 면화의 시가는 1만 6,000원에 달하였다.[145]

예를 들어 실제로 자료를 통해 살펴보면, 화사포관제국이 면화를 수매하는 주요한 지역은 섬서성, 호남성, 호북성의 3성이었으며, 1943년도 총수량이 30만 담에 달하였다. 그러나 섬서성을 제외하고 호남성과 호북성에서 생산된 면화는 왕정위정부의 고가 수매정책으로 말미암아 상당 수량이 적점령구로 유출되었다. 이러한 모습은 국민정부의

---

142) 馮叔淵, 「民元來我國之綿紡織業」, 『民國經濟史』, 1948.1, p.341.

143) 『新華日報』, 1944.3.5.

144) 『經濟新聞』, 1943.12.11.

145) 陳耀廷, 「抗日戰爭后方紡織生産槪貌」, 『中國近代紡織史硏究資料滙編』 第3輯, 1989.3, p.27.

통치가 관철되는 지역에서조차 면화의 수매가격이 지나치게 낮아 면화를 완전히 장악할 수 없었음을 보여주는 사례라고 생각된다.[146]

3) 공상자본가의 대응과 통제정책의 효과

방직자본가들은 각종 물가가 상승하는 가운데 정부가 책정한 면제품의 수매가격이 생산코스트와 이윤을 충분히 반영하지 못하는 사실에 큰 불만을 가지고 있었다. 정부가 정한 수매가격은 시가에 비해 지나치게 낮은 수준이었다. 1943년 3월의 자료에 의하면, 방직공장에서 면사 1포를 생산하는 노임은 적어도 15,000원이었는데, 정부가 정한 표준가격은 12,000원에 불과하였다. 직포공장에서 1필의 면포를 생산하기 위한 노임코스트가 적어도 760원이었는데, 정부는 단지 520원만을 지급할 뿐이었다.[147]

중경의 직포창에서 면포 1필의 생산 가공비는 760원인데, 정부에서 정한 표준 가공비는 420원에 불과하였다. 이와 같이 화사포관제국의 생산 비용과 방직사창의 생산코스트 사이에 차이가 지나치게 커서 공장은 재생산 과정을 유지하기 힘들게 된 것이다.[148]

방직공장에서 36촌 40마포를 생산하기 위한 임금코스트는 1,136원이었으나 책정된 노임은 420원에 불과하였다.[149] 이러한 결과 1944년 3월 2일 중경시 방직토포, 수건, 침직 등이 대부분 휴업에 돌입하자, 이와 관련된 2,000여 명의 노동자들이 시위에 나서 임금 인상을 요구

---

146) 『經濟新聞』, 1943.12.25.

147) 「關於花紗布的生産」, 『新華日報』, 1944.3.5.

148) 『新華日報』, 1944.3.5.

149) 劉殿君, 「評抗戰時期國民政府經濟統制」, 『南開經濟研究』1996年 3期, p.77.

하였다.[150]

1943년 3월 정부는 면사 1건의 면포 교환 비율을 40.5필로 설정하였으며, 노임은 면사 1포당 12,000원, 면포 1필당 420원으로 결정하였다. 그러나 실제 공장에서의 노임코스트는 면사 1포당 15,000원, 면포 1필당 760원이 되어야 채산이 맞았다. 따라서 공장은 면사 1포당 3,000원의 손실을 보았으며, 면포 1필당 340원의 적자가 발생한 것이다.[151]

1944년 초 국통구에서 직포업에 종사하는 공장의 80퍼센트가 휴업에 들어갔으며, 이에 따라 약 2만여 명의 실업자가 발생하였다.[152] 1944년 5월 25일 중경의 5개 공업단체, 즉 중국서남실업협회, 천천공창연합회, 중국전국공업협회, 국화창상연합회, 중국생산촉진회 등 80여 명이 회합하여 회의를 개최한 이후 즉석에서 중경국민정부에 정치민주, 생산 자유, 인권 보장 등을 요구하였다.[153]

이와 같은 어려움에 직면하여 사창의 방직자본가들은 재생산의 이윤을 보존하기 위해 모든 수단을 동원하였다. 방직자본가들은 자신들의 정기적 모임인 연찬회에서 각 사창의 생산코스트 장부를 서로 대조하여 특정 사창의 비용이 낮게 산출되어 있을 경우 이를 제고하도록 요구하였으며, 사창이 보유하고 있는 면화를 화사포관제국에 신고할 경우 종종 고의로 수량을 누락시켜 제한가격에 의한 면화의 공급을 요구하기도 하였다.[154]

---

150) 「土紡織等廠大部歇業」, 『新華日報』, 1944.3.4.
151) 謝本書, 『抗戰期間的西南大後方』, 北京出版社, 1997, p.174.
152) 「織布工廠請求增加,失業工人兩萬多」, 『新華日報』, 1944.6.13.
153) 「工業沒有前途」, 『新華日報』, 1944.5.25
154) 裕大華紡織資本集團史料編輯組, 『裕大華紡織資本集團史料』, 湖北人民出版社, 1984.12, pp.438-439.

더욱이 각 사창은 통제로 인한 경영 손실을 만회하기 위해 정부관료와 결탁하여 통제를 피하곤 하였다. 예를 들면 유화사창은 서안 등으로부터 원면을 구입하여 특무단의 창고 안에 이를 보관함으로써 화사포관제국의 면화 수량 통제를 회피하였으며, 생산한 면사포를 행정기관의 단속이 미치지 못하는 주둔군사령부 내에 보관하여 화사포관제국의 검사를 피하였다. 뿐만 아니라 정부관료를 매수하여 생산된 면사를 암시장에 암암리에 내다 팔아 이윤을 챙기기도 하였다.[155]

더욱이 각 사창은 중경 이외의 지역에 분공장을 설립하여 정부의 통제를 회피하고자 하였다. 예를 들면, 1943년 6월 13일 유화사창 이사회는 정부의 화사포관제가 중경을 비롯한 사천성에서 집중적으로 이루어지고 있기 때문에, 통제를 피하여 시가에 따라 면사포를 거래할 목적으로 국민정부의 통제가 상대적으로 느슨한 성도에 분창을 설립하기로 결정하였다.[156]

그러나 방직공업의 위기는 이와 같은 편법을 통해 해결될 수 없을 정도로 악화되어 있었다. 1945년 1월 15일, 기기면방직공업동업공회는 원료면화의 부족으로 생산이 위기에 처하자 행정원, 경제부, 재정부, 화사포관제국, 국민참정회 등에 방직공업의 구제를 요청하였다. 요청서 가운데 동업공회는 각 사창이 생산할 수 있는 면화 수량이 4개월분에 불과하다고 보고하면서, 4개월 이후의 전면적인 생산 중단을 방지하기 위해 각 공장에 30퍼센트의 조업단축 지시를 내려 주도록 청원하였다.[157] 1945년 1월 16일 화사포관제국은 중경의 각 사창에

---

155) 裕大華紡織資本集團史料編輯組, 『裕大華紡織資本集團史料』, 湖北人民出版社, 1984.12, p.450.
156) 裕大華紡織資本集團史料編輯組, 『裕大華紡織資本集團史料』, 湖北人民出版社, 1984.12, p.440.

즉시 10번수 면사의 생산을 중지하고 모두 20번수만을 생산하도록 지시하였다.[158] 5월이 되면서 원면 부족이 더욱 심해져 각 공장은 전년도 12월 생산량의 50퍼센트를 감산하기에 이르렀다.[159]

면화 생산의 감소는 원면 수급의 절대량을 감소시켰을 뿐만 아니라, 면화의 품질도 떨어뜨려 생산된 면제품의 전반적인 품질 저하를 초래하였다. 이러한 이유는 원료면화의 절대량이 부족해지면서 면작농민과 상인들이 면화의 무게를 증가시키기 위해 고의로 수분과 잡물 등을 혼입하였기 때문이다. 이러한 이유에서 방직업계는 화사포관제국에 면화의 품질검사를 철저히 시행해 줄 것과 동시에 면화의 품질을 등급화해 주도록 요청하였다.[160]

한편 화사포관제국으로부터 면사를 공급받아 면포를 가공하는 중소직포창 및 수공방직업의 경영은 더욱 심각한 상태였다. 항전 시기 대후방의 면제품 생산은 기계제 사창의 설비 부족으로 말미암아 사실상 중소직포창 및 수공방직업이 생산의 대부분을 담당했다고 할 수 있다. 예를 들면 1944년 대후방지역의 신식 기계제 사창에서 생산된 면포는 매년 100만여 필에 불과하였으나, 수공직포는 900만 필에 달하여 생산량에서 총 9배에 달하였다.[161] 이는 바로 수공방직업이 전시 면제품 생산의 중심이었음을 반증하는 예이다.

---

157) 『新華日報』, 1945.1.25.
158) 일반적으로 면사의 번수가 낮을수록 소요되는 원료면화의 수량이 많아지기 때문에, 이러한 조치는 면화의 부족상황이 얼마나 심각한지를 잘 반영하고 있다.
159) 裕大華紡織資本集團史料編輯組, 『裕大華紡織資本集團史料』, 湖北人民出版社, 1984.12, pp.457-458.
160) 『新華日報』, 1945.1.25.
161) 高叔康, 『中國手工業槪論』, 商務印書館, 1944.7, p.35.

화사포관제국은 수공직포업자들로 하여금 면사 1건을 면포 40.5필과 교환하도록 결정하였으며, 1필당 생산 비용을 420원으로 책정하였다. 그러나 중경의 방직, 토포, 침직업, 모건(수건)업의 4개 동업공회는 실제 생산코스트가 이미 678원 이상에 달한다고 호소하며, 화사포관제국에 물가의 상승을 고려하여 생산 비용을 인상해 주도록 요구하였다.[162] 그러나 화사포관제국은 직포업자들에게 가공비 표준을 변경하지 않을 것이라고 회답하면서, 단 4개월마다 한 번씩 생산 비용을 조정하겠다고 약속할 따름이었다.[163]

곤명시의 경우 면화 수매의 어려움과 면화, 면사가격의 급등으로 대다수 직포창이 정업상태에 처해 있었다. 1942년 20번수 세사의 제한가격은 1,000원, 1필당 고급면포(세포)의 제한가격은 1,450원이었다. 그런데 생산코스트를 살펴보면 1필당 세포는 1,540원에 달하여 여기에 노임과 이자, 각항의 잡비를 추가할 경우 실제 생산코스트는 적어도 1,700원을 상회하였다. 따라서 제한가격에 따라 판매된다면, 이윤은 말할 것도 없고 손실을 보게 되는 것이다. 이러한 이유에서 곤명시 소재의 30여 개 직포창 가운데 1943년이 되면 이미 20여 공장이 문을 닫은 형편이었다.[164]

1944년 3월 중경의 직포업 노동자 가운데 2,000여 명이 실업상태에 처해 있었으며, 직포업동업공회의 회원들은 1944년 3월 2일 구제방법을 논의한 이후 정부에 실업의 구제를 요구하였다. 이와 함께 직포업 동업공회는 화사포관제국에 가공비의 표준을 인상해 주도록 요구하

---

162) 『新華日報』, 1944.2.19.

163) 『新華日報』, 1944.2.27.

164) 周天豹, 『抗日戰爭時期西南經濟發展槪述』, 西南師範大學出版社, 1988, p.157.

였다.[165] 중경의 수공직포업에서 실업에 처한 자가 4만여 명에 달하자 공회는 2,000여 명의 직공을 소집하여 비상회의를 개최하였다. 공회는 국민정부 사회부와 중경시 사회국에 대표를 파견하여 비사회의에 참가해 주도록 요청하였으며, 이 자리에서 화사포관제국 측에 가공 비용을 인상해 주도록 의결하였다.[166]

그러나 이와 같은 요구에도 불구하고 이들 중소 수공직포업자들의 가격 현실화 요구는 1945년이 되어서도 여전히 받아들여지지 못했던 것 같다. 전시 재정 부족과 통화팽창을 억제하기 위해 물가의 안정을 기조로 하는 국민정부로서는 생산 비용의 현실화를 능동적으로 수용하기 어려웠다. 1945년 3월 20일 중경의 직포업동업공회는 회원대회를 개최하고, 화사포관제국이 가공비를 지나치게 낮게 책정한 것이 직포업의 어려움을 초래한 근본적인 원인이 되었다고 비판하였다.

화사포관제국은 이들이 생산한 면포의 생산 비용을 1필당 갑등 1,200원, 을등 900원, 병등 600원으로 책정해 두었으나, 1945년 1월 면포의 생산코스트가 1,700원에 달하였는데도 생산 비용에는 전혀 변화가 없었다. 이들은 화사포관제국에 생활지수에 의거하여 매월 한 차례 가공비를 조정해 주도록 요구하였다.[167]

이와 같이 화사포관제국에 의한 면업통제정책은 지나치게 경직되어 생산코스트를 밑도는 가격으로 제한가격이 책정되었음을 알 수 있다. 다시 말해 전시 정부의 재정 부족과 통화팽창의 억제라는 부담은 그대로 생산자인 사창의 방직자본가, 중소직포창 및 수공직포업과 노동자, 그리고 면화의 생산 농민에게 전가되었던 것이다. 방직업계는

---

165) 『新華日報』, 1944.3.3.

166) 『新華日報』, 1944.3.4.

167) 『新華日報』, 1945.3.21.

화사포관제국을 통한 국민정부의 면업통제정책에 크게 반발하였을 뿐만 아니라, 나아가 국가권력과의 관계 역시 소원해지기 시작하였다. 이와 같은 징조는 이미 중소직포창 및 수공직포업자들의 정치동향에서 그 단서를 찾아볼 수 있다.

앞서 살펴본 바와 같이 수공직포업자들은 사실상 화사포관제국의 면업통제정책에 따라 정부로부터 면사를 받아 이를 가지고 면포를 생산하여 생산 비용을 수취하는 일종의 대리생산체제를 취하고 있었다. 항전 시기 이들은 이미 공동의 이익을 위해 해연직포창 경리 전종령, 유복직포창 경리 이학민이 주도가 되어 동업계의 왕지인, 주준명, 고수덕과 양정의 등 10여 명이 발기하여 1943년 가을에 중경시 사회국의 비준을 받아 군포업연의사軍布業聯誼社를 결성하였다. 이들은 1945년 일본이 패전을 선언한 이후 자신들의 이익을 옹호하기 위해 후방의 각 중소공장을 연합하여 중소공창연합회를 결성하였다.[168]

그런데 사료를 통해 살펴보면, 중소공창연합회의 성립과 활동은 중국공산당의 적극적인 지지와 영도하에서 이루어졌음을 알 수 있다. 중일전쟁 시기 군포업연의사는 중국공산당과 밀접한 관계를 유지하고 있었으며, 화사포관제국 주도의 면업통제정책이 가지는 각종 폐해를 적나라하게 들추어냈다. 중국공산당은 이와 같은 투쟁을 한층 강화하기 위한 목적에서 중소공업계의 단결을 위해 중경제일약품생산합작사의 책임자인 나숙장과 전종령, 이학민으로 하여금 조직을 확대하고자 군포업연의사의 기초 위에서 중소공창연합회를 결성하도록 지시했던 것이다.

1945년 9월 전종령, 이학민, 장군화와 왕지인 등 9명은 중소공창연

---

168) 金志煥, 『中國紡織建設公司硏究』, 復旦大學出版社, 2006.1, p.248.

합회를 결성하기 위한 제1차 대회를 개최하였으며, 이 자리에서 중국 공산당 남방국의 책임자인 동필무에게 지침을 하달해 주도록 부탁하였다. 이에 동필무는 "중소공창연합회를 건립하는 것은 민족공상업의 생존을 위한 것이므로, 우리는 이를 적극 지지한다"라고 회신하였다.

더욱 중요한 것은 중소공창연합회가 바로 항전 시기 화사포관제국의 면업통제정책하에서 어려움에 처한 중소직포업자들이 결성한 군포업연의사의 기초 위에서 건립되었으며, 바로 국민정부의 경직된 면업정책이 이들로 하여금 정부에 대한 지지로부터 멀어지게 하고 나아가 공산당에 경도되는 모습을 보이고 있었다는 사실이다.

중소공창연합회와 중국공산당 간의 밀착은 1946년 정치협상회의 기간에 동연합회가 정부에 자신들의 의견서를 제출하는 과정에서도 확연히 나타나고 있다. 의견서에서 연합회는 후방공업에 대한 저렴한 원료의 공급 등 전시 자신들의 희생에 상응하는 경제정책을 시행해 주도록 정부에 요구하였다.[169] 그런데 연합회의 결의안은 바로 중국 공산당의 직접적인 영도하에서 이루어진 것이다.

중소공창연합회 이사장 서숭림은 회고록에서 "정치협상회의 기간 중 우리는 동필무의 지시에 따라 '정치협상회의의견서'를 준비하였다. 동필무는 친필로 문장을 수정하였다"[170]라고 기술하였다. 당시 동필무는 중국공산당중경국(남방국)의 서기로서 주은래와 민주당파, 진보 인사와의 광범위한 회합을 적극 주선하였다. 또한 동필무는 중경국 소속 남방 각성 중공지하당의 조직과 활동을 지원하고, 이들 조직을

---

169) 「中國中小工廠聯合會對政治協商會議意見書」, 『中小工聯』1卷 1期, 1946.10, pp.23-24.
170) 徐崇林, 「中國中小工廠聯合會紀實」, 『重慶文史資料選輯』第一輯, 1979.6, p.115.

통해 무장투쟁을 고취하였다.[171] 중소공창연합회가 거행한 좌담회와 각종 회의에는 늘 중공대표단의 이징지, 허척신과 장우어 등이 참석하여 연설하였다.[172]

일본이 패전하기 직전에 개최된 중국공산당 7중전회에서 모택동은 사대가족을 중심으로 한 관료자본의 몰수와 민족공상업의 보호정책을 천명하였다. 이어 일본 패전 직후인 1945년 9월 17일, 모택동은 중경에서 공상업계의 유홍생, 오온초, 호서원, 장내기 등을 접견하고, 국민정부의 정치 독재 및 경제 압박을 종식시켜야만 독립 자유의 신중국 건설이 가능하며, 민족경제가 발전할 수 있는 유일한 길이라 강조하였다.[173]

그렇다면 화사포관제국을 통한 국민정부 전시 면업통제정책의 성과는 어떻게 평가할 수 있을 것인가. 화사포관제국의 전시 면업통제정책은 제한적이기는 하지만 일정한 성과를 달성한 긍정적인 측면도 없지 않았다. 적어도 정부에 의한 간섭정책이 실행되지 못했을 경우 물가 급등과 악성 통화팽창의 가속적 진전은 충분히 예상할 수 있는 일이었다. 국민정부는 적극적인 통제를 통해 1941-1944년 동안 모두 160만 담에 달하는 면화를 확보할 수 있었으며, 1942-1944년 동안 모두 기계제 면사 22만 건, 수공 토사 8만 담, 기계제 면포 및 수공 토포 약 700만 필, 더욱이 여기에 군수기관이 스스로 생산한 면포 200만 필을 더한다면 모두 1,300만 필 이상에 달하였다.[174]

171) 林農, 「中共參政員董必武」, 『陪都人物紀事』, 重慶出版社, 1997.5, p.68.

172) 徐崇林, 「中國中小工廠聯合會在重慶」, 『四川文史資料選輯』第十九輯, 1979.9, p.72.

173) 金志煥, 『中國紡織建設公司硏究』, 復旦大學出版社, 2006.1, p.249.

174) 揚蔭薄, 『民國財政史』, 中國財政經濟出版社, 1988, p.135.

더욱이 국민정부는 면제품의 통제를 통해 저렴한 군수용 면제품을 확보할 수 있었다. 기록에 따르면 화사포의 통제와 확보를 통해 1945년 한 해만 하더라도 국고 지출 930억 원을 절약할 수 있었다. 만일 시가로 군수용 면제품을 구입했다고 한다면 모두 1,040억 원의 지출이 필요했을 것이지만, 통제기구를 통해 이를 확보함으로써 단지 108억 원의 지출만으로 이를 확보할 수 있었던 것이다.[175] 이와 같은 면제품의 확보를 통해 국민정부가 항전을 위한 물질적 기초를 확보할 수 있었다는 점은 긍정적으로 평가할 수 있을 것이다.

그럼에도 불구하고 전반적으로 중일전쟁 시기 중국국민정부의 면업통제정책은 면화 및 면제품가격의 억제에서 당초 의도한 만큼의 성과를 거두지 못하였다. 면제품시장의 불안정은 항전 승리 직후 여전히 해결되지 못하고 전후 통화팽창과 경제 위기의 주요한 원인을 제공하였다. 정책이 소기의 성과를 달성할 수 없었던 주요한 원인은 한 마디로 면업자본가와 면작 농민의 합의를 이끌어 내지 못한 정책 시행의 일방성에서 찾을 수 있을 것이다. 다시 말해 경직된 통제정책으로 면화 및 면제품의 판매가격을 지나치게 제한함으로써 면화 생산 농가와 면제품 생산 공장의 생산의욕을 저하시킴으로써 면제품 생산의 위축과 가격 급등이라는 악순환을 가져왔던 것이다.

통화팽창으로 인한 유휴자본의 발생과 이로 인한 면제품 등 일용필수품에의 투기 및 사재기를 통제하기 위해 화사포관제국의 규모 및 조직이 지나치게 비대하여 비효율적이었다. 뿐만 아니라 이와 같은 방대한 조직을 운용하기 위한 과도한 재정 지출은 전시 국민정부가 감당할 수 있는 한계를 초과하였다. 화사포관제국을 통한 정부의 면업

---

175) 揚蔭薄, 『民國財政史』, 中國財政經濟出版社, 1988, p.136.

통제는 면화의 생산에서 수매, 운반, 그리고 공장에의 공급, 다시 면사의 구매 및 제공, 면포와의 교환, 생산자로의 운송 및 판매의 전 과정을 국민정부가 부담하는 총체적인 시스템이었다. 그러나 전시 국민정부는 이와 같은 모든 경제시스템을 철저히 통제할 수 있는 경제적, 정치적 역량을 가지고 있지 못하였다.

더욱이 화사포관제국은 면업통제정책을 유지하기 위해 막대한 비용을 지출하지 않으면 안되었다. 기기면방직동업공회에 따르면, 예풍사창 등 화사포관제국이 관할하는 12개 기기사창의 직원이 총 1,000여 명에 불과했음에 비해, 이를 관할하기 위한 화사포관제국의 직원이 무려 4,000여 명에 달하였다. 동업공회는 이와 같은 행정비의 과다한 지출과 화사포관제국의 방만한 경영, 정책의 비효율성을 신랄히 비판하였다.[176]

당시 국민정부가 화사포관제국을 통한 면업통제정책을 수행하면서 지출한 비용은 무려 100억 원으로 추정되었다.[177] 1944년 6월 당해년도에 생산된 면화의 수확이 60만 담으로 추정되었으며, 1담의 가격이 8,000원임을 고려할 때, 국민정부가 면화를 통제하기 위해 전량 수매할 경우 무려 9억 원이 필요하였다. 여기에 직포공장의 가공비, 직공의 노임 등을 포함하면 적어도 156억 원이 소요될 것으로 추정되었다.[178] 이와 같은 국고의 부담은 전시 국민정부가 감당하기 어려운 규모였다.

176) 『新華日報』, 1945.1.25.
177) 『新華日報』, 1944.3.5.
178) 『新華日報』, 1944.6.2.

제 4 장

왕정위정부의 경제통제정책과 상업통제총회

중일전쟁이 발발한 이후 일본 제국주의는 전시의 수요에 대응하여 자국의 모든 주요 공업과 금융부문에 대한 국가의 통제를 강화하는 동시에, 각 업종 마다 통제회를 설립하여 소속 기업의 생산 수량과 가격 결정 등에 대한 광범위한 권한을 부여하였다. 특히 1941년 12월 말 진주만공습 및 태평양전쟁의 발발과 함께 자국 경제에 대한 국가의 통제는 더욱 강화되었다.

태평양전쟁의 발발과 더불어 석탄, 강철, 양식, 면화 등 전략물자의 수요가 날로 증가하면서, 일본은 본국과 점령지역의 역량을 전쟁에 적극 동원하고자 하였다. 특히 이러한 과정에서 왕정위정부와의 정치, 군사, 경제 등 모든 분야에서의 긴밀한 협력이 주요한 과제로 부상하게 되었다. 왕정위정부는 영국, 미국 등 연합국에 대해 선전을 포고하는 동시에, 일본과의 협력을 주창하는 반대급부로 일본으로부터 중국에 대한 물자의 통제권을 이양받을 수 있었다.

이와 같은 배경 아래에서 왕정위정부는 전시 수요에 대응하고 경제적 어려움을 해결하기 위해 경제에 대한 국가권력의 통제와 간섭에 박차를 가하였는데, 그 대표적인 정책이 바로 상업통제총회(상통회)

의 설립과 경제통제였다.[1] 왕정위정부의 경제통제정책 가운데 대표적인 것으로 금융통제, 물자통제, 산업통제를 들 수 있는데, 금융통제는 중앙저비은행이 중심이 되었고, 물자통제는 상업통제총회 및 각 전문위원회의 활동이 중심이 되었으며, 산업통제는 국책공사 및 소속 전업공사와 중일합자 기업이 정책 시행의 주요한 대상이 되었다.

1943년 2월 13일 왕정위정부는 '전시경제정책강령'을 반포하고 이에 근거하여 물자의 통제에 본격적으로 착수하였으며, 이를 위해 1943년 3월 15일 상해에 상업통제총회를 설립하고 당수민을 이사장으로 임명하였다. 상업통제총회는 주요 물자의 통제 및 유통에 관한 권한을

---

1) 상업통제총회에 대한 기존의 연구는 대부분 '제국주의의 중국침략사'의 관점에서 서술되고 있다. 대표적인 연구 및 관점은 다음과 같다. "상업통제총회는 물자의 통제기구로서 일본 제국주의가 점령지역의 재부를 약탈하기 위한 주요한 수단이며, 태평양전쟁 이후 석탄, 강철, 양식, 면화 등 전략물자의 수요가 급속히 증가하자 본국과 점령지역의 역량을 동원하기 위한 목적의 일환으로서 성립된 것이다"(張根福, 「汪僞全國商業統制總會述論」, 『檔案與史學』1997年 3期, pp.41-42). "면사포 수매는 일본 제국주의가 전시물자를 확보하려는 목적에서 중국을 수탈하기 위한 침략성과 수탈성이 노정된 정책으로서, 중국의 민족경제에 파괴적인 영향을 초래하였다. 이 정책은 식민성, 수탈성, 사기성으로 그 성격을 요약할 수 있다"(張朝暉, 劉志英, 「論日僞政府棉紗布貿易政策」, 『內江師範學院學報』16卷 1期, 2001, p.30). "일본이 기존의 직접약탈로부터 상업통제총회를 통한 간접약탈로 형식만을 달리한 것으로서 식민지성과 수탈성을 가지고 있다"(李占才, 「抗戰期間日本對華中淪陷區經濟的掠奪與統制」, 『民國檔案』2005年 3期, p.95). "왕정위의 경제통제는 일본 침략의 산물로서 시종 일본 경제통제의 부속품에 불과하였다"(程洪, 「汪僞統制經濟述論」, 『汪精衛漢奸政權的興亡—汪僞政權史研究論集』, 復旦大學歷史係中國現代史硏究室, 1987.7, p.185). 이러한 전통적인 관점을 비판적으로 계승한 연구로 金志煥, 「中日戰爭 時期 汪精衛政府의 統制經濟政策」, 『史叢』68輯, 2009.3; 金志煥, 「商業統制總會의 綿紗布 收買政策 再論」, 『東洋史學硏究』109輯, 2009.12 등을 들 수 있다.

가지고 군수품 및 식량, 연료, 면사포 등 일용필수품의 생산과 유통, 배급을 주도적으로 장악해 나갔다.

여기에서는 왕정위정부의 경제통제정책 가운데 대표적인 정책이라고 할 수 있는 상업통제총회와 관련된 제반문제를 살펴보려 한다. 특히 중일전쟁 시기 왕정위정부의 경제통제정책이 어떠한 배경에서 입안되고 시행되었으며, 상업통제총회는 어떠한 구조와 성격을 가지고 있었는지, 성립 과정에서 상해 공상자본가들은 어떻게 대응했는지 살펴보고자 한다. 나아가 상업통제총회의 대표적인 정책이라고 할 수 있는 면사포 수매정책의 내용과 성격, 그리고 그 효과에 대해서도 살펴보고자 한다.

1. 왕정위정부의 경제통제정책

왕정위정부가 전시 경제통제정책을 입안하고 이를 추진하기 위한 기구로서 상업통제총회를 설립하게 된 배경으로는 크게 세 가지 이유를 들 수 있다. 첫째는 태평양전쟁 이후 현저하게 진행된 상해의 물가 상승과 통화가치의 하락이고, 둘째는 일본이 점령한 지역의 경제적 가치에 대한 일본 제국주의의 이해이며, 셋째, 중경국민정부에 대한 물자 통제 및 봉쇄가 그것이다.

중일전쟁이 발발한 이후, 특히 태평양전쟁 이후 물가의 급등과 통화 가치의 하락 등으로 상징되는 상해 경제의 위기는 그것이 전 중국에 미치는 파급효과에 비추어 시급히 해결해야 할 우선적 과제가 아닐 수 없었다. 특히 상해 경제의 어려움은 왕정위정부에 대한 경제활동 주체인 공상자본가들의 신뢰를 크게 손상시켰을 뿐만 아니라, 나아가 일반 시민들의 정권에 대한 신뢰를 크게 동요시킬 수밖에 없었다. 이는 다음의 기록에서도 잘 나타나고 있다.

"왕정위정부가 참전을 결정한 이후 상해를 중심으로 물가가 급등하고 있으며, 중앙저비은행이 발행한 저비권(중저권) 가치의 동요는 물가의 급등을 한층 조장하고 있다. 이에 상업통제총회를 설립하여 상해의 면사, 면포를 수매함으로써 물가문제의 해결을 도모하고자 하는 것이다."[2]

1943년 1-6월 면사 및 황금가격의 변동 (단위 : 원)

월별	면사(20번수 藍鳳)	황금(條)
1월	8,360.71	29,258.33
2월	9,926.00	37,370.00
3월	16,470.83	47,400.00
4월	19,720.00	50,028.50
5월	19,692.00	46,719.00
6월	33,531.83	53,413.64

출처: 日本大東亜省支那事務局, 『大東亜戦争中ノ帝国ノ対中国経済政策關係雑件 / 綿絲布關係』, 1943, p.5.

위의 표에서 잘 보여지듯이 1943년에 물가가 급속히 상승하였으며, 따라서 왕정위정부로서는 이와 같은 경제적 어려움을 해결하기 위해 경제통제정책을 실시하고 이를 위해 상업통제총회를 설립하는 일은 매우 긴요한 과제였음에 틀림없다. 물가 등 경제문제의 해결은 앞서 제시한 상통회 설립 배경의 세 가지 이유 가운데에서도 가장 핵심적인 요인이었다.

---

2) 日本大東亜省支那事務局, 『大東亜戦争中ノ帝国ノ対中国経済政策關係雑件 / 綿絲布關係』, 1943, p.1.

두 번째로는 중국 경제에 대한 일본의 이해를 들 수 있다. 일찍이 세계공황의 충격 이후 1931년 4월 1일 일본은 '중요산업통제법'을 반포하여 주요 산업부문에 대한 국가의 통제를 강화하기 시작하였다. 이러한 연속선상에서 중일전쟁이 발발한 이후 1939년 일본정부는 자국의 모든 주요 공업과 금융부문에 통제회를 설립하고, 이들로 하여금 각 기업에 군수, 원료, 노동력을 통제계획에 근거하여 배분하도록 하는 의무를 부여하였다. 이와 함께 각 기업의 생산 수량과 생산품가격 등을 결정할 수 있는 권한도 부여하였다.

중일전쟁이 발발한 이후 일본은 점령구 내에서 군용표의 화폐 가치를 유지하기 위해 본국으로부터 수많은 물자를 중국으로 옮겨오지 않으면 안되었다. 이와 같은 부담을 경감시키기 위해 1940년에 들어서면서 점령구에 대한 일본의 직접 통제로부터 왕정위정부와의 협력을 강화하는 분공합작의 방침으로 전환하지 않을 수 없었다. 뿐만 아니라 왕정위정부의 정치, 경제적 역량을 제고시키는 일은 중국 인민의 저항을 감소시키는 유력한 방안이 될 수도 있었다.

이러한 목적에서 1942년 이후 일본은 왕정위정부에 자주권을 부여함으로써 통치력을 강화시키는 내용을 골자로 하는 '대화신정책'을 입안하였다. 뿐만 아니라 일본은 군표의 발행을 정지시키고, 왕정위정부의 중앙저비은행으로 하여금 점령구 내의 화폐 발행 및 금융통제를 강화하도록 적극 지지하였다.[3]

한편, 중일전쟁 직후 상해에서는 일시적으로 방직공업을 비롯한 공업경제에서 공전의 호황이 출현하는 '고도번영'이 지속되었다. 그러나 중일전쟁이 발발한 직후에 출현한 상해의 기형적인 '고도번영'은 태평양전쟁의 발발과 함께 급속히 냉각되었다. 중일전쟁의 확대와 더불어

---

3) 齋藤榮三郎, 『大東亞共榮圈의 通貨工作』, 光文堂, 1942 참조.

면화의 수입이 어렵게 되면서 수입면화에 주로 의존하던 상해 일본자본 방직공업의 경영이 곤경에 처하게 되었다. 더욱이 1941년 7월 미국, 영국 등 구미의 대일 자산 동결 및 연말 태평양전쟁의 발발과 함께 수입이 완전히 두절되면서 면화의 가격이 폭등하고, 이에 따라 면사의 가격도 폭등할 수밖에 없었다.

1941년 화중지역에서 일본자본 방직공업의 면화 수매는 69만여 담에 그쳤다. 이로 말미암아 상해 일본자본 사창의 조업률은 급속히 저하되어 1942년 상반기에는 40퍼센트 이하로 추락하였으며, 하반기에는 30퍼센트를 밑돌았다.[4]

일본 제국주의에게 면화자원의 획득은 방직공업의 원료일 뿐만 아니라 외화의 획득과 군용필수품으로도 매우 중요한 의미를 가지고 있었다. 중일전쟁이 발발한 이후 "면화는 면업의 대외무역이 발전함에 따라 일본에게 사활의 문제가 되었다. 면화를 대부분 미국과 인도로부터 구매하고 있는데, 이와 같은 전략상의 약점을 극복하지 않으면 안 된다"[5]라고 토로하였다.

중일전쟁이 발발한 직후 일본이 화중에서 수매한 면화의 수량은 점차 감소하고 있었다. 주목할 점은 화중 4개 성에서 생산된 면화가 1939-1942년 사이에 다소 증가하였으나, 일본 측의 수매량은 오히려 감소하고 있었다는 사실이다. 따라서 일본의 입장에서는 면화의 유통을 장악함으로써 수매를 보다 효율적으로 수행할 수 있다는 계산이 서 있었던 점도 부인할 수 없다. 다음 표에서 집계한 화중지역의 면화 생산량은 강소성, 절강성, 호북성, 호남성 4성의 합계로 계산한 통계이다.

---

4) 高村直助, 『近代日本綿業と中國』, 東京大學出版會, 1982, p.275.
5) 國防最高委員會對敵經濟封鎖委員會, 『敵僞在我淪陷區域經濟統制動態』, 1941.5, p.57.

화중 4개 성(강소성, 절강성, 호북성, 호남성)의 면화 생산량과 일본의 수매량

연도	생산량	수매량	수매율(%)
1939	2,082	1,924	92.4
1940	3,321	1,700	51.2
1941	2,916	1,279	43.9
1942	3,405	1,232	36.2

출처: 淺田喬二著, 袁愈佺譯, 『1937-1945年日本在中國淪陷區的經濟掠奪』, 復旦大學出版社, 1997.12, p.35.

위의 표에 따르면 면화의 생산량이 증가하고 있는 듯하지만, 같은 자료에서 화중 3개 성, 즉 강소성, 절강성, 안휘성 3개 성의 면화 재배 면적과 면화 생산량은 중일전쟁 발발 이후 지속적인 감소를 보여주고 있다. 이는 다음의 표에서 잘 드러나고 있다.

화중 3개 성(강소성, 절강성, 안휘성)의 면화 재배면적 및 생산량 증감(1932-1942)

연도	면화 재배면적(1,000畝)		면화 생산량(1,000斤)	
	실수	지수	실수	지수
1932	11,141	100	2,365	100
1933	12,594	113	2,582	109
1934	13,086	117	1,909	81
1935	13,347	119	2,648	112
1936	13,494	121	3,794	161
1937	16,737	150	2,790	114
1938	11,006	99	2,412	102
1939	10,694	90	2,082	88
1940	11,354	102	3,321	141
1941	9,157	82	1,214	51
1942	8,795	79	1,615	68

출처: 淺田喬二著, 袁愈佺譯, 『1937-1945年日本在中國淪陷區的經濟掠奪』, 復旦大學出版社, 1997.12, p.64.

위에 제시된 두 표의 수치를 살펴보면, 일본이 화중지역에서 면화를 기대만큼 확보할 수 없었던 이유를 잘 알 수 있다. 즉 정치적으로 왕정위정부나 혹은 일본 제국주의의 정치, 군사적 영향력이 컸던 강소성, 절강성, 안휘성에서는 근본적으로 전쟁의 발발과 확대에 따라 면화의 재배 면적과 생산량이 감소하고 있었음이 명확히 나타나고 있다.

반면 안휘성을 제외한 호북성, 호남성을 더하여 화중 4개 성으로 계산할 경우 면화의 생산량이 다소 증가하고 있었지만, 그럼에도 불구하고 위의 표에서 보이는 바와 같이 일본의 수매량은 감소하고 있었다. 이러한 이유는 바로 호북성, 호남성 등을 비롯하여 화중의 많은 지역에서 항일의 주체인 중경국민정부나 중국공산당의 정치, 군사적 영향력이 여전히 존재하고 있었기 때문이라고 볼 수 있다. 일본 측 자료에서 밝히고 있듯이 "화중지역은 적과 인접한 지역이 많다"[6]라는 대목에서 바로 그 원인을 찾아볼 수 있는 것이다.

이러한 인식하에서 일본은 북경에 화북면산개진회를 설립하고, 이를 통해 중국 면화의 재배 및 개량, 확보 공작을 추진하였다. 화북면산개진회는 면화의 재배 및 배급을 통제하기 위해 면화통제공사를 설립하기로 결정하였으며, 이를 위해 2,000만 원의 자금을 염출하였다. 면화통제공사는 성립된 이후 화북 각 철도 연변에 위치한 주요 성시에 보관용 창고를 설치하여 면화의 집중 수매, 품질의 검사, 면화 생산의 개량 등을 주관하였다.[7]

위에서 사례로 든 면화자원뿐만 아니라, 태평양전쟁 이후 1942년

6) 淺田喬二著, 袁愈佺譯, 『1937-1945年日本在中國淪陷區的經濟掠奪』, 復旦大學出版社, 1997.12, p.61.
7) 國防最高委員會對敵經濟封鎖委員會, 『敵僞在我淪陷區域經濟統制動態』, 1941.5, p.58.

하반기부터 일본에서는 연료, 강철, 양식 등의 전략물자에 대한 수요
가 날로 증가하였다. 따라서 이와 같은 수요를 충당하기 위해서는 본
국 및 점령구의 역량을 총동원하여 물자를 확보하는 데 진력하지 않
으면 안되었다. 이에 일본 대동아대신 아오키 가즈오青木一男는 경제
의 통제 권한을 일본 제국주의로부터 왕정위정부로 이양함으로써 이
러한 종류의 자원을 증산하고 통제를 더욱 효율적으로 수행해야 한다
고 자국정부에 건의하였으며, 일본정부는 이를 수용하여 마침내 1942
년 '대화신정책'을 반포하기에 이르게 된 것이다.

　마지막으로 왕정위정부는 면제품 및 면화를 강력히 통제함으로써
물자의 유출을 저지하고자 하였다. 이는 점령구 내의 경제 안정이라는
대내적 목적뿐만 아니라 중경국민정부에 대한 대항책으로 강구되었
다는 점에 주의를 기울이지 않으면 안된다. 태평양전쟁이 발발하자
중경국민정부는 부족한 일용필수품을 확보하기 위해 1942년 5월 11일
'전시 수출입물품 관리조례'를 반포하였다. 조례의 골자는 군수물자와
일용필수품을 국내의 여타 지역을 불문하고 획득하도록 권고하는 내
용이었다.[8]

　1941년 10월 일본의 야마자키경제연구소山崎經濟研究所 상해분실이
작성한 비밀보고서에 의하면, 1940년 6월부터 같은 해 12월까지 상해
로부터 절강, 복건, 광동, 운남 등으로 운송된 화물은 총 345,577톤에
달하였다. 또한 1940년 12월 상해로부터 이출된 화물 가운데 면포가
60퍼센트, 면사가 32퍼센트 내외를 차지하였으며, 기타 방직품은 모두
95-96퍼센트를 차지하였다.[9]

---

8) 常奧定, 『經濟封鎖與反封鎖』, 1943, p.28.
9) 黃美眞, 「1937-1945: 日僞對以上海爲中心的華中淪陷區的物資統制」, 『抗
　日戰爭研究』1991年 1期, p.98.

1942년 12월 21일의 제9차 일본어전회의 및 다음 날 일본 참모총장이 강조했듯이, 점령지역 내의 전쟁 필수물자가 국민정부 통치구로 유출되지 않도록 모든 노력을 기울여야 한다는 일본 측의 방침은 바로 상업통제총회의 성립과 물자의 통제가 명백히 중경국민정부에 대한 경제봉쇄적 성격을 가지고 있었음을 웅변해 주는 것이라 할 수 있다.

2. 상업통제총회의 설립 배경

1941년 12월 진주만공습 이후 전쟁의 범위와 양상이 확대되면서 동아시아 국제질서에는 커다란 변화가 발생하였다. 미국은 중경국민정부에 막대한 차관을 제공함으로써 동아시아에서 일본의 침략을 저지할 수 있는 맹방으로서의 역할과 위상을 기대하였다. 이제 일본은 연합국의 강력한 지지를 바탕으로 항일의 역량을 배가한 중국과 새로운 단계의 전쟁에 돌입하게 된 것이다. 따라서 일본의 입장에서는 중국에서 자신들의 확고한 동맹국의 존재와 지지가 한층 중요한 의미를 지니게 되었다.

그러나 신생 왕정위정부는 정치적 정당성이 매우 취약하였으며, 이러한 결과 중국 일반에 대한 장악력도 마찬가지로 매우 불안정하였다. 특히 전시 물자의 부족과 수급의 불균형, 물가의 상승과 통화팽창 등 일련의 경제위기는 정권에 대한 자본가와 일반의 신뢰를 크게 동요시켰다. 따라서 왕정위정부는 경제 전반에 대한 국가권력의 통제를 강화함으로써 전시 경제위기를 타개하고 나아가 일반에 대한 장악력을 제고하기 위한 정책을 적극 모색하지 않을 수 없었다. 그 대표적인 것이 바로 상업통제총회(상통회)의 설립과 이를 통한 면사, 면포의 수매정책이라고 할 수 있다.

상업통제총회의 설립은 전쟁의 양상 및 범위의 확대라는 배경하에서, 왕정위정부에 대한 일본의 지원과 불가분의 관계를 가지고 있었다. 진주만공습 이전까지만 하더라도 미국은 중국에 대한 지원에 소극적이었을 뿐만 아니라, 1941년 6월 독일이 소련을 침공한 이후 미국과 일본은 동아시아지역에서 휴전을 적극 모색하기 시작하였는데, 그 골자는 중국을 희생으로 한 현상의 유지정책이라고 할 수 있다.

1941년 9월 22일 일본은 주일 미국대사 그루Grew에게 만주국에 대한 미국의 승인을 미일타협의 전제조건으로 전달하였다. 즉 일본은 확전을 멈추고 현상을 유지함으로써 중국 침략을 지속할 수 있으며, 미국으로서는 동남아시아에 대한 일본의 전진을 저지함으로써 유럽전장에 전력을 집중할 수 있다는 타협안이었다. 그러나 중국국민정부의 격렬한 저항과 영국 등 연합국의 반대로 말미암아 마침내 미국은 일본에게 만주를 포함한 중국으로부터의 전면적인 철병을 요구하기에 이르렀다.[10]

1941년 12월 7일 진주만공습이 발생한 직후 미국과 중국은 각각 일본에 선전을 포고하였다. 송자문은 전권대표의 신분으로 루스벨트, 처칠과의 회담을 통해 '5억달러차관'을 요청하였으며, 마침내 1942년 3월 21일 송자문과 미국 재정부장관 모건소Morgenthau와의 사이에 '중미5억달러차관협정'이 성립되었다.[11] 이러한 결과 일본은 미국 등의 강력한 지지를 등에 업은 중국과 한층 힘겨운 전쟁을 수행하지 않으면 안되게 되었다.

---

10) 金志煥, 「中日戰爭期 重慶國民政府의 對美外交」, 『中國史硏究』42輯, 2006.6 참조.

11) 金志煥, 「中日戰爭期 重慶國民政府의 對美外交」, 『中國史硏究』42輯, 2006.6, p.256.

이제 일본으로서는 중국에서 중경국민정부에 대항할 수 있는 강력한 협력정권의 존재와 지지가 한층 현실적이고도 절실한 과제가 되었다. 일본이 왕정위정부에 이와 같은 역할을 기대하기 위해서는 무엇보다도 "중국의 민심이 일본과 유대감을 가질 수 있도록 분위기를 조성하는"[12] 전향적인 '양보정책'을 추구하지 않으면 안되었던 것이다. 바로 이러한 정책 기조에서 왕정위정부의 대표적인 경제정책인 상업통제총회의 설립과 면사포 수매정책에 대한 일본의 지지는 당연히 '양보적 성격'을 강하게 내포할 수밖에 없었다.

일찍이 1941년 6월 왕정위는 정부 주석 및 행정원장의 신분으로 일본을 방문하여, 공상업의 부진과 물가의 상승으로 말미암아 정부의 재정적 기초가 동요되고 있다며 일본 측의 원조를 요청하였다.[13] 진주만공습 직후인 12월 21일, 일본어전회의는 '중국문제의 근본방침'에 관한 의제를 통과시키고, 영미에 선전을 포고하는 조건하에서 왕정위정부에 대한 대폭적인 양보정책을 시행하기로 의결하였다. 양보정책의 골자는 종래 조계, 치외법권 등 불평등조약을 주권 및 영토를 존중한다는 취지에서 철폐함으로써 왕정위정부의 정치력을 강화시킨다는 내용이었다.

1943년 1월 초 일본대사 시게미쓰 마모루重光葵는 왕정위에게 조속한 참전을 촉구하면서, 일본이 중국에서 소유하고 있는 조계의 환수와 치외법권의 철폐를 약속하였으며,[14] 마침내 1월 9일 왕정위는 미국과 영국에 대한 선전을 포고하였다. 이와 같이 양보정책의 연장선상에서 상통회 설립과 면사포 수매정책에 대한 일본의 적극적인 지지가 가능했던 것이다.

---

12) 日本興亜院, 『支那事變關係一件』第5卷, 1944 참조.
13) 清水善俊, 『支那事變軍票史』, 1971, p.58.
14) 日本外務省, 『日本外交年表竝主要文書』下, 原書房, 1966.1, pp.580-581.

상업통제총회가 성립되게 된 데에는 중일전쟁이 발발한 이후 중국, 특히 상해 물가의 전반적이 폭등이 주요한 요인으로 작용하였다. 1940년 3월 31일 남경에서 성립된 왕정위정부는 1941년 1월 6일 중앙저비은행을 설립하고, 여기에서 발행되는 중앙저비은행권(중저권, 저비권)을 통일화폐로 사용하기로 결정하였다. 그럼에도 불구하고 왕정위정부에 대한 민간의 신용에는 한계가 있어, 법폐의 전면적인 회수에는 이르지 못하고 이를 혼용하는 형식을 취하였다.

그런데 이러한 배후에는 법폐의 가치를 유지시키기 위한 미국과 영국의 적극적인 노력이 있었다. 미국과 영국은 법폐의 대외가치를 유지시키기 위해 1939년 3월 홍콩에 법폐외환평형기금을 설치하고 모두 1,000만 파운드를 지원하였다. 여기에는 영국 회풍은행이 300만 파운드, 미국 맥가리은행이 200만 파운드, 중국은행, 교통은행이 500만 파운드를 제공하였다.[15]

전시 상해 경제의 위기와 상업통제총회 설립 목적과의 관계는 "왕정위정부가 참전을 선언한 이래 상해를 중심으로 물가가 급등하였으며, 저비권(중저권)의 가치 동요는 물가의 급등을 더욱 조장하였다. 이에 상업통제총회를 설립하여 상해의 면사, 면포를 수매함으로써 이와 같은 위기를 해결하려는 것"[16]이라는 기록에서 잘 살펴볼 수 있다.

전쟁이 장기화되어 총력전체제로 돌입하면서 물자 부족 및 수급의 불균형, 통화팽창 등으로 말미암아 1943년에 들어 물가가 가파르게 상승하였다. 특히 상해의 경우 유휴자본의 집중과 집중된 자본의 투기

---

15) 淺田喬二等著, 袁愈佺譯, 『日本在中國淪陷區的經濟掠奪』, 復旦大學出版社, 1997.12, p.219.

16) 日本大東亞省支那事務局, 『大東亞戰爭中ノ帝国ノ対中国経済政策關係雜件 / 綿糸布關係』, 1943, p.1.

및 매점매석으로 말미암아 물가 상승이 극심하였으며, 투기행위의 배후에는 은행자본가 및 공상자본가가 있었다.

일본이 조계지역을 접수한 이후 왕정위정부 재정부는 저비권의 유통 영역을 확대하기 위해 금융기관의 증설을 통해 중앙저비은행의 세력을 확대하고자 하였다. 1943년 봄 왕정위정부 재정부가 비준한 은행은 이미 120행을 넘었는데, 이는 전전의 3배에 달하는 수치였다. 1942년 12월 저비권의 발행 총액은 35억 원에 달하였으며, 은행 및 전장 어음의 유통 총액은 56억 원에 달하였다. 1943년 4월 말까지 발행된 저비권의 총액은 약 60억 원에 달하였으며, 어음 유통 총액은 100억 원에 달하였다.

수많은 소규모 은행과 전장은 단기적인 고리대 업무 이외에도 주로 증권과 면사, 면포, 황금, 미달러 등의 암시장 투기에 깊이 관여하였다. 소규모 은행, 전장의 투기행위로 말미암아 상해에는 암시장이 창궐하고, 그 결과 물가가 급등하는 등 엄중한 사태를 맞게 되었다.[17]

은행과 전장 등 금융기관의 투기행위에 관해 당시 신문은 "상해의 투기는 관리이면서 상업을 겸하는 투기꾼들에 의해 자행되고 있다. 일부 관리들은 상업은행, 혹은 기업의 사장이나 이사 등 대주주를 겸하고 있다. 정부는 청렴한 검사원들을 파견하여 유력 은행과 기업의 장부를 검사해야 하며, 이들의 현금 운용이 과연 정당한 상업행위를 벗어나지 않았는지 규명해야 한다. 특히 상해의 각 은행이 보유하고 있는 창고는 대부분 온갖 물자로 가득차 사재기의 낙원이라 할 수 있다. 따라서 이들 상품의 주인이 누구인지를 규명해야 한다"[18]라고

---

17) 袁愈佺, 「日本加强掠奪華中戰略物資炮制商統會的經過」, 『僑廷幽影錄』, 中國文史出版社, 1981.5, pp.192-193.

18) 金谷正夫, 『上海記』, 興豊館, 1944, pp.209-210.

주장하였다.

이와 같이 물가 급등과 통화팽창이 기본적으로 전시 물자의 부족 및 공급과 수요의 불균형 등 경제적 요인과 불가분이지만, 이를 더욱 조장하고 가속화한 데에는 바로 자본가들에 의해 인위적으로 조성된 투기행위에 적지 않은 원인이 있었음을 잘 알 수 있다. 당시 신문은 상해의 투기행위에 대해 "물자를 보유한 자가 판매하려 하더라도 당국이 정한 제한가격에 묶여 오히려 손해를 입는 경우가 비일비재하다. 물가의 상승으로 인한 가장 큰 문제는 상품을 보유한 자가 이를 판매하려 하지 않는다는 사실이다. 그 결과 구매자는 어쩔 수 없이 암시장에서 이를 구매하지 않을 수 없다"[19]라고 보도하였다.

유휴자본에 의한 투기행위에 대해 상해의 신문은 "물자의 부족이 물가의 상승을 조성했다는 말이 반드시 맞는 것은 아니다. 왜냐하면 태평양전쟁 발발 시에 상해의 물자는 이미 상당히 축적되어 있는 상황이었다. 일설에 의하면 상해에는 5년간 공급할 수 있는 물자가 비축되어 있으며, 40억 원의 유휴자본이 생산활동에 투자되지 않고 상품의 비축에 집중되었다고 한다. 이러한 이유로 시중에서 상품이 사라지고 물가가 상승한 것이다. 이는 결과적으로 저비권(중저권)의 구매력을 떨어뜨리고 이에 대한 일반의 신용을 저하시켰다. 현재 상해는 사회 전체가 하나의 큰 도박장이 되었으며, 은행과 전장은 투기꾼들에게 투기와 사재기의 밑천을 계속 대주면서 도박을 하도록 만든다"[20]라고 보도하였다. 이는 행정원 비서장 진춘위가 지적한 "면사포 투기꾼 가운데 80-90퍼센트가 은행, 전장의 자금을 이용하고 있다"는 내용과

19) 『申報』, 1943.4.4.

20) 『申報』, 1943.4.15.

일맥상통한다.[21]

　왕정위정부의 실업부 차장으로서 상통회 물자통제심의위원회 비서장을 지냈던 원유전은 면사포 수매정책의 목적에 대해 "당시 통화팽창, 화폐 가치의 하락, 물가 급등, 투기매매의 성행에 대응하기 위해 1943년 5월 중순 상해에 물자조사위원회를 성립시켜 각종 암시장의 투기를 조사하였다. 7월 초의 조사 결과 상해시장에서 유휴자본은 75억 원에 달했으며 이 가운데 45억 원이 면사, 면포의 투기매매에 집중되어 있었다. 상업통제총회의 조사에 따르면 당시 상해 소재 중국자본과 일본자본 사창이 보유하고 있던 면사, 면포는 약 60만 건, 투기의 대상이 된 면사포는 11만 건 정도에 달하였다"[22]라고 회고하였다.

　또 다른 조사에 따르면 상해의 유휴자본 규모는 74억 원이었으며, 이 가운데 46억 4,000만 원이 면사포의 투기에 사용되었는데, 이를 암시장가격으로 계산할 경우 약 11만 6,000건에 달한다고 지적하였다. 따라서 면사포의 투기가 바로 기타 물자에 영향을 주어 물가의 상승을 야기했다고 지적하였다.[23]

3. 상업통제총회의 설립 목적과 구성

　상업통제총회의 설립과 운용을 통해 경제통제정책을 실시하게 된 연유에는 일본 제국주의의 침략적 의도도 무시할 수는 없겠지만, 무엇

---

21) 『申報』, 1943.8.12.
22) 袁愈佺, 「日本侵略者炮制的商統會」, 『上海文史資料選輯』57輯, 上海人民出版社, 1987.2, p.111.
23) 『申報年鑑』(1944年度), 1945, p.737.

보다도 전시 중국 경제의 위기를 구제하려는 왕정위정부 수뇌부의 이
해와 의지, 그리고 주도성이 강하게 존재했다는 점도 부인할 수 없다.
이미 1941년 6월 왕정위는 일본을 방문하여 물자의 통제를 중국(왕정
위정부) 측으로 이관해 주도록 요청하였다. 왕정위는 일본이 군용물품
뿐만 아니라 전쟁과 무관한 물자들을 엄격히 통제하고 있어, 이것이
상해 등에서 공상업의 부진과 전반적인 물가의 상승, 정부 재정의 고
갈을 초래하여 결과적으로 왕정위정부의 경제적 기초를 동요시키고
있다고 고충을 토로하였다.[24]

일본으로서도 1941년 말 진주만공습과 태평양전쟁이 발발한 이후
중경국민정부에 대항할 수 있는 강력한 협력정권의 수립이 절실한 과
제가 되었다. 따라서 일본은 여러 차례의 협의를 거쳐 재정적 원조를
통해 왕정위가 희망한 물자통제의 요구에 기본적으로 동의한다는 입
장을 결정하였다.[25] 1942년 12월 18일, 일본대본영과 내각 연석회의
는 '중국문제 처리에 관한 근본 방침'을 결정하였는데, 그 주요한 내용
은 왕정위정부의 참전을 촉구하고 이를 통해 일본과의 합작을 긴밀히
한다는 점이다.

왕정위정부가 영국과 미국에 선전을 포고하게 된다면 이는 태평양
전쟁에서 중국 내에 일본에 협력적인 정권의 지지를 확보하게 됨을
의미하는 것이다. 이를 실현하기 위해 일본은 왕정위정부가 재정 및
군사적 역량을 강화할 수 있도록 협조하며, 이를 실현하기 위한 방안
으로 조계의 반환, 치외법권의 취소, 영미 등 구미 제국이 중국에서
보유하고 있던 자산을 왕정위정부로 이양할 것 등을 결정하였다.[26]

---

24) 淸水善俊, 『支那事變軍票史』, 1971, p.583.
25) 黃美眞, 「1937-1945: 日僞對以上海爲中心的華中淪陷區的物資統制」, 『抗
   日戰爭硏究』1991年 1期, p.97.

이와 같은 배경하에서 왕정위는 12월 20일 주일대사 저민의, 재정 부장 주불해, 실업부장 매사평, 선전부장 임백생, 군사참의원장 초숙 선, 외교부장 주륭상, 실업부 차장 원유전 등을 대동하고 일본으로 출 발하였다. 그리하여 22일 오전 일행과 함께 일본천황 히로히토裕仁를 만나 중일관계의 전반적인 방침에 관해 논의하였다.

특히 경제문제와 관련해서는 실업부 차장 원유전과 일본 상공대신 기시 노부스케岸信介와의 사이에 논의가 진행되었다. 논의의 결과 첫 째, 일본은 물자의 통제권을 왕정위정부에 이양하며, 둘째, 일본군이 강점하고 있던 군관리공장을 조속히 중국의 원주인에게 반환하며, 셋 째, 중일합판의 국책공사도 적당히 조정한다는 내용의 합의를 도출하 였다.27)

일본은 이와 같은 분위기를 조성하기 위한 목적에서 우선적으로 군 관리공장을 반환하였다. 중일전쟁 이후 일본이 점령한 지역 내의 중국 자본 방직기업 총수의 87퍼센트, 방추의 70퍼센트, 직포기의 60퍼센트 가 일본군관리, 위임경영, 합작, 임대, 수매 등의 다양한 형식으로 사 실상 경영권을 상실하였다.28) 일본은 1941년 7월 7일에 1차로 40여 공장, 1942년 3월 30일에는 2차로 14개의 군관리공장을 왕정위정부 에 반환하였다. 1943년 2월 8일에는 군관리공장의 3차 반환이 이루어 졌는데, 그 규모가 조선, 철, 석탄, 화학공업 등 모두 59개 공장에 달하

26) 袁愈佺, 「日本侵略者炮制的商統會」, 『上海文史資料選輯』57輯, 上海人民 出版社, pp.102-103.
27) 袁愈佺, 「日本侵略者炮制的商統會」, 『上海文史資料選輯』57輯, 上海人民 出版社, p.104.
28) 程洪, 「汪僞統制經濟述論」, 『汪精衛漢奸政權的興亡─汪僞政權史研究論 集』, 復旦大学歷史係中國現代史研究室, 1987.7, p.183.

였다.[29]

뿐만 아니라 일본은 조계를 반환하고 치외법권을 취소하였으며, 영국과 미국의 자산을 왕정위정부의 관할로 이관하며, 통화의 안정을 도모하기 위해 군표의 발행을 중단한다는 데에도 합의하였다. 일본 측의 적극적인 지지에 대한 반대급부로 왕정위는 1943년 1월 9일 성명을 발표하고 영국과 미국에 대한 선전을 포고하였다.

1943년 2월 왕정위정부는 일본과의 협의를 통해 기존에 일본군 총사령관이 장악하고 있던 물자의 통제권을 취소하고, 왕정위정부로 이관하기로 합의하였다. 그 후속조치로서 왕정위정부와 일본은 합동으로 물자통제심의위원회를 설립하여 화중물자통제의 최고정책결정기관으로 위치시켰으며, 상업통제총회를 설립하여 화중물자통제의 최고집행기관으로 삼았다. 상업통제총회의 산하에는 다시 각종 전업통제위원회를 두었다.

이 밖에 왕정위정부의 최고국방회의는 1943년 3월 5일 주요 물자의 관리통제 및 물가의 안정, 민생의 안정을 도모하기 위해 공상업단체를 재편하기로 결정하였다. 왕정위정부는 1943년 2월 13일 '전시경제정책강령'을 선포하였는데, 주요한 내용은 다음과 같다.

1) 각종 경제기구 가운데 전시경제통제에 적합하지 않은 것은 조정하거나 개조한다.

2) 각종 산업부문은 생산에서 배급의 각 단계에 이르기까지 총괄하는 기구를 조직하여 계획적으로 운영한다.

3) 각종 산업 관련기관은 정부의 감독과 지도하에서 자치적인 통제

---

29) 王士花, 『抗日戰爭時期日本在華經濟統制述論』, 中國社會科學院近代史研究所博士學位論文, 1996, p.35. 이 밖에 상세한 내용은 高村直助, 『近代日本綿業と中國』, 東京大學出版會, 1982, pp.285-287 참조.

를 시행할 수 있다.

4) 각종 주요 산업은 정부의 감독하에서 각 동업단체가 자치적으로 통제를 시행할 수 있다.[30]

상업통제총회는 상해의 공상업계로부터 발기인 20명을 선발하여 발기인대회를 조직하고, 3월 11일 주비대회를 성립시켜 잠행조직조례를 기초하도록 하였다. 3월 13일 제2차 주비대회를 개최하여 장정의 약관을 토론하고 수정 후 통과시켰으며, 3월 15일에 성립대회를 개최하여 정식으로 상업통제총회의 성립을 선포하였다. 상업통제총회는 성립된 직후 물자 이동 시의 단속과 검증, 화북과 화중, 화남 사이의 물자 교역, 무역의 관리, 공상업단체와의 연락 및 개조, 군수물자 및 각종 상품가격의 평정 등에 관한 사항을 주관하였다. 상통회의 임무는 다음과 같이 규정되었다.

1) 통제물자의 수매 및 배급
2) 국내 각 지역 간의 물자 교역
3) 수출물자의 공급
4) 수입물자의 배급
5) 정부 위탁의 군수물자 구매
6) 실업부 및 기타 주관부서가 지정 혹은 위탁한 업무[31]

1943년 3월 19일 왕정위정부와 일본은 공동으로 물자통제심의위원회를 설립하고 행정원 부원장 주불해를 위원장으로 임명하였다. 일본

---

30) 榮惠人, 『最近商業統制法規及組織』, 上海特別市商會, 1943.6, p.1.
31) 「商統會成立以來之經過」, 『商業統制會刊』1期, 1943.7.15, pp.8-9.

측에서는 일본대사관 공사 호리우치 간조堀內干城가 부위원장을 맡았다. 물자통제심의위원회는 중일 간의 협의 및 조정기능과 상통회의 조력이 주요한 임무로 규정되었다.

물자통제심의위원회는 왕정위정부의 심의기관인 동시에 중일 간의 협의, 연락기구라고 할 수 있다. 중국 측의 위원은 왕정위정부가 임명하고, 일본 측 위원은 왕정위정부가 일본 대사관 및 일본 육해군에 위촉하여 임명하는 형식을 취하였다. 중국 측에서 실업부장 등 경제 관련 부장들, 그리고 상업통제총회 이사장, 일본 측에서는 남경 및 상해의 공사 및 참사들이 참여하였다.[32] 규약에 의하면 물자통제심의위원회의 위원들은 다음의 구성원들로 조직하도록 규정되어 있었다.

1) 각 관련 부서의 부장
2) 각 성 및 특별시정부 대표
3) 상업통제총회의 이감사장
4) 금융계, 산업계의 유력인사
5) 경제고문 대표
6) 일본 관계기관 대표[33]

위원의 구성에서 중국뿐 아니라 일본의 주요 인사가 명단에 포함된 것은 중일 양국 간의 긴밀한 협력을 도모하기 위한 목적으로 볼 수 있다. 당시 중국에는 수많은 일본 기업이 존재하고 있었으며, 따라서 이들에 대한 통제를 결여한 채 상해를 비롯한 중국 경제를 통제하기는 불가능하였기 때문이다. 이와 같이 물자통제심의위원회는 경제통

---

32) 日本外務省商工科, 『第84回帝國議會資料』, 1944, p.13.
33) 日本外務省商工科, 『第86回帝國議會資料2』, 1944, p.2.

제정책을 실행하는 과정에서 중일 사이에 긴밀한 협의와 연계가 필요하다는 인식하에서 설립된 기구라고 할 수 있다.[34]

물자통제심의위원회는 상업통제총회가 자신의 기능을 충분히 발휘할 수 있도록 조력할 뿐만 아니라, 사실상 물자통제를 위한 정책결정기관이라고 해도 과언이 아니다. 물자통제심의위원회는 매월 한 차례 회의를 개최하여 주요 안건에 대해 협의하였으며, 물자의 수매와 배급계획, 물가의 안정, 화폐가치의 유지 등 현안을 주관하였다.

이 밖에 왕정위정부 최고국방위원회는 1943년 5월 13일에 조직안을 통과시키고, 같은 해 6월 19일에 물자조사위원회를 정식으로 출범시켰다. 물자조사위원회의 주요한 업무는 상해에 거주하는 중국 상인 및 외국 상인들의 불법적인 투기와 주요 물자의 사재기를 조사하는 일이었다. 물자조사위원회는 모두 16명의 위원으로 구성되었는데, 위원장에는 진공박이 임명되었으며, 중국인과 일본인 위원이 각각 반수를 차지하였다.[35]

왕정위정부는 전시경제의 어려움을 해소하기 위한 방안으로서 상해의 유력한 공상자본가들을 상업통제총회의 수뇌부로 임명하였다. 말하자면 상해의 경제계에서 영향력이 컸던 대자본가들을 주축으로 상업통제총회를 조직함으로써 이들과의 협력을 도모하고, 이를 통해 전시경제의 어려움을 극복하려 시도했음을 알 수 있다.

---

34) 日本外務省商工科, 『第84回帝國議會資料』, 1944, p.13.
35) 榮惠人, 『最近商業統制法規及組織』, 上海特別市商會, 1943.6, p.3.

상업통제총회 이감사 명단 및 직책

직책	이름	출신	직책	이름	출신
이사장	당수민	교통은행 총경리	이사	손중립	복신면분창 경리
이사	오진수	중국은행 총경리	이사	채성백	미아직조창 총경리
이사	원리등	상해시상회 주석	이사	정후경	광화상업저축은행 총경리
이사	임강후	은행공회 비서장			
이사	강상달	민풍사창 경리	감사장	문란정	상해사포교역소 이사장
이사	엽부소	대륙은행 총경리	감사	주작민	금성은행 총경리
이사	허관군	신아화학제약창 총경리	감사	곽순	영안공사 총경리
이사	이조범	중국화학공업사 경리	감사	배운경	전장연합회 준비고위원
이사	진수리	화교은행 경리	감사	노지학	오주대약방 상무이사
이사	동려청	신신공사 경리	감사	황강천	건원공사 감독
이사	이택	신신공사 경리			

　　당초 왕정위정부는 상업통제총회를 상해 공상자본가들의 자발적인 기구로서 출범시키고자 하였으나, 실질적으로는 실업부, 재정부 등 왕정위정부 경제 관련 부서의 영향력으로부터 벗어나기 어려웠다. 더욱이 상업통제총회 소속의 각 동업연합회, 동업공회에도 실업부, 재정부 소속의 관리가 파견되어 이들 동업자치조직의 운영에까지 관여하고 있었기 때문에, 정부기관의 관여와 통제로부터 독립적인 정책을 입안하여 수행하는 데에는 상당 부분 한계가 있었다고 할 수 있다.

　　출범 당시 상업통제총회는 실업부의 예하기관으로 설치되었으나, 1943년 5월 20일 제15차 최고국방회의에서 행정원의 직할로 두기로 의결하여 기타 부서에 대해 독립적인 지위를 확보할 수 있게 되었다. 이러한 결과 상업통제총회는 자신의 상부기관인 행정원에 직속하는 기관으로 설치되었으며, 따라서 실업부, 재정부 등 기타 경제 관련 부서에 대해 독립성을 유지할 수 있었다.

따라서 왕정위정부는 행정원 - 상업통제총회 - 동업연합회 - 동업공회의 조직을 구축함으로써 상해 공상자본가들의 자발적인 기구로서 독립성을 부여하는 체제를 지향한 것으로 해석할 수 있다.[36] 이러한 결과 상업통제와 관련된 정책을 상업통제총회가 독자적으로 입안하여 행정원에 상신하면, 행정원은 이를 심의하여 의결함으로써 여타 경제 관련 부서에 대한 위원회의 독립성을 확보할 수 있게 된 것이다.

그렇다면 상통회의 성립 과정에서 상해의 공상자본가 및 금융자본가들은 왕정위정부의 정책에 대해 어떻게 받아들이고 대응하였을까. 상통회의 성립과 이사회의 구성 과정에서 상해자본가들은 당초 왕정위정부의 구상에 협조적이지는 않았던 것으로 보인다. 예를 들면 상해 사포교역소의 이사장으로서 상업통제총회의 감사장으로 임명된 문란정의 경우를 통해 공상자본가들의 대응을 잘 살펴볼 수 있다.

왕정위정부가 문란정에게 감사장의 직무를 요구하자, 문란정은 중경국민정부와 연락을 취하여 이 문제에 대한 논의를 진행하였다. 문란정은 중경국민정부 중앙조사통계국과 연락을 취했는데, 중경국민정부는 상해에서의 국민당 지하공작을 엄호하기 위해 문란정으로 하여금 이와 같은 제안을 받아들이도록 권고하였다.[37] 이러한 사실은 중경국민정부가 비록 중경을 임시수도로 정하여 천도하였으나, 여전히 상해 자본가들과의 사이에서 연계의 끈을 놓지 않고 있었음을 보여주는 실례이다. 따라서 상해자본가들로서는 선뜻 왕정위정부와 협력적 관계로 전환하기가 쉽지 않았을 것으로 생각된다.

상업통제총회의 수뇌부를 구성하여 그 업무를 총괄하도록 하는 것

---

36) 三菱商事株式會社, 『中支那ニ於ケル全国商業統制総会ニ關スル件』, 1943.8, p.7.
37) 黃慧英, 「聞蘭亭的受審和改判」, 『民國春秋』1996年 2期, p.62.

과 관련하여 왕정위정부는 당시 상해 대방직회사의 자본가들에게 직무를 맡아주도록 요청하였는데, 특히 기업 규모가 가장 방대했던 신신사창이 주요한 대상이 되었다. 실업부 차장이었던 원유전은 신신사창의 창업자인 영덕생에게 위원장의 직무를 맡아 주도록 요청하였으나 거절당하고 말았다.

그러자 원유전은 다시 영덕생의 조카인 영홍원이나 장남인 영이인으로 하여금 부위원장의 직무를 맡도록 하는 방안을 제안하였으나 영덕생은 이마저 거절하고 말았다. 상해의 공상자본가들 가운데 누군가는 직무를 맡지 않으면 안되는 상황 속에서, 이들은 수 차례의 논의를 거쳐 당수민으로 하여금 위원장의 직무를 담당해 주도록 요청하였다. 당수민은 자신의 건강문제를 이유로 완곡히 거절하였으나 마침내 76세의 고령임에도 직무를 맡게 되었다.[38]

이와 같이 최초 왕정위정부의 상업통제총회가 출범할 당시 적극적으로 호응하지 않았던 상해 공상자본가들도 최종적으로 상업통제총회의 요직에 임명되어 정부의 경제통제정책에 협력하지 않을 수 없었으며, 이는 다시 국가권력과 공상자본가와의 협력관계를 구축하는 주요한 계기가 될 수 있었다. 왕정위정부가 상업통제총회에 국가기구로부터의 독립성을 부여함으로써 이들의 자치적 결정을 통해 국가권력과의 긴밀한 협력관계를 조성한다는 구상은 바로 정책이 본래적으로 가지고 있던 주요한 목적이기도 하였다.

이와 같은 사실은 다음의 기록에서도 잘 나타나고 있다. "종래 식자층 사이에서는 왕정위정부에 반드시 협조적이지 않고 오히려 방관적인 입장을 취하는 자가 많았다. 상업통제총회의 성립을 계기로 상해

---

38) 黃慧英,「聞蘭亭的受審和改判」,『民國春秋』1996年 2期, p.62.

재계의 실업가들이 그 요직에 임명됨으로써 경제계로부터 유리되어 있던 왕정위정부로 하여금 국내에서의 지위를 공고히 하는 효과를 거 둔 것으로 해석할 수 있다."[39]

4. 상업통제총회의 면업통제정책

중일전쟁이 발발하자 상해에는 방대한 유휴자본이 집중되면서 은 행을 비롯한 전장, 보험공사, 신탁공사 등의 금융회사가 난립하였다. 유휴자본은 주로 외환, 통화, 증권 등에 투자되었으나, 태평양전쟁으 로 전쟁의 양상이 확대되면서 금, 증권의 투기시장이 폐쇄되거나 철저 한 통제를 받게 되자 유휴자본은 면제품을 비롯한 상품의 투기로 급 속히 방향을 전환하였다. 이에 대해 왕정위정부는 '평정물가잠행조례' 등을 반포하여 투기를 단속하였으나, 그럼에도 물가의 안정을 달성하 지 못하였다.

왕정위정부는 통화팽창과 물가 상승을 억제하기 위한 정책을 적극 적으로 모색했으며, 상업통제총회는 이러한 정책의 연장선상에서 성 립된 것으로 볼 수 있다. 상통회 이사장 당수민은 종전 후 한간 재판 과정에서 "상통회가 성립되기 이전부터 이미 상해시경제국이 면사와 면포에 대한 등기업무를 실시하여 물자의 자유로운 이동을 통제하고 있었다. 더욱이 헌병대 및 형사특고과가 면사포를 단속하여 몰수하는 등 사실상 거래가 동결되어 있었다. 왕정위정부가 상통회를 발족한 목적은 이와 같은 업무를 총괄하기 위한 것이다"[40]라고 진술한 바 있

---

39) 日本大東亞省, 『對支處理根本方針 / 実施概況』, 1943.7, p.16.
40) 「審判唐壽民檔案」, 『檔案與史學』1997年 5期, p.20.

다. 다시 말해 상업통제총회는 전시 상해를 비롯한 중국의 물가 상승 및 통화팽창, 투기 등의 경제위기를 해결하기 위한 목적에서 설립된 비상경제기구였던 것이다.

왕정위정부는 1943년 3월 15일 상업통제총회를 설립하여 상해에서 매점매석의 주요한 대상품목이 되었던 면사, 면포를 빠짐없이 등기하도록 하였으며, 일본자본의 경우 일본상해상공회의소에 등기하도록 하였다.

일찍이 1942년 6월 이후 상해에서는 화폐가치의 동요와 물가 급등으로 인해 점차 암시장이 확대되었다. 이에 1943년 1월 6일, 왕정위정부 재정부는 상해에 7곳의 세무사집처稅務査緝處를 설치하여 물자의 흐름을 조사하였는데, 그 결과 면사, 면포의 사재기가 가장 두드러진 현상으로 밝혀졌다. 이에 따라 1월 27일 상해시는 면사 1건 이상, 면포 40필 이상을 반출할 경우 반드시 운반허가증을 취득하도록 하는 동시에, 이를 위반할 경우 대상물자를 몰수할 것임을 엄포하였다.[41]

1월 22일에는 주요 상품을 왕정위정부가 정한 제한가격에 근거하여 거래하도록 하였으며, 2월 12일에는 면사포상 183명과 사포업 관련자들을 소집하여 제한가격을 준수할 것을 선서하도록 하였다. 더욱이 2월 14일 왕정위정부는 상해의 공장과 상점의 물자 재고를 조사하도록 명령하였다.

이와 같은 배경하에서 3월 15일 상업통제총회가 설립되었으며, 같은 날 '전시물자이동취체(단속)조례'를 선포하여 면제품을 비롯한 각종 차량 및 부품, 석유, 기계, 통신기기, 약품, 염료 등도 상업통제총회

---

41) 潘士浩, 『敵僞强迫收買紗布剩餘額應否發還之我見』, 大統書局, 1946.1, 附錄(六) 참조.

의 허가를 취득한 이후에 비로소 이동이 가능하도록 규정하였다.[42]

3월 24일 상통회는 제1호 통고를 발령하고 상해시의 모든 면사포를 3월 31일 이전까지 등기하도록 지시하고, 기간 경과 시까지 등기하지 않은 상품은 국법에 의해 화물주를 처벌할 것임을 경고하였다. 면사포의 등기방법은 다음과 같다.

1) 화상, 외상의 면사포 등기업무는 지정된 사창연합회, 사업공회, 포업공회, 염직업공회가 담당한다.
2) 즉일부터 3월 31일 이전까지 모든 등기를 완료해야 한다.
3) 등기 수량은 3월 20일자를 기준으로 한다.
4) 면사, 면포를 소지한 자는 동업공회의 회원 여부를 떠나 반드시 등기해야 한다.
5) 등기양식은 등기처에서 수령하며, 수령 시 인쇄비로 저비권 1원을 지불한다.
6) 등기처는 '에드워드 7세로'Avenue Eduard Ⅶ, 愛多亞路에 있는 사포교역소에 설치한다.[43]

등기업무는 3월 24일에 시작된 이후 31일까지 진행되었으나 미처 등기하지 못한 사정을 고려해서 3일을 유예하여 4월 3일까지로 연장되었다. 등기 이후에는 면사포의 투기매매를 금지하기 위해 이미 등기한 면사, 면포의 거래를 잠정적으로 중단하였다. 이후 다시 5월 10일부터 15일까지 6일에 걸쳐 상해 소재의 각 상점이 보유하고 있던 수량도 등기하도록 하였다. 그 결과 상해에서 면사, 면포의 거래는 반드시

---

42) 全國經濟委員會, 『最近商業統制法規及組織目錄』, 1944.1, pp.9-10.
43) 「商統會成立以來之經過」, 『商業統制會刊』1期, 1943.7.15, p.11.

상업통제총회에 신청하여 허가를 받은 이후에 가능하도록 하였다.[44)

1943년 4월 7일 최고국방회의는 국무위원인 원유전, 진지석, 조존악, 진윤문 등 4명을 상해로 파견하여 투기행위를 단속하도록 지시하였다. 이들은 투기와 관련된 대자본가를 조사하기 위해 실업부 소속 20여 명을 대동하고 상해 소재 은행 및 전장의 어음 유통실태, 장부와 거액 융자현황의 조사에 착수하였다. 이들은 상해전장업 어음교환소에서 실사를 시작하여 4월 초 이래 물가의 상승과 관련된 거액의 객호를 색출하기 시작하였다.[45) 그 결과 진화공사 총경리 한공북의 투기행위와 진화공사에 대한 부통은행의 부당대출건을 적발하여 영업을 정지시켰으며, 리민은행의 부당대출건에 대해서도 혐의를 포착하였다.[46)

1943년 5월 3일 최고국방회의는 '돈적(사재기)주요상품치죄조례'[47)를 통과시키고, 5일에 이를 공포하였다. 이 조례는 상품의 투기행위에 관여한 자는 시장을 문란케 한 죄목으로 사형이나 무기도형에 처하며, 특히 공무원이 관여할 경우 엄벌할 것 등을 규정하였다. 뿐만 아니라 상품을 등기하지 않은 자는 모두 도형에 처하고 벌금을 부과하는 동시에, 해당 상품을 몰수하도록 규정하였다.[48)

이와 같은 단속은 일시적으로 투기시장에 충격을 주어 물가 상승을 억제하는 결과를 초래하였다. 3월에 5만 2,000원에 달했던 황금 1조(10량)의 암시장가격이 4월에는 4만 9,000원으로, 다시 5월에는 4만

---

44) 「商統會成立以來之經過」, 『商業統制會刊』1期, 1943.7.15, p.11.

45) 袁愈佺, 「日本加强掠奪華中戰略物資炮制商統會的經過」, 『僞廷幽影錄』, 中國文史出版社, 1981.5, pp.194-195.

46) 日本興亞院, 「和十九年ニ於テ実施スベキ重要政策/2」, 『支那事變關係一件』第五卷, 1944.

47) 囤積主要商品治罪條例, 주요 상품의 매점매석에 대한 처벌 조례

48) 『申報年鑑』(1944年度), 1945, p.20.

6,000원으로 하락하였다. 기타 투기대상의 물자, 예를 들면 면사, 면포, 미달러, 공채, 주식 등의 암시장가격도 속속 10-20퍼센트 하락하였다.[49]

그러나 단속을 시행한 이후에 일시적이나마 안정되었던 물가가 7월에 들어 다시 상승하였다. 6월에 암시장에서 6만 4,000원이었던 황금 1조의 평균가격이 7월에 들어 12만 5,000원으로 두 배 상승하였으며, 최고가는 13만 원에 달하였다. 4월에 암시장에서 1포 2만 원으로 거래되던 20번수 남봉패 면사가 7월에는 3만 6,000원으로 급등하였다.[50]

이에 상업통제총회 물자조사위원회가 물가 상승의 원인에 대한 조사에 착수한 결과 상해시장에 집중된 75억 원 가운데 45억 원 정도가 면사포의 투기 매매에 관여하고 있다는 사실을 밝혀냈다. 따라서 투기행위를 근절하여 물가를 안정시키고 통화가치를 유지시키기 위해서는 면사, 면포의 단속이 시급한 과제로 부상하게 된 것이다.[51]

조사에 의하면, 당시 상해에서 중일 양국자본의 방직기업이 보유하고 있던 면사, 면포는 약 60만 건이었으며, 이 가운데 약 11만 건이 투기의 대상이 되었다.[52] 물자조사위원회는 7월 13일부터 9월 15일까지 상해의 공영, 사영의 1,297개 창고를 조사하였는데, 이 가운데 41개가 신고를 누락하였거나 혹은 신고한 수량과 일치하지 않자 바로 창

---

49) 袁愈佺,「日本加强掠奪華中戰略物資炮制商統會的經過」,『僞廷幽影錄』, 中國文史出版社, 1981.5, p.196.

50) 袁愈佺,「日本加强掠奪華中戰略物資炮制商統會的經過」,『僞廷幽影錄』, 中國文史出版社, 1981.5, p.196.

51) 袁愈佺,「日本加强掠奪華中戰略物資炮制商統會的經過」,『僞廷幽影錄』, 中國文史出版社, 1981.5, p.197.

52) 袁愈佺,「日本侵略者炮制的商統會」,『上海文史資料選輯』57輯, 上海人民出版社, p.111.

고를 봉쇄하고 행정원에 이를 보고하고 처분을 기다렸다.[53]

상해의 언론은 "물가 급등 가운데 절반 이상은 투기와 사재기가 조성한 결과이다. 더욱이 투기의 대상으로는 무엇보다도 면사포가 가장 많은 비중을 차지한다. 물가를 억제하기 위해서는 불법적인 투기, 사재기를 단속해야 하며, 무엇보다도 조속히 면사포의 수매에 착수해야 한다"[54]라고 주장하였다. 이에 따라 상통회는 대책을 협의한 끝에 다음과 같은 결론에 도달하였다.

1) 면사포에 대한 자유로운 매매를 금지하며, 정부에 의한 강제 수매가 불가피하다.

2) 수매한 면사포는 상통회가 각 방면의 수요에 근거하여 통일적으로 배급한다.

3) 면사포의 수매가격은 물가가 폭등하기 이전의 시가를 기준으로 결정한다.

4) 통화팽창을 회피하기 위해 수매한 면사포의 대금은 분기 지급 방식으로, 국고권을 지불하는 형식을 취한다.[55]

주목할 점은 왕정위정부가 면사포 수매정책을 시행하는 과정에서도 물가와 통화팽창을 극력 회피하기 위한 방안을 강구했다는 사실이다. 수매자금의 지불이 물가의 불안정을 야기할 가능성을 우려하여 왕정위정부는 일본에 지불준비금으로서 황금을 준비해 주도록 요청하였다. 이 문제를 논의하기 위해 왕정위는 일본군 총사령 하타 슌로

---

53) 『申報』, 1943.10.4.

54) 『申報年鑑』(1944年度), 1945, pp.736-737.

55) 袁愈佺, 「日本加强掠奪華中戰略物資炮制商統會的經過」, 『僞廷幽影錄』, 中國文史出版社, 1981.5, pp.197-198.

쿠畑俊六 및 참모장 마쓰이 큐타로松井久太郎와 협의회를 개최하였으며, 이 자리에는 주불해와 진공박도 참석하였다. 주불해는 일본이 황금과 물자를 공여하여 중국의 물가 불안과 경제적 어려움을 해결해 주도록 요청하였으며, 일본 측도 기본적으로 동의를 표시하였다.

이에 따라 7월 14일 일본은 대본영과 내각의 연석회의에서 중국에 대한 긴급 지원방침을 세우고, 상해의 모든 면사, 면포를 강제 수매하기 위해 25톤의 황금을 상해로 옮겨 오기로 방침을 정하였다. 이 가운데 5톤을 화북방면으로 보내 운용하도록 하고 나머지는 왕정위정권이 면사, 면포를 수매하는 용도로 사용하도록 하였으며, 일본 창상(공장과 상점)이 보유하고 있던 면사, 면포의 수매대금으로는 일본 국채를 지급하도록 하였다.56) 구체적으로는 일본은행이 횡빈정금은행 상해지점에 예금하고 동지점이 이를 중앙저비은행에 매각하는 형식을 취하였다.57)

7월 30일 오후 3시, 재정부장 주불해의 공관에서 상업통제총회의 당수민과 오진수, 주작민 등 3명은 주불해를 비롯하여 실업부장 매사평, 그리고 왕정위정부의 일본인 고문인 이시와타리石渡, 오카다岡田, 기무라木村 등이 참석한 가운데 대책회의를 개최하였다. 이 자리에서 이시와타리는 "화중지역의 물가문제는 이미 엄중한 단계에 도달하여 통화를 안정시키고 물가의 상승을 억제하기 위한 적극적인 대책이 요망된다. 이를 해결하기 위해서는 면사포의 수매로부터 착수해야 하며, 수매한 이후에 저렴한 가격으로 면사포를 배급한다면 물가도 그에 따라 하락하게 될 것"58)이라는 의견을 개진하였다.

---

56) 袁愈佺,「日本侵略者炮制的商統會」,『上海文史資料選輯』57輯, 上海人民出版社, p.112.

57) 高村直助,『近代日本綿業と中國』, 東京大學出版會, 1982, p.296.

더욱이 회의는 "면사포 수매대금으로 막대한 자금을 지불한다면 이는 오히려 통화팽창을 야기할 우려가 있다. 이러한 이유에서 일본 창상이 보유한 면사포를 수매할 시에는 일본 국채로 지급한다. 중국 창상이 보유하고 있는 면사포를 수매할 경우에는 일본으로부터 25톤의 황금을 가져와 반액을 지급하고, 나머지 절반을 저비권으로 3년에 걸쳐 나누어 지급한다. 이러한 목적은 통화의 방출을 가능한한 최소화함으로써 유휴자본을 감소시키기 위한 것이다"[59]라는 방침을 결정하였다.

1943년 8월 9일 왕정위는 친히 상해에서 최고국방회의를 개최하여 '수매면사포실시요강 및 잠행조례'를 통과시키고, 수매면사포판사처를 설립하여 60만 곤으로 추정되는 상해의 모든 면사, 면포를 수매하기로 결정하는 동시에, 일본 공장에도 동일한 조치를 취한다고 발표하였다. 면사포를 수매하기 위해 8월 16일 수매면사포판사처를 설립하고 섭로생 처장, 조백권 부처장을 임명하였다. 같은 날 일본 측은 상해 총영사의 명의로 일본 교민에게 포고를 반포하고, 일본 상인이 보유하고 있는 모든 면사 및 면포를 강제로 수매한다는 방침을 통고하였다.

상업통제총회의 성립과 면사포 수매정책의 목적은 여러 기록으로부터 잘 살펴볼 수 있다. 8월 9일 최고국방회의 직후 왕정위는 "최근 물가의 급등이 가파르게 진행되어 절실하고 유효한 조치를 취하지 않는다면 경제 부흥과 민생 안정을 도모하기 어렵게 되었다. 정부로서는 물가를 안정시키고 매점매석 등 투기를 단속하여 통화의 가치를 제고하고, 정당한 상인들의 이익을 보전하고자 하는 취지에서 '수매면사포

---

58) 「審判唐壽民檔案」, 『檔案與史學』1997年 5期, p.17.
59) 「審判唐壽民檔案」, 『檔案與史學』1997年 5期, p.17.

실시요강 및 잠행조례'를 의결하게 된 것"[60]이라는 성명서를 발표하였다.

이와 같이 투기행위는 상품의 유통 과정에서 발생하는 것이므로, 상통회가 면사포를 직접 수매하여 배분하는 목적은 중층적인 유통단계를 제거하여 투기에 의한 비정상적 가격 상승을 소멸시키고자 의도한 것이다. 이는 "면사포 통제의 목적은 불필요한 중간상인을 없애고 직접 공장과 상인에 분배함으로써 수속을 간략화하여 소비자의 부담을 경감시키고자 하는 취지이다. 면사포 통제의 궁극적인 목적은 바로 생산과 소비를 직접 연계시킴으로써 매점매석과 투기를 소멸시키는 것이다"[61]라는 기록에서도 그 목적이 잘 나타나 있다. 행정원 비서장 진춘위는 면사포 수매정책은 투기의 근절과 물가의 관리를 위한 조치이며, 상해의 방대한 유휴자본이 투기로 전용될 수 없도록 하여 자연스럽게 공업으로의 투자를 유도하기 위한 목적이라고 설명하였다.[62]

이와 같은 목적은 1943년 8월 12일 일본의 상해주재 참사관이 자국 외무성에 보낸 보고서에도 잘 나타나고 있다. 즉, "이번 중국정부(왕정위정부)의 면사포 수매 조치는 물가문제를 중심으로 급속히 파국적 양상을 보이는 화중경제에 대해 종래와 같은 조치로는 효과를 거둘 수 없기 때문에, 주요 물자의 국가관리라는 비상수단을 통해 매점매석의 풍조를 일소함으로써 상당 수량의 면사포를 장악하기 위한 것이다. 이를 통해 민생의 안정과 생산의 증가를 도모하는 데 주요한 목적이 있다"[63]라고 지적하였다.

---

60) 『申報』, 1943.8.10.

61) 吳景靑, 「棉紗棉布統制的現階段(續)」, 『商業統制會刊』4期, 1944.3.15, pp.14-15.

62) 『申報』, 1943.8.12.

63) 日本大東亜省支那事務局, 『大東亜戦争中ノ帝国ノ対中国経済政策関係

수매한 면사포의 대금 지불 방식을 살펴보면, 먼저 가격의 절반을 황금 1조(1條=10兩)에 4만 원으로 환산하여 2기로 나누어 지급하도록 하였는데, 수매일로부터 만 3개월이 되는 시점에서 그 절반(4분의 1)을 지급하고, 만 1년이 되면 다시 그 절반(4분의 1)을 지급하였다. 나머지 절반(2분의 1)은 저비권(중저권)으로 3년에 걸쳐 청산하도록 하며, 수매일부터 6개월이 될 때 6분의 1을 지급하도록 하였다. 수매 가격은 20번수 남봉패 면사 1포에 1만 원, 용두세포 1필에 375원을 표준으로 책정하였다.[64]

중국 측의 경우 16일부터 수매를 위한 신청 접수 업무를 개시하면서 15일간으로 기한을 정하였다. 면사포를 보유한 자는 재고를 등기하는 동시에 정부에 수매를 신청하도록 하였다.[65] 일본 창상이 보유한 수량은 9월 12일 중화일본무역연합회에 임시면사포관리사무국을 설치하고 면사포 수매 규정을 입안하였으며, 16일에는 일본대사관 상해 사무소기획과장을 국장으로 임명하여 수매 업무를 준비하였다. 9월 25일부터 면사포의 수매를 신청하도록 명령하였으며, 수매가격은 20번수 남봉패 면사 1곤을 1만 원 기준으로 결정하고, 수매대금은 현품을 거래할 시에 대금지출증을 매도인에게 교부하고, 5일 이내에 갑종 등록공채로 교환해 주도록 하였다.[66]

雑件 / 綿絲布關係』, 1943, p.5.
64) 潘士浩, 『敵僞强迫收買紗布剩餘額應否發還之我見』, 大統書局, 1946.1, p.5; 『申報年鑑』(1944年度), 1945, pp.736-737.
65) 上野祝二, 『大陸年鑑』, 大陸新報社, 1944.12, pp.327-328.
66) 上野祝二, 『大陸年鑑』, 大陸新報社, 1944.12, p.327.

5. 면사포 수매정책과 자본가의 대응

왕정위정부는 태생적 한계인 정치적 정당성의 결여로 말미암아 중국 일반에 대한 장악력이 취약하였다. 전시 중국 경제의 위기는 정권에 대한 자본가 및 일반의 신뢰를 동요시켰으며, 경제 주체인 자본가들의 협조 없이는 경제위기를 해결하기 위한 경제정책 역시 소기의 성과를 거둘 수 없음은 자명한 일이었다. 따라서 왕정위정부는 상업통제총회를 설립하여 이를 통해 적극적으로 자본가들을 포섭하여 이들의 자발적인 협력을 이끌어내고자 시도하였다.

왕정위정부가 탄생한 이후에도 상해 공상업계는 여전히 겉으로는 공감하는 듯한 태도를 취하면서도 내심 못 마땅해하는 '경원주의'적 태도를 견지하며, 여전히 왕정위정부에 협력하려는 태도를 보이지 않았다.[67] 마침 일본이 왕정위정부의 대영미 선전포고를 전제로 한 양보정책의 일환으로서 군관리공장이나 혹은 중일합작공장을 원주인에게 반환하는 조치를 취하자, 왕정위정부는 상통회의 설립 자체를 자본가들에 대한 국가권력의 침투수단으로 적극 활용하였다.

왕정위정부는 일본에 몰수된 공장을 원주인에게 반환하는 조건으로 자본가들에게 상업통제총회 산하의 각종 직무를 맡아주도록 요청하였다.[68] 이러한 목적은 "종래 식자층 가운데에서는 왕정위정부에 협조적이지 않고 방관적인 입장을 취하는 자들이 적지 않았다. 상업통제총회의 성립을 계기로 자본가들이 요직에 임명됨으로써 상해의 재계로부터 유리되어 있던 왕정위정부로 하여금 국내에서의 지위를 공

---

67) 袁愈佺,「日汪勾結掠奪中國資源槪述」,『僞廷幽影錄』, 中國文史出版社, 1981.5, p.165.
68) 黃慧英,「聞蘭亭的受審和改判」,『民國春秋』1996年 2期, pp.61-62.

고하게 만드는 효과를 거둔 것으로 해석할 수 있다"[69]라는 기록에서도 잘 살펴볼 수 있다.

그러면 상업통제총회의 면사포 수매정책에 대해 자본가들은 어떻게 인식하고 대응하였을까. 이를 알기 위해 먼저 면사포 수매정책이 상해의 물가 상승을 억제하는 데 어느 정도의 성과를 거두었는지 살펴보도록 하자.

8월 9일 상업통제총회는 면사포의 수매정책을 공포하는 동시에 선행조치로서 면사포를 보유한 창상(공장과 상점)들로 하여금 재고를 등기하여 수매를 신청하도록 지시를 하달하였다. 그러나 면사포의 수매가격이 지나치게 낮아 시가의 4분의 1에 불과하였다. 통계에 의하면, 당시 상통회에 강제 수매된 면사포 공장과 상인의 손실은 중저권 6,938,731,000원, 당시 금가로 환산하여 1량 8,000원으로 환산하면 867,346량의 손실을 입었다.[70]

면사포 수매정책을 전격 실시한 직후 상해의 각종 상품이 대폭락하자 투기꾼 가운데 도산자가 속출하였으며,[71] 한 달만에 중국 측 47만 4천 곤(면포 15만 6,000곤, 면사 11만 4,000곤), 일본 측 20만 4,000곤(면포 12만 4,000곤, 면사 8만 곤)이 매입되었다.[72] 면사의 강제 매입이라는 대증요법을 통해 상품투기는 일시적으로 진정되었으며, 면사의 가격이 3분의 1로 급락하였다.

---

69) 日本大東亞省,『對支處理根本方針の實施槪況』, 1943.7, p.16.

70) 中國科學院上海經濟硏究所編,『恒豊紗廠的發生發展與改造』, 上海人民出版社, 1958, p.77.

71) 新宮健二,「中支における物價と經濟統制」,『經濟學雜誌』15卷 2號, 1944.8, p.53.

72) 高村直助,『近代日本綿業と中國』, 東京大學出版會, 1982, p.296.

그러자 수많은 면포상들은 수백 필에 달하는 면포를 등기하지 않고 야밤에 염가로 내다 팔았으며, 각 면포점에는 이를 구매하려는 사람들로 인산인해를 이루었다.[73] 뿐만 아니라 면사 이외에 잠사나 인조사, 마면이나 인조면 교직품에는 특별한 제한이 없었던 까닭에 견사나 마사麻絲 등을 교직한 면포를 생산하여 수매를 회피하고자 하였다.[74] 이에 상업통제총회는 "백주에 변태적으로 이루어지고 있는 면업관계자들의 대량 판매행위를 철저히 단속해야 할 필요성"[75]을 제기하였다.

물자조사위원회는 무려 1,000여 명의 중일조사관으로 구성된 30개 조로 나누어 상해시 18구 내의 233개 공공창고와 77개 개인창고에 보관되어 있는 면사포의 수량과 입고 날짜, 창고주의 명칭 등을 모두 파악하였다.[76] 수매를 거부하거나 방해할 경우 1년 이상 5년 이하의 유기도형에 처하였으며, 아울러 5만 원 이하의 벌금에 처하도록 하는 규정을 두었다.[77]

왕정위정부는 면사포 수매정책을 철저히 실행하기 위해 경제경찰처를 설치하여 고의로 가격을 올리거나 매점매석, 물자의 이동 및 은닉 등의 혐의가 의심될 경우 수시로 해당 상점에 대한 검사를 실시하였다.[78]

8월 13일에서 17일까지에 걸쳐 헌병대는 사포상을 체포하였는데,

---

73) 棉布商業史料組編, 『上海市棉布商業』, 中華書局, 1979, pp.305-306.

74) 棉布商業史料組編, 『上海市棉布商業』, 中華書局, 1979, pp.306-307.

75) 吳景靑, 「棉紗棉布統制的現階段」, 『商業統制會刊』3期, 1943.12.1, p.49.

76) 『申報』, 1943.8.16.

77) 潘士浩, 『敵僞强迫收買紗布剩餘額應否發還之我見』, 大統書局, 1946.1, p.3.

78) 唐蘭樵, 胡笑如, 「武漢淪陷時期日軍對棉紗棉布的統制與掠奪」, 『湖北文史資料』第16輯, 1986.10, p.161.

이 가운데에는 영풍사호 공지근, 의풍사호 육병보, 장명초, 익대사호 주연승, 정정무, 보화사호 소보생, 하영량, 진대창사호 주가성, 마천리, 신성사호 염거란, 경풍사호 나진남, 수창사호 장청천 등이 포함되었다. 이들은 동업자들에게 정부의 면사포 수매에 저항하도록 선동했다는 죄목으로 기소되었으며, 동시에 이들이 보유한 면사포는 모두 강제 수매되었다.[79]

8월 17일 왕정위정부 행정원회의는 면사포의 등기 시한을 8월 말까지 15일간으로 정하여 공포하였으나, 여전히 관망하는 창상들이 적지 않았다. 이에 9월 1일 행정원은 다시 9월 6일까지로 등기 기한을 연장하기로 발표하였다. 왕정위는 성명을 통해 "사재기를 다스리고 투기를 근절시키며 물가를 억제하고 민생을 안정시키기 위한 목적에서 만난을 무릅쓰고 단연코 이를 실시할 것"[80]이라고 강한 의지를 표명하였다. 행정원 비서장 진춘위는 면사포상을 소집하여 면사포 수매정책이 투기의 근절과 물가를 관리하기 위한 부득이한 조치이며, 상해의 방대한 유휴자본이 투기로 흐르는 것을 차단하여 공업 투자로 유도하기 위한 불가피한 조치라고 설득하였다.[81]

상통회의 당수민 이사장 역시 관망하는 태도를 청산하고 조속히 등기하도록 촉구하는 동시에, 기한이 지나도록 신청하지 않은 자는 법률에 의해 엄중히 처벌받게 될 것임을 강력히 경고하였다.[82] 9월 3일 당수민은 재차 담화를 발표하고, 9월 6일 이후에 결코 기한을 재연장

---

79) 潘士浩, 『敵僞强迫收買紗布剩餘額應否發還之我見』, 大統書局, 1946.1, 附錄(六) 참조.
80) 『申報』, 1943.9.5.
81) 『申報』, 1943.8.12.
82) 上野視二, 『大陸年鑑』, 大陸新報社, 1944.12, p.330.

하지 않을 것임을 엄포하였다.

면사포 수매정책에 대한 자본가의 반응은 종전 직후 상해면사포동업공회 이사장 반사호가 언급한 문장에서 잘 나타나 있다. 그는 상통회의 면사포 수매정책에 대해 "1943년 8월 9일 수매 명령이 공포되고 즉일부터 시행되었다. 면사포의 이동이 금지되고, 이를 어길 경우 엄중하게 처벌한다는 협박을 일삼았다. 명령이 반포된 당일 면업계의 인사들은 울고 싶어도 눈물을 흘릴 수 없었고, 도망가려 해도 갈 곳이 없었다. 이는 말 그대로 약탈이었다. 군대와 경찰, 경제보안대 등이 도처에서 면사포를 조사한다는 미명 아래 소란을 피우고 유린하여 열에 아홉이 이를 피할 수 없었다. 사포업자가 입은 경제적, 정신적 타격은 영원히 잊을 수 없다"[83]라고 토로하였다.

상해자본가들은 면사포 수매정책이 국민의 재산 소유 및 행사를 법률로 보장하고 있는 중화민국의 헌법을 위반한 것으로 간주하였으며, 협박과 공갈로 국민의 재산을 약탈한 행위라고 비난하였다. 즉 "면사포 수매정책은 사유재산권과 관련된 것으로서, 면사포 창상이 보유한 정당한 재산을 탈취해 간 것으로서, 법률적으로 무효"[84]라고 강하게 주장하였다.

오늘날 중국에서의 연구는 바로 이와 같은 자본가들의 주장 및 관점과 일맥상통함을 잘 알 수 있다. 예를 들면 "면사포의 수매정책은 약탈정책이었다. 면사포의 수매가격은 실제 가격의 21.81퍼센트에 불과하였으며, 따라서 78.19퍼센트가 왕정위정부에 의해 약탈된 것"[85]

83) 潘士浩, 『敵僞强迫收買紗布剩餘額應否發還之我見』, 大統書局, 1946.1, pp.3-5.
84) 潘士浩, 『敵僞强迫收買紗布剩餘額應否發還之我見』, 大統書局, 1946.1, p.12.
85) 張朝暉, 「論汪僞政府棉紗布貿易政策」, 『檔案史料與硏究』2000年 2,3期(總46期), p.131.

이며, 따라서 "명목상 수매였지 약탈이나 다름없었다[86])는 논지가 바로 그것이다.

그러나 당시 상해자본가들이 약탈이라고 주장한 수치는 바로 암시장가격으로 계산된 것이며, 오늘날 중국에서의 연구는 바로 자본가들의 입장을 대변하고 있음을 알 수 있다. 당시에도 수매가격이 낮아 상인들의 이익이 감소될 것이라는 불만에 대해 상통회는 "암시장에서 4만 원의 가격을 1만 원에 수매하는 것에 대한 우려가 있음을 알고있다. 그러나 금괴 1조(10兩)의 암시장가격이 12만 원에 달하고 있는 상황에서 수매 시 지급하는 황금 10량의 가격을 4만 원으로 고정하였기 때문에 1만 원이라고 해도 상인들의 이익을 크게 침해하는 것은 아니다"[87])라고 해명하였다.

면사포 수매정책이 자본가들에게 미친 영향에 대해 "은행 10행 및 다수의 전장이 도산 또는 폐점했다는 소식이 들려온다. 중국의 유력 실업가의 관측에 의하면 상해의 은행 가운데 3분의 1에 해당되는 약 100행, 면사업자 800호 가운데 600호, 면포업자 2,600호 가운데 2,000호가 도산할 것이라고 예측하였다"[88])라고 기록하였다.

주목할 점은 당시 상해시민들이 사재기와 투기에 몰두하는 자본가들에 대해 상당한 반감을 가지고 있었다는 사실이다. 상해의 신문들은 "이런 대규모의 투기꾼들을 대돈호大囤虎(엄청난 수량의 물자를 매점매석하여 쌓아둔 자)라고 부르는데, 이들이 바로 상해 일반시민의 생활을 좀먹는 원흉이다"[89])라고 보도하였다. 왕정위는 "면사포 1건의

---

86) 蔡德金, 『汪僞二號人物陳公博』, 河南人民出版社, 1993, pp.261-262.

87) 上野視二, 『大陸年鑑』, 大陸新報社, 1944.12, p.329.

88) 日本大東亜省支那事務局, 『大東亜戦争中ノ帝国ノ対中国経済政策關係雑件 / 綿絲布關係』, 1943, p.6.

암시장가격이 이미 4만 원에 달하여 시민들이 이를 구입하는 데 큰 어려움이 있으며, 면사포는 이미 민간의 일용품이 아니라 투기와 사재기의 대상으로 이용되고 있다"[90])고 비난하면서 정책의 목적을 분명히 밝혔다.

상업통제총회 역시 "면사포 수매는 생산과 소비를 직접 연계시켜 매점매석과 투기를 소멸시키기 위한 정책이다. 다시 말해 소수 계급의 복리를 위한 것이 아니라 전 국민의 행복을 추구하는 정책이 바로 정부의 목표이다"[91])라는 입장을 천명하였다.

상해에서는 "이미 정부(왕정위정부)가 면사포 수매의 기한을 결코 연장하지 않을 뜻임을 누차 천명하였다. 따라서 면사포 소지자는 모두 기한 내에 이를 완료해야지 관망해서는 안된다. 이와 같은 정부의 단호한 태도는 매우 칭찬할 만하다"[92]), "이번 면사포 수매업무는 보통 상품의 수매와는 달리 긴급조치에 해당되며, 따라서 단기간에 완수해야지 연기해서는 안된다"[93])라고 하여 상통회의 조치를 환영하는 여론이 적지 않았다.

6. 왕정위정부의 면업통제정책과 그 성격

그러면 이러한 정책을 통해 상업통제총회는 어느 정도의 면사포를

---

89) 『申報』, 1943.4.15.

90) 上野視二, 『大陸年鑑』, 大陸新報社, 1944.12, pp.323-324.

91) 吳景靑, 「棉紗棉布統制的現階段(續)」, 『商業統制會刊』4期, 1944.3.15, pp.14-15.

92) 『申報』, 1943.9.21.

93) 『大陸申報』, 1943.8.26.

수매할 수 있었을까. 수매면사포판사처는 8월 23일부터 9월 6일까지 면사포를 수매하였는데, 이를 통해 수매한 수량은 면사 총 92,103포, 백회면포 35,504포, 가공면포 125,568포에 달하였다.[94] 일본자본 사창에서의 수매 수량은 10월 하순 일본임시면사포관리사무소로부터의 보고에 의하면 면사는 81,601포, 백회면포 75,865포, 가공면포 57,720포에 달하였다.[95]

상통회의 통계에 따르면 수매된 중국 측의 면사, 면포는 모두 206,244건, 면사는 1건 40포, 중량 400파운드, 백회포 1건 40필, 111,104척으로 환산되며, 가공면포 1건 40필, 4,494,440척 1필 40마였다. 1943년 8월 9일부터 9월 6일까지 약 1개월에 걸쳐 수매된 면사와 면포의 수량은 다음과 같다.

면사 ………………… 92,103건
백회포 ……………… 1,420,160필
가공포 ……………… 5,022,254필

이후 다시 수매한 수량은 다음과 같다.

면사 ……………… 95,254건
백회포 …………… 1,444,400필
가공포 …………… 5,273,680필
합계 면사 ……… 95,254건
면포 ……… 167,952건(1건=40필)[96]

---

94) 「收買棉紗棉布辦事處內部工作程序之槪述」, 『商業統制會刊』3期, 1943.8.9, p.33.

95) 「收買棉紗棉布辦事處內部工作程序之槪述」, 『商業統制會刊』3期, 1943.8.9, p.36.

다음의 일본 측 기록을 살펴보면 중일 양국에 의해 수매된 면사와 면포의 수량은 다음과 같다.

중국자본 사창과 일본자본 사창의 면사포 수매량   (단위: 곤)

품명	일본 측(8월 25일까지)	중국 측(9월 6일까지)	합계
면사	74,694	95,194	167,888
생지면포	75,422	33,916	109,338
가공면포	47,775	123,886	171,661
합계	197,891	250,996	448,887

출처: 大東亜省支那事務局, 『大東亜戦争中ノ帝国ノ対中国経済政策關係雑件 ノ綿絲布關係』, 1943, p.20.

상업통제총회에 의해 수매된 면사포는 어떻게 배급되었을까. 이것을 알기 위해서는 먼저 왕정위정부가 면사포의 배급과 관련하여 어떠한 구상과 정책을 가지고 있었는지 살펴보아야 할 것이다. 수매된 면사포의 배급 방안에 대해서는 이미 8월 9일의 최고국방회의 직후 발표된 왕정위의 성명에 잘 나타나 있다.

왕정위는 "수매된 중일 면사, 면포는 당연히 정부가 민생의 안정과 생산의 증가를 주지로 합리적인 배급 방안을 마련할 것이다. 그리하여 총력을 다해 국내 민생의 수요에 사용될 것이며, 이를 통해 경제부흥을 추구할 것이다. 이 점에 대해서는 특별히 각계 인사의 깊은 이해를 요망한다"[97]라고 강조하였다. 이와 함께 왕정위는 물물교환의 원칙에 따라 콩, 쌀, 잡곡 등을 획득함으로써 농공업의 상호 보완작용을 추구할 것이며, 면사포 수매정책은 국리민복과 관련된 문제로서 정부로서

---

96) 潘士浩, 『敵僞强迫收買紗布剩餘額應否發還之我見』, 大統書局, 1946.1, p.4.
97) 『申報』, 1943.8.10.

는 최대의 결심을 가지고 신속히 실행할 것임을 약속하였다.[98]

행정원 비서장 진춘위는 면사포상을 소집하여 상통회를 통한 면사포의 통일적 수매와 배급이 다음과 같은 효과를 가져올 것이라 설명하였다.

1) 매점매석이 감소될 것이다.

2) 일체의 투기행위가 근절될 것이다.

3) 투기에 의한 물가의 상승이 차단될 것이다.

4) 면사포의 시가가 안정될 것이다.

5) 수요와 공급이 균형을 회복할 것이다.

6) 방직공업의 생산이 증가될 것이다.

7) 경제의 회복이 가시화될 것이다.[99]

재정부장 주불해는 면사포의 배급 방법에 대해 "중일 쌍방이 수매한 면사포는 모두 상통회에 의해 일괄적으로 배급될 예정이다. 일반 배급은 물자 절약의 취지에서 1인당 연간 합리적 소비에 근거하여 결정한다"[100]는 방침을 천명하였다. 이후 개최된 행정원 제186차 회의는 '집중배급판법'을 통과시켜 중일 창상(공장과 상점)으로부터 수매한 일체의 면사포를 상업통제총회로 보내어 통일적으로 배급하기로 결정하였다. 배급의 대상 면사포는 1)'수매면사포잠행조례'에 의거하여 수매한 면사포, 2)중화일본무역연합회로부터 수매한 면사포, 3)상통회에 등기한 면제품을 포괄하며, 상통회에서 배급과 관리를 전담하

---

98) 上野視二, 『大陸年鑑』, 大陸新報社, 1944.12, p.330.

99) 『申報』, 1943.8.12.

100) 日本大東亜省支那事務局, 『大東亜戦争中ノ帝国ノ対中国経済政策関係雑件 / 綿絲布關係』, 1943, p.21.

도록 하였다.[101]

면사포의 배급과 관련해서 1943년 9월 27일 물자통제심의위원회는 제7차위원회를 개최하고 면사포의 배급 방안을 논의하고 다음과 같은 기본 원칙을 결정하였다. 다음의 내용을 살펴보면, 수매된 면사포는 기본적으로 일반의 수요에 근거하여 총량의 배급계획이 마련되었음을 알 수 있다. 원유전 위원장은 배급의 방침을 다음과 같이 공포하였다.

1) 수매한 면사포는 중일 쌍방이 모두 상통회에 이관하여 처리한다.
2) 배급은 상통회 아래 특별기구를 설치하는 것을 원칙으로 한다. 상통회는 가능한 한 신속히 면사를 배급하기 위한 기구를 구성한다.
3) 면사포를 배급하는 기구는 상통회의 일부분이므로 수매가격의 손익도 상통회가 결정한다.
4) 면사포를 수출할 경우에는 심의위원회를 거쳐 행정원의 재가를 얻어 결정한다.
5) 화중 이외의 지역 및 화북, 화남의 이출 수량은 본년도에 해당업자가 이미 결정하였으니 계획대로 진행한다.
6) 화중 이외 지역의 일반 배급은 물자절약의 취지에서 1인당 합리적인 소비량을 결정한다.
7) 물자 절약의 취지에서 과잉 배급은 지양한다.
8) 배급가격은 당시 실제 가격을 원칙으로 한다.[102]

---

101) 吳兆名, 「一年來之統制經濟」, 『經濟研究』(全國經濟委員會經濟調査研究所)1卷 1期, 1943.7.15, p.46.
102) 『申報』, 1943.9.29.

상해의 언론은 1인당의 구체적인 수량에 대해 "면사포를 어떻게 배급할 것인가는 아직 논의 중이나, 연간 1인당 면사포의 수요를 10마로 산정하여 계산하고 있다는 설이 있다"[103], "현재 상해시민이 면사포를 얼마나 배급받을 수 있을지 정해지지 않았다. 매년 1인당 소비는 약 10마 정도로 계산할 수 있으나, 관계방면의 소식으로 추측해 보면 배급 수량은 10마에 미치지 못할 것으로 보인다"[104]라고 보도하였다.

혹시 상통회가 수매한 면사포의 대부분이 일본으로 수탈되어 간 것은 아닐까. 이와 관련된 체계적이고 완정한 통계는 없으나, 상업통제총회 이사장이었던 당수민의 증언으로부터 그 대강을 가늠해 볼 수 있다. 당수민은 종전 이후 한간 혐의로 투옥되었는데, 재판 과정의 진술서에서 상통회의 면사, 면포 수매정책에 대해 "수매한 면사 한 건, 면포 한 필도 적에게 넘겨준 일이 없으며, 이는 당안자료의 기록을 살펴보더라도 명확하게 증명될 것이다. 외부에서는 상통회가 적을 위해 면사포를 수매하였다고 의심할지 모르나, 기실 적은 상통회의 면사포를 가져간 적이 없으며, 오히려 상통회가 적으로부터 황금 45만 량을 취득하였다는 사실로부터 정책의 성격이 어떠한지는 명확하다"[105]라고 증언하였다.

당시에도 일본이 막대한 황금을 왕정위정부에 공여하였기 때문에 그 대가로서 수매한 면사포를 일본으로 운반해 가지 않을까 하는 의구심도 적지 않았던 것으로 보인다. 따라서 이러한 의구심과 관련하여 일본의 상해대사관 오카자키岡崎 총무부장은 8월 20일 기자들과의 간담회에서 수매한 면사포의 처리에 대해 "이번에 수매한 면사포는 적

103) 『申報』, 1943.8.24.
104) 『新聞報』, 1943.8.23.
105) 「審判唐壽民檔案」, 『檔案與史學』1997年 5期, p.16.

어도 상해에서 3년간 수요로 공급될 수 있을 것이다. 풍문에 수매한 면사포를 일본으로 옮겨갈 것이라는 우려도 있는 듯하나 이는 결코 사실이 아니다. 이들 가운데 일부가 화북으로 옮겨져 석탄으로 교환될 것이고, 만주로 옮겨져 대두로 교환될 것이다. 통계에 따르면 매년 1인당 면포 소비량은 25척이다. 상해시 인구는 500만 명으로 매년 1인당 25척으로 계산하면 총 125만 필, 3만 1,000여 건에 상당한다. 이 밖에 면사를 면제품 가공공장에 상당 부분 배급할 것이다"[106]라고 구체적으로 설명하였다.

면사포 수매 과정에서 상해의 각 소매상의 영업을 지지하기 위해 수매가 면제된 수량분은 '매면사포잠행조례' 규정에 따라 잠정적으로 판매가 중지되었다가, 행정원의 명령에 따라 1944년 1월 1일부터 시장에서 판매가 허용되었다. 그러나 물가를 안정시키기 위해 판매 시 반드시 장부에 수량을 기록하도록 하였으며, 더욱이 상통회 및 유관기관의 조사 및 심사를 거치도록 규정하였다.

판매가격은 수매가에 합리적인 이윤을 붙여 책정하도록 하였다. 예를 들면 20번수 쌍마패 면사의 수매가격은 1건당 1만 원으로 여기에 각종 수수료를 포함하여 2만 원으로 하고, 다시 소매상의 이윤을 덧붙여 2만 4,000원으로 결정하였다. 이와 같이 상통회는 면사포상이 제품을 판매할 경우 그 가격을 철저히 통제하여, 물가 상승과 통화팽창을 적극 억제하고자 하였다.

수매한 면사포를 시민에게 배급하는 과정에도 특정한 규정을 두었는데, 예를 들면 상해시민이 구매할 수 있는 수량을 1장 5척으로 제한하였으며, 구매 시 상호(상점)는 구매자의 시민증 번호, 성명을 장부에

---

106) 『申報年鑑』(1944年度), 1945, pp.737-738.

기재하도록 하였다. 더욱이 면사의 구매는 면제품 가공업자로 한정하고 장부에 기재하도록 하였다.[107] 면제품 가공공장이 면사포를 구매할 경우 희망 배급수량을 신청서에 기입하도록 하였다.

신청서에는 공장이 보유하고 있는 생산도구의 수량, 고용 노동자수, 1개월 이내 생산할 수 있는 제품의 명칭 및 종류, 수량, 현재 보유하고 있는 원료 및 제품의 명칭 및 종류, 수량, 배급 개시 후 1개월 이내에 반드시 보충해야 할 원료의 명칭, 종류, 수량 등을 기입하여 해당 동업공회에 송부하도록 하고, 동업공회는 이를 다시 상통회에 전달하였다.

상통회는 사회의 수요 및 공급의 현상, 그리고 각 공장의 생산능력을 기초로 철저한 배급계획을 수립한 이후, 각 공장이 필요로 하는 수량의 원료를 배급하도록 하였다. 배급 시에는 생산배급증을 발급하고 이에 근거하여 원료를 공급하도록 하였다. 이와 함께 각 공장에서는 제품의 가공, 제조 시에 소요되는 비용을 계산하여 합리적인 범위 안에서 이윤을 계산하여 보고하도록 함으로써 상인들의 합법적인 이윤을 보장하는 동시에 투기행위를 철저히 방지하였다.[108]

당시 실업부 차장이며 상통회의 업무에 적극 관여한 원유전의 회고에 따르면, 수매한 면사포의 처리는 다음과 같다. 상통회가 수매한 면사포는 모두 55만 건인데, 이 가운데 화북의 석탄과 교환용으로 지불된 것이 10만여 건, 만주국의 대두 및 잡곡과 교환된 것이 10만여 건에 달했으며, 일부는 쌀과 면화를 구매하여 중앙저비은행권(儲備券)을 회수하기 위한 목적으로 사용되었고, 일부는 군수용으로 사용되었으며, 나머지 일부는 영세상인 및 가공업에 배급되었다.[109]

---

107) 『申報年鑑』(1944年度), 1945, p.738.
108) 吳兆名, 「一年來之統制經濟」, 『經濟研究』(全國經濟委員會經濟調査研究所)1卷 1期, 1943.7.15, pp.45-46.

면사, 면포의 배급계획은 상통회에 의해 일괄적으로 작성되었으며, 수매 수량에 근거하여 1943년도 면사, 면포의 배급을 살펴보면 다음과 같다. 수매 대상 수량은 총 460,000곤이며, 이 가운데 수매가 면제된 수량은 36,000곤, 나머지가 424,000곤에 달하였다. 이에 근거하여 1943년의 분배계획을 살펴보면 다음과 같다. 상해 8,000곤, 강소, 절강, 하남 59,000곤, 무한 800곤, 군수 40,000곤, 소계 115,000곤이었다. 이 밖에 만주 8,900곤, 화북 29,000, 몽강 10,000곤, 소회 13,000곤, 화남 20,000곤, 남방 8,750곤 총계 244,650곤에 달하였다. 1943년에 배급한 수량을 제외한 나머지 179,350곤은 1944년으로 이월되었다.[110]

당시 실업부 차장이며 상통회의 업무에 적극 관여한 원유전의 회고에 따르면 수매한 면사포의 처리는 다음과 같다.

상업통제총회 및 일본 측이 강제 수매한 면사포는 모두 55만 건인데, 이 가운데 화북의 석탄과 교환용으로 지불된 것이 10만여 건, 만주국의 대두 및 잡곡과 교환된 것이 10만여 건에 달하였다. 더욱이 일부는 쌀과 면화를 구매하여 저비권을 회수하기 위한 목적으로 사용되었으며, 일부는 군수용으로 사용되었고, 나머지 일부는 영세상인 및 가공업에 제공되었다.[111]

상통회가 밝힌 일반 소비자의 면사포 수요, 공장의 수요 등을 근거로 배분한 총수량은 다음과 같다. 이 통계는 1945년 8월 31일까지 면

109) 袁愈佺, 「日本侵略者炮制的商統會」, 『上海文史資料選輯』57輯, 上海人民出版社, p.115; 袁愈佺, 「日本加强掠奪華中戰略物資炮制商統會的經過」, 『僞廷幽影錄』, 中國文史出版社, 1981.5, pp.200-201.

110) 日本大東亜省支那事務局, 『大東亜戰争中ノ帝国ノ対中国経済政策關係雑件／綿絲布關係』, 1943, p.7.

111) 袁愈佺, 「日本侵略者炮制的商統會」, 『上海文史資料選輯』57輯, 上海人民出版社, p.115.

사포의 수매량과 배급량이 잘 나타나 있다.

1945년 8월 31일까지 상통회의 면사포 수매량과 배급량 (단위: 건)

품명	총수매량	총배급량	반환수량*	잉여수량
면사	61,073	46,633	1,199	13,241
백회포	27,390	21,829	1,516	4,045
가공포	102,278	48,346	338	53,594
합계	190,741	116,808	3,053	70,880

출처: 潘士浩, 『敵僞强迫收買紗布剩餘額應否發還之我見』, 大統書局, 1946.1,
附錄(二) 참조.
* 여기서 반환수량은 중소상인이나 공장에서 자가 생산용으로 남겨진 수량을 가리킨다.

이차대전이 종결된 이후 상통회가 적위산업처리국에 넘긴 면사포의 수량은 면사 13,226건, 백회포 146,912필, 가공포 2,126,639필로서 합계 면사 13,226건, 면포 2,273,551필에 달하였다. 상세한 분류는 다음과 같다.

상통회의 수매량과 적위산업처리국에 이관한 면사포 수량 (단위: 건)

품명	수매량	잔여량	잔여량 비율(%)
면사	66,107	13,226	20
백회포	27,776	3,672	13
가공포	112,361	53,166	47
합계	206,244	70,064	29

출처: 潘士浩, 『敵僞强迫收買紗布剩餘額應否發還之我見』, 大統書局, 1946.1,
p.10.

이 밖에 1943년 11월 26일 수매면사포판사처는 면업관리처로 개조되고, 바로 다음 날인 11월 27일 상해에서 면화통제위원회를 발족하여 상업통제총회의 외곽조직으로 두고 면화 및 면사, 면포의 통제체제를 구축하였다. 이후 1944년 7월 4일 면화통제위원회는 면업관리처와 합병되어 면업통제위원회로 개조되고, 그 아래 각지에 판사처를 설치하였다. 이와 함께 상해, 남통, 해문, 계동, 무석, 태창, 영파, 항주, 남경, 안경 등에 면화공고(창고) 및 면화지고를 두고 면화수매동업협회에 관리를 위탁하여 면화를 통제하고, 별도로 면사포임시관리위원회를 설치하여 이를 통제하였다.[112]

면업통제위원회의 주요한 임무는 면화 및 면제품의 구입과 운반, 면제품가격의 결정, 지도와 감독, 정부 및 상통회와의 정책 협상 등을 들 수 있다. 원래 화중지방에서 왕정위정부는 1942년에 화중면화통제회를 통해 면화의 가격을 결정하여 일괄적으로 수매하였는데, 1943년부터는 면업통제위원회가 임명하는 면화수매동업협회로 하여금 대신 면화를 수매하도록 하였다.

왕정위정부의 면업통제정책은 면화의 가격을 제한하여 면작농과 면전면적의 감소를 초래하여 결과적으로 면화의 부족현상을 가중시켰다. 이를 해결하기 위해 왕정위정부는 1942년 말 상해에서 면화증진회의를 개최하여 강소, 안휘, 절강의 3성에 면업관리처를 창설하기로 결정하고 마침내 9월에 이를 창설하였다.

이 기구는 면화의 관리와 검사업무를 담당하였으며, 남회와 가정 두 현에 각각 사무처를 두었으며, 소북 방면에는 11월에 소북면구관리처를 설립하여 면화의 개량 및 면화 재배의 확대에 노력하였다.[113] 1945년 강소성, 절강성, 하남성 3성의 면화 재배면적은 1942년에 비해 각각 2,623,000무, 601,000무, 482,000무 감소하였으며, 생산량도

---

112) 湯心儀,「上海之統制經濟」,『戰時上海經濟』, 上海經濟研究所, 1945, pp.109-110.

113) 馮叔淵,『戰前及現在之上海棉紡織業』, 1943.7, p.6.

715,000담, 165,000담, 98,000담 감소하였다.[114]

그러면 면사포의 수매정책은 어떠한 효과를 거두었을까. 면사포 수매 이후 상해의 투기시장은 심대한 타격을 받았다. 수많은 투기상인은 수매의 대상이 확대될 것을 예상하여 각종 투기상품을 속속 내다 팔았다. 그 결과 암시장에서 황금은 1조당 14만 원에서 8만 원으로 하락하였으며, 공채, 주식, 미달러 등의 가격도 속속 하락하였다. 주요 투기대상인 면사포가 사라지면서 약 45억 원의 유휴자본이 무형중에 동결되어 물가의 안정에 기여했기 때문이다.[115] 상해의 언론은 면사포를 수매한 이후 상해 투기꾼들이 절망에 빠졌으며, 과거 투기로 조성된 기형적 번영이 대부분 사라졌다고 보도하였다.[116]

1943년도 면사, 면포의 수매와 상해의 물가 변동 (단위: 원)

일자	면포 (용두세포)	면사 (20번수 남봉패)	쌀(1石)	식초	담배
1월 8일	198	6,700	900	425	9,250
2월 4일	360	10,300	1,300	550	12,800
3월 3일	458	15,000	1,200		13,600
7월 3일	1,015	35,500	2,000	1,350	19,000
8월 2일	820	36,000	2,100	1,800	31,000
9월 6일	650	13,500	1,750	1,750	31,000
9월 15일	700	16,000	1,800	1,800	33,000

출처: 日本大東亞省支那事務局,『大東亞戰爭中ノ帝国ノ対中国経済政策關係雜件 / 綿糸布關係』, 1943, p.21.

---

114) 許道夫,『中國近代農業生産及貿易統計資料』, 上海人民出版社, 1984.12, p.209.
115) 袁愈佺,「日本侵略者炮制的商統會」,『上海文史資料選輯』57輯, 上海人民出版社, 1987.2, p.114.
116) 『申報』, 1943.9.19.

8월 7일의 가격을 100으로 할 경우, 왕정위정부가 면사포 수매정책의 실행을 발표한 8월 9일 직후 단기적이나마 이것이 물가에 미친 긍정적 영향은 다음의 도표에서 잘 나타나고 있다.

면사포 수매정책 전후 상해물가의 변동(8월 7일 = 100)

상품별	8월 11일	8월 20일	8월 31일
용두세포	85	140	78
금괴	80	80	78
공채(統一丙)	91	91	97
담배(대영패)	123	144	142
성냥(봉황패)	100	48	62
식초(船牌)	103	75	75
쌀	100	95	96
밀가루	92	94	94
닭고기	103	98	106
설탕	97	100	109
대두유	102	102	101
낙화생유	99	99	99
면실유	102	102	102
갱지	99	55	67

출처: 上野視二, 『大陸年鑑』, 大陸新報社, 1944.12, p.332.

이러한 영향으로 물가지수는 10월까지는 보합세를 보였으나 그 이후에는 다시 상승하기 시작하여 1943년 하반기에는 물가 상승률이 무려 72.9퍼센트나 되었다.[117] 일시적 안정에도 불구하고 통화 발행량의 억제와 물자 증산의 근본적 해결책이 뒤따르지 못해 소기의 성과를 거둘 수 없었던 것이다.

---

117) 高村直助, 『近代日本綿業と中國』, 東京大學出版會, 1982, p.297.

제5장
종전 후 적산 처리와 자본가의 대응

　이차대전이 종결된 직후 중국에서는 생산설비의 복구가 지체되면서 일용필수품을 비롯한 물자의 부족현상이 매우 엄중한 실정이었다. 반면 전시 기간 동안 억눌려 왔던 일반의 수요가 전후 일시에 폭발하면서 수급의 불균형이 심화되자 공전의 물가 상승이 야기되었다. 이와 함께 명목임금의 상승에도 불구하고 실질임금이 크게 하락한 노동자들이 본격적으로 노동운동에 나서면서 정권의 안정마저 위협하였다.

　식량과 연료, 의복 등 일용필수품의 부족으로 인한 수급의 불안정이 물가의 상승, 통화팽창, 노동운동 등 중국사회와 경제의 어려움을 야기한 직접적인 원인이었다. 따라서 중국정부로서는 무엇보다도 조속히 생산설비를 복구하고 생산에 착수함으로써 물자의 증산을 통해 물가를 안정시키고 실업을 해소하는 일이 당면의 시급한 과제가 아닐 수 없었다.

　무엇보다도 의복, 면사, 면포 등 일용필수품을 생산하는 최대의 공업분야인 방직공업의 생산설비를 복구하고 실업을 해소하는 일은 전후 경제건설의 핵심적인 과제로 부상하였다. 방직공업은 그 성격상 노동자의 고용과 실업의 해소에 크게 기여할 수 있었다. 1933년의 통계를 살펴보면, 중국의 근대공업에 고용된 노동자 가운데 61.7퍼센트가 방직공업에 고용되어 있었다.[1]

이미 언급한 바와 같이 방직공업의 전국적인 동업단체인 화상사창연합회는 상해에 본거지를 두고 있었다. 이들은 중일전쟁이 발발한 이후 국민정부가 요청한 생산설비의 내지 이전에 소극적이었으며, 대부분 상해 등 적점령구에 잔류하였다. 이로 말미암아 상해 등 연안지역의 적점령구(전후 수복구)에 잔류했던 자본가들은 전후 정치적 정당성을 상실하였으며, 이로 인해 전후 경제건설과 적산 처리의 과정에서 정부의 정책 입안에 대한 영향력을 감소시키는 결과를 초래하였다.

반면, 중일전쟁이 발발한 이후 국민정부의 요청에 호응하여 자율적이든 타율적이든 국민정부 통치구(대후방)로 이전한 공장과 자본가들은 전시 가혹한 경제환경 속에서 생산활동을 통해 경제적으로 항전을 지지하였다. 천신만고 끝에 종전을 맞이한 중경 등 내지의 후방 자본가들은 전후 이미 지배적인 세력으로 부상해 있었다. 이와 같이 중경 등 국민정부 통치구와 상해 등 전시 적점령구(전후 수복구)의 자본가들 사이에는 전후 상이한 입장과 이해가 엄존하고 있었다.

정부의 입장에서는 무엇보다도 전후 생산설비의 조속한 복구와 경제부흥이 지상과제가 아닐 수 없었다. 이러한 까닭에 산업계 전반의 이질성을 해소하고 이들의 전체 역량을 생산력의 회복을 위해 투입하지 않으면 안되었다. 이러한 과정에서 중국 공업 가운데 60퍼센트 이상의 비중을 차지하였으며 최신의 생산설비를 갖추고 있던 상해를

---

1) 岡部利良, 『舊中國の紡績勞動硏究』, 九州大學出版會, 1992, p.3.

비롯한 소절환지역蘇浙晥區(강소성, 절강성, 안휘성)의 공장과 적산기업의 처리는 전후 경제건설과 관련하여 핵심적인 문제가 아닐 수 없었다.

여기에서는 먼저 전후 국민정부의 경제건설 과정에서 지배적인 지위를 차지했던 중경 등 후방 자본가들의 이해와 전후 정치적 정당성을 상실한 상해 등 소절환지역의 자본가들의 대응과 양태를 살펴보고자 한다. 이를 위해 특히 방직공업 분야의 사례를 통해 상해 등 소절환지역 방직자본가들의 동업공회인 제6구기기면방직공업동업공회(6구공회)와 전시 국민정부 통치구에서 생산활동에 종사했던 중경 등 방직자본가들의 종전 직후 상황과 입장을 살펴보려 한다. 이와 함께 국민정부 경제정책의 구체적인 내용과 변화에 대해 살펴보고, 정책에 대한 공상자본가의 인식과 대응도 살펴보고자 한다.

1945년에서 1949년 사이의 시기는 중화인민공화국의 수립과 국민정부의 패퇴가 극적으로 교차하는 중요한 시기이다. 따라서 국민정부의 계급적 기초라 할 수 있는 자산계급의 동향을 살펴보는 일은 중요한 의미를 갖는다. 이들의 동향은 적산의 처리 및 국민정부의 경제정책과 불가분의 관계에 있다고 할 수 있다.[2] 여기에서는 전후 경제건설 과정에서 국민정부가 실시한 경제정책의 근거를 전후 사회경제적 조건으로부터 규명함으로써 이 문제와 관련된 단서를 제공해 보고자 한다.

----

2) 전후 처리에서 전시 친일파와 방직공업과의 관련성 및 그 처리에 대한 연구는 金志煥, 『戰後中國經濟史』, 고려대학교출판부, 2010 및 古廏忠夫, 「戰后地域社會の再編と對日協力者」, 『戰后中國國民政府史の硏究』, 中央大學出版部, 2001.10 참조.

1. 친일논쟁과 자본가 간의 대립

중일전쟁의 와중인 1942년 3월 중국 공업 가운데 가장 큰 비중을 차지하고 있던 상해, 남경 및 강소성, 절강성, 안휘성 등 공업 선진지역의 방직자본가들은 중화민국사창연합회라는 동업공회를 결성하였다. 이후 1943년 4월 왕정위정부 실업부는 전시물자를 효율적이면서도 통일적으로 관리하기 위한 목적에서 각 동업공회를 개조하여 해당 업종에 대한 통제정책을 실시하였다.

왕정위정부는 이러한 정책의 일환으로 방직공업의 경우 기존의 중화민국사창연합회를 소절환사창동업공회로 개조하기 위한 공작에 착수하였다. 이를 위해 왕정위정부 실업부는 정방원, 섭로생, 왕계우, 동윤부, 정경당, 당성해, 유정기, 곽체활, 강상달, 곽기청, 오곤생, 문란정 등 방직업계의 영수 50여 명을 발기인으로 선정하였다.

4월 6일 이들은 소절환사창동업공회의 성립대회를 개최하고 동업공회의 성립을 정식으로 공포하였다. 이와 함께 소절환사창동업공회의 조직과 활동을 위한 규약(장정)을 통과시키고, 이사장에 섭로생, 부이사장에 정경당을 선출하였다. 이 밖에 상무이사에 정방원, 유정기, 당지량을 선출하고, 이사에 당성해, 곽체활, 강상달, 곽기청, 감사에 문란정, 왕계우, 동윤부, 오곤생을 선출하였다.[3]

소절환사창동업공회는 본부를 상해에 두고 강소성, 절강성, 안휘성 3성과 상해, 남경 등에 위치한 방직공장 등을 회원사창으로 가입하도록 하였다. 1945년 5월의 시점에서 소절환사창동업공회에는 총 47개 사창이 가입한 상태였다. 왕정위정부는 소절환사창동업공회를 통해 방직공업을 통제하였으며, 전시 면업통제정책을 실시할 수 있었다. 예

---

3) 『申報』, 1943.4.9 및 4.18.

를 들면 1944년 4월 왕정위정부는 전시생산 및 공출계획을 수립하고 이에 입각하여 소절환사창동업공회를 통해 각 사창에 면포와 면사의 생산 및 공출 수량을 할당하였다.[4]

이 밖에도 일본 제국주의와 왕정위정부는 1943년 3월 일본 점령지역 내의 물자를 약탈하기 위한 목적의 일환으로 상업통제총회를 결성하였으며, 수많은 방직자본가들이 여기에 참여하여 각종 활동을 주도하였다. 예를 들어 방직업계의 영수인 상해 영안사창의 곽순은 상업통제총회의 감사로서 일본군에 대한 비행기와 철의 공출 및 헌납운동에 앞장섰다.[5]

1944년 7월 4일에는 상업통제총회의 예하에 면업통제위원회가 성립되어 문란정이 주임위원에 임명되었으며, 신신사창의 동려청이 부주임위원, 영안사창의 곽순, 대생사창의 진보초, 민풍사창의 강상달이 위원으로 임명되었다. 방직공업의 원료면화를 확보하기 위해 면업통제위원회 예하에 다시 수화총판사처를 분설하였는데, 여기에는 오곤생이 업무경리에 취임하였으며, 곽순이 재무경리에 임명되었다. 중일전쟁 시기에 면업통제위원회 및 그 예하 기관들은 왕정위정부의 면업통제정책을 실해하고 집행하는 총본부로서의 역할을 충실히 수행하였다.[6]

이차대전이 종결된 이후 방직업계의 문란정과 강상달은 국민정부에 의해 한간 죄목으로 체포되어 투옥되었다. 이에 소절환사창동업공회와 면업통제위원회 및 모든 관련기구의 간부와 임원들은 모두 몸을 피하였으며, 이에 따라 동업공회의 활동은 완전히 중단되고 말았다.

---

4) 上海市檔案館藏檔,檔號:S30-1-8:紗廠業一年來業務概況.
5) 金志煥, 『戰後中國經濟史』, 고려대학교출판부, 2010, p.22.
6) 金志煥, 『戰後中國經濟史』, 고려대학교출판부, 2010, p.22.

국민정부 경제부는 소절환사창동업공회 및 관련기관의 장부기록을 봉인하고, 정부의 처리 명령을 기다렸다. 방직자본가 가운데 문란정과 강상달이 친일파 죄목으로 체포되었지만 그 외 대부분의 자본가들은 정부의 처분만을 숨죽이며 기다리는 형편이었다.

한편, 종전 이후 상해 등 수복구(전시 적점령구)로 돌아온 대후방의 방직자본가들은 이미 지배적인 입장에 있었다. 여론은 연일 전시 적점령구에서 활동하던 자본가들을 친일파, 경제한간 등으로 지칭하며, 이들에 대한 엄중한 처벌을 주장하였다.[7]

상해에서 발행된 『상해주보』는 경제한간에 대한 엄한 처벌을 다음과 같이 주장하였다. 즉, "경제계의 친일파인 경제한간이란 경제적으로 일본과 내통하고 연계한 모든 관련자를 가리킨다. 예를 들면 전국상업통제총회, 면업통제회 등이 대표적이다. 이들은 적을 위해 중국의 물자를 착취하고 통제 및 수매하였으며, 이러한 활동에 앞장섰던 자들이다. 이들은 마땅히 특급 이상의 정치한간(정치적 친일파)과 같은 죄목으로 엄히 처벌해야 한다."[8]

전후 적산 처리의 과정에서 세간의 관심은 중국 내 일본자본 공장으로서 최대의 부분을 차지한 재화일본사창의 처리에 집중되었다. 주지하다시피 전시 중경 등 내지(대후방)로 생산설비를 이전한 사창은 어려운 여건 속에서 항전을 위한 경제적 기초를 조성하는 데 공헌하였음은 부인할 수 없다. 국민정부 역시 전시 후방 사창의 생산을 독려하기 위한 목적에서 전쟁이 종결될 경우 적산사창의 민영화 및 전시 후방사창에 대한 우선 배분을 공언해 왔다. 따라서 적산사창이 민영화

7) 金志煥, 『戰後中國經濟史』, 고려대학교출판부, 2010, p.23.
8) 鄭振鐸, 「鋤漢奸論」, 『上海週報』2期, 1945.9.15, p.6.

될 경우 공장의 경영 및 소유권을 항일전쟁에 대한 공헌의 대가로 후방사창으로 하여금 우선적으로 승계하도록 할 것이라는 점은 의심의 여지가 없었다.

이러한 가운데 종전 직후인 1945년 8월 28일 후방지역에 위치한 각 사창의 대표들은 전국면방직업동업공회연합회를 결성하기 위한 성립대회를 개최하고, 여기에서 속운장을 이사장으로 두월생, 이승백, 영이인 등을 이사로, 오미경과 장적선을 총간사 및 부간사로 선출하였다.[9] 연합회는 전국적인 동업공회를 표방하였으나 실상 후방사창의 이해와 주장을 대변하고 있었다. 성립대회에서 연합회는 "방직공업은 마땅히 민영으로 귀속되어야 하며, 정부는 접수한 적산사창을 마땅히 후방 각 사창으로 하여금 승계하도록 우선권을 부여해야 한다"[10]라고 결의하였다.

나아가 후방 방직자본가들은 전시 적과 합작했던 적점령구 내의 중국자본 사창 역시 몰수하여 후방사창으로 하여금 대리 경영할 수 있도록 정부에 요청하였다. 1945년 10월 5일 후방 방직업계의 영수인 영이인은 국민정부 행정원장 송자문에게 "중국 내 일본자본 사창뿐 아니라 일제와 합작한 중국자본 사창에도 동일한 처분을 내려야 한다. 이를 전시경제에 공헌한 후방사창에게 손실의 정도에 따라 배상해야 한다"[11]라고 주장하였다.

후방지역의 『신화일보』는 "적점령구에서 적의 생산을 도운 자가 바로 경제한간이다. 적에게 부역한 경제한간의 재산을 남김없이 몰수해

9) 『大公報』, 1945.8.30.

10) 『大公報』, 1945.9.30.

11) 上海社會科學院經濟研究所編, 『榮家企業史料』下, 上海人民出版社, 1980, p.400.

야 하며, 몰수한 사창은 후방사창으로 하여금 접수하거나 우선적으로 승계할 수 있도록 권리를 부여해야 한다"12)라고 주장하였다. 방직업계의 정기간행물인 『방직염공정』역시 "친일파들이 공장의 기계를 적에게 공출함으로써 방직기계는 적의 병기로 개조되었으며, 원료와 제품을 적에게 공급함으로써 그들이 우리 강토를 침략하고 인민을 도륙할 수 있도록 도왔기 때문에 간상의 죄가 결코 친일파보다 가볍지 않다"13)라고 주장하였다.

반면 전시 적점령구인 상해 등 연안지역에 잔류했던 방직업계는 이들과는 다른 입장을 견지하고 있었다. 이들은 "대후방의 공상업계는 전시 국가를 위해 분투하고 공헌이 크다는 이유로 각종 우선권을 요구하며, 수복구 공상업계의 이마에 친일이라는 딱지를 떡 붙여 놓았다"14)라고 비판하였다.

더욱이 이들은 적산사창에 대한 권리를 후방 방직업계가 독점하는 것에 반대하였다. 이러한 연유로 후방 방직업계의 주장인 적산사창의 민영화에 반대하며, "적산기업의 민영화에서 후방 방직공업만을 주요 대상으로 한다면 매우 불공정한 처사이다."15) "항전 승리는 특정 개인이나 단체, 기구가 승리의 대가를 사사로이 독점해서는 안되며 전방, 후방의 구분이 있어서는 안된다."16) "적산공장 및 부속 생산설비는 항전의 대가이므로 이를 국영으로 개조하여 대량으로 의복을 생산

---

12) 『新華日報』, 1945.8.19, 8.25 및 9.11.

13) 「抗戰勝利與復興紡織工業」, 『紡織染工程』7卷(抗戰勝利號), 1945.10.15, p.2.

14) 張一帆, 「勝利以來的經濟」, 『民主』14期, 1946.1.12, pp.344-345.

15) 錢貫一, 「如何分配日本紗廠」, 『紡織』(勝利特刊), 中國紡織學會上海分會出版委員會, 1945.12, p.9.

16) 「勝利,建國與紡織事業」, 『紡織』(勝利特刊), 中國紡織學會上海分會出版委員會, 1945.12, p.3.

하고 저렴한 가격에 배급함으로써 백성들로 하여금 그 대가를 향유하도록 해야 한다"[17]라고 주장하였다.

2. 종전 후 중국사회와 경제 위기

항일전쟁에서 승리한 이후 길고 긴 일본의 침략전쟁으로부터 벗어날 수 있었었지만, 이제는 일용필수품의 부족, 물가 급등과 통화팽창 등 새로운 경제적 어려움에 직면하였다. 수많은 적산기업은 폐쇄되어 봉쇄된 채 가동을 중단한 상태였으며, 여기에서 일하던 수십만 명의 노동자들은 스스로를 '승리실업자'라고 자조하였다.[18]

상해 한 지역에서만 90퍼센트에 이르는 공장이 기계의 가동을 중단한 채 정업상태에 처해 있었으며, 이로 인해 90만 명에 달하는 노동자가 실업상태에 있었다. 양식의 부족으로 말미암아 기근이 일상화되었으며, 의복의 부족은 상상을 초월할 정도였다. 이러한 상황 아래에서 1945년 겨울이 되자 아사자와 동사자로 상해의 공동묘지에는 하루에도 수십 구의 운구가 끊이지 않았다.[19] 중국은 전쟁에서 승리하였으나 이제 그 보다 한층 엄중한 경제적 어려움에 직면하게 된 것이다.

한편, 대량의 법폐가 국민정부 통치구(국통구)로부터 상해 등 수복구(전시 적점령구)로 물밀 듯이 유입되었으며, 유휴자본은 화폐가치를 보존하기 위해 미달러와 황금, 면사 및 면포, 연료 등 일용필수품의

17) 王子宿,「利用接收敵僞紡織廠改歸國營計劃芻議」,『紡織』(勝利特刊), 中國紡織學會上海分會出版委員會, 1945.12, p.25.
18) 金志煥,『戰後中國經濟史』, 고려대학교출판부, 2010, p.17.
19) 『解放日報』, 1946.2.24.

구매와 투기, 사재기 등에 다투어 뛰어들었다. 이러한 양상은 다시 일용필수품의 부족을 가속화시켜 물가의 상승을 부추기는 악순환이 반복되었다.

이러한 가운데 1945년 9월 27일 국민정부 재정부는 전시 왕정위정부 중앙은행이 발행한 중앙저비은행권中儲券의 일부 가치를 인정하고, 법폐에 대한 태환율을 200:1로 선포하였다. 이에 중저권의 사용이 금지될 경우 화폐로서의 가치를 상실하여 휴지조각이 될지도 모른다고 우려한 시민들은 이를 법폐와 교환하거나 일용품의 구매를 통해 가치를 보존하려 하였다. 이러한 결과 상해의 물가는 하루가 다르게 상승하였다.[20]

1945년 상해 주요 상품의 도매물가 변동표　　　　　　　　(단위: 원)

상품명	단위	9월 11일	11월 22일
황금	兩	26,000	83,000
쌀	擔	3,100	10,085
밀가루	包	600	3,600
황두	擔	1,200	5,000
포미	擔	450	3,200
담배	箱	95,000	890,000
인조사	擔	39,000	600,000
두유	擔	4,450	25,000
기계사	擔	120,000	1,100,000
20번수면사	件	65,000	550,000
고형비누	箱	2,200	13,000
설탕	磅	2,000	22,500

출처: 『大公報』, 1945.12.14.

---

20) 金志煥, 『戰後中國經濟史』, 고려대학교출판부, 2010, p.55.

1945년 상해 주요 상품의 소매물가 변동표　　　　　　　　　　(단위: 원)

품명	단위	9월 13일	11월 21일	11월 27일
석탄	擔	285	2,562	3,082
땔감	擔	300	2,571	2,679
소금	斤	7	55	56
설탕	斤	108	975	832
면포	尺	60	510	483
담배	10支	8	75	60
고형비누	块	21	150	140
채소	斤	12	12	14
생선	斤	50	248	294
국수	斤	17	77	75

출처: 『大公報』, 1945.12.14.

1945년 10월 말 국민정부 재정부장 유홍균은 상해 물가가 폭등한 원인을 다음과 같은 몇 가지 요인으로 설명하였다. 즉, 첫째, 후방으로부터 상해로 몰려든 사람들로 인한 수요의 급속한 증가, 둘째, 공장의 폐쇄 및 생산 중단, 셋째, 우편, 전기요금 등 공공요금의 상승, 넷째, 물자 수송의 어려움 등이다.[21]

전시 파괴된 생산설비의 복구가 지체되면서 공장설비가 정상적으로 가동되지 못하자 이로 인해 공산품의 공급이 수요를 따라갈 수 없었으며, 이는 물가의 급등과 실업의 증가를 야기하였다. 무엇보다도 물가의 상승은 다시 노동자의 명목임금의 상승에도 불구하고 실질임금의 하락으로 이어졌으며, 이는 노동운동의 확산을 야기한 근본적인 원인이 되었다. 이에 국민정부 경제부 특파원판공처가 직접 노동자 대표와 협상을 통해 가능한한 이들을 조속히 복직시키기로 합의하고

---

21) 『時事新報』, 1945.10.24.

나서야 겨우 진정될 수 있었다.

1945년 9월 27일, 송호경비사령부는 모든 파업 및 노동쟁의, 그리고 이를 선동하는 행위를 법에 의거하여 엄벌에 처할 것임을 공포하였다. 그럼에도 10월 10일 유풍사창 제1, 2, 3, 4, 5, 6창의 700여 노동자들이 전체 복직을 요구하며 쟁의에 돌입하였다. 10월 15일에도 일화방직 제3, 4창의 393명의 노동자가 해산비[22]의 증액과 노임문제로 쟁의에 돌입하였다. 이 밖에 대강사창, 내외면사창, 공대사창 제4창, 동흥사창 제2창 등에서 모두 복직문제로 크고 작은 쟁의가 발생하였다.[23]

이와 같이 노동자의 실업문제가 심각한 사회문제로 등장하였으나 공장에서는 이들을 복직시킬 수 있는 수용능력을 가지고 있지 못하였다. 이에 국민정부 사회부는 실업노동자를 구제하기 위해 '수복구실업공인임시구제판법강요'를 반포하였으며, 상해시 각 유관기관 및 단체와 회동한 이후 '상해시실업공인임시구제위원회'를 조직하여 1945년 10월 1일에 정식으로 업무를 개시하였다.

위원회는 모두 17명으로서, 사회부대표 2명, 경제부 대표 1명, 재정부 대표 1명, 교통부 대표 1명, 양식부 대표 1명, 제3방면군총사령부 대표 1명, 상해시사회국 대표 1명, 상해시경찰국 대표 1명, 상해시당부 대표 1명, 상해시청년단 대표 1명, 상해시총공회 대표 2명, 상해시상회 대표 2명, 선후구제총서 상해분서 대표 1명, 송호경비사령부 대표 1명으로 구성되었으며, 실업노동자의 조사 및 구제업무를 담당하였다.[24]

10월 5일 상해시정부는 실업공인임시구제회의를 개최하고 "일본군

---

22) 노동자가 해고되거나 일시 정직된 경우 이들을 귀향시키기 위해 지급하는 여비 등의 위로금

23) 金志煥, 『戰後中國經濟史』, 고려대학교출판부, 2010, p.57.

24) 金志煥, 『戰後中國經濟史』, 고려대학교출판부, 2010, p.58.

이 투항하기 이전에 스스로 이직한 실업노동자를 우선적으로 구제하며, 일자리를 주선해 주도록 노력한다. 이와 함께 수복구 공장을 신속히 복구하여 생산설비를 가동한 이후에 표준임금을 책정한 이후에 시정부가 공포하여 시행한다"[25]라고 결정하였다.

10월 23일 사회부장 곡정강은 상해의 실업문제가 매우 심각하다는 사실을 중앙정부에 보고하고, 이를 해결하기 위해서는 무엇보다도 공장설비를 복원하여 가동을 재개하는 것이 급선무라 강조하였다. 이와 함께 노동자의 불만을 해소하기 위해 다음과 같은 조치를 시행하도록 건의하였다.

1) 아직 접수하지 않은 공장의 노동자에게는 월급 3개월분을 해산비로 지급한다.
2) 이미 접수하였지만 아직 복공에 착수하지 못한 노동자들에게도 월급 3개월분을 보조한다.
3) 이미 접수한 공장의 노동자에게도 월급 3개월분을 지급하고 복직시킨다.[26]

물가의 급등으로 말미암아 생계가 막막해진 노동자들이 연일 거리로 쏟아져 나오는 가운데 상해시실업공인임시구제위원회는 실업노동자에게 매월 식량 6두에 상당하는 현금을 3개월 동안 지급하였다. 1945년 10월부터 11월 30일까지 2개월 동안 지급된 구제금은 모두 751,224,281원에 달하였다.[27]

----

25) 『時事新報』, 1945.10.6.
26) 『時事新報』, 1945.10.24.
27) 金志煥, 『戰後中國經濟史』, 고려대학교출판부, 2010, p.59.

상해시 실업구제금 통계표(1945년 11월 30일까지)

구제내용	해당공장	노동자수	구제금액
구제위원회 직접구제	74	8,597	48,487,255
경제부의 보조비	78	44,958	408,561,125
해군부의 보조비	4	5,467	73,804,500
공장의 자체 출연	166	31,499	220,326,025
총계	323	90,640	751,224,281

출처: 上海市通志館年鑑委員會, 『上海市年鑑』, 中華書局, 1946.12, p.N20.

　이와 같은 정부의 노력에도 불구하고 임시적인 구제금의 지급이라는 방편으로 실업노동자의 문제를 해결할 수는 없었다. 1945년 8월부터 12월까지 발생한 441건에 달하는 노동운동의 원인을 분석해 보면, 가장 많은 비중을 차지한 항목이 바로 해고로 인한 분규로서 총 141건에 이르렀다. 두 번째 항목이 노동자의 해고나 일시 정직된 경우 지급하는 여비나 해산비와 관련된 분규로서 총 95건에 달하였다. 세 번째가 해고된 노동자가 복직을 요구하는 분쟁으로서 총 86건에 달하였다. 이들 세 항목을 합친 것이 무려 전체의 73퍼센트에 달하였다.[28)]

　이러한 사실로부터 이차대전이 종결된 직후에 상해 등 지역의 노동운동은 무엇보다도 노동자의 고용 및 해고, 복직 등 일자리 문제에 그 원인이 있었음을 알 수 있다. 더욱이 이러한 문제의 보다 근본적인 원인은 전후 공장의 폐쇄와 전시 파괴된 생산설비 복구가 지체된 것이 주요한 원인이었다. 이러한 이유에서 국민정부로서도 전후 생산설비의 복원과 생산력의 회복만이 근본적인 해결책임을 잘 알고 있었다. 이러한 이유에서 적산기업의 신속한 접수와 처리가 매우 긴요한 과제

---

28) 中國第二歷史檔案館編, 『中華民國史檔案資料匯編』第5輯　第3編(財政經濟4), 江蘇古籍出版社, 2000.1, pp.210-211.

였음에 틀림없다.

국민정부 행정원장 송자문은 적산사창의 폐쇄가 엄중한 실업문제를 양산하였음을 친히 목도한 이후 적극적이고도 신속한 복공을 지시하였다. 10월 13일, 송자문은 접수인원들에게 장기간에 걸친 적산사창의 폐쇄가 엄중한 실업문제를 양산할 뿐만 아니라 사회질서에 심각한 악영향을 미칠 수 있음을 우려하면서, "이미 접수한 공장은 기계와 물자를 신속히 정돈하고, 아직 접수하지 않은 것은 신속히 접수하며, 접수한 이후 정리를 마친 기업은 신속히 생산을 회복하도록"29) 지시하였다. 경제부장 옹문호 역시 상해가 중국공업의 중심이라는 중요성에 비추어 각 사창의 설비를 우선적으로 가동하여 생산을 회복할 수 있도록 지시하였다.30)

3. 적산의 국영화 및 상해 기업과의 연대

국민정부는 실업자를 구제하기 위해 일시적으로 양식을 분배하는 등 구휼정책을 실시하였지만, 물가를 억제하고 실업을 구제하기 위한 근본적인 해결책은 전쟁으로 파괴된 산업설비를 조속히 복원하여 생산력을 제고하는 길밖에는 없었다. 특히 이러한 과정에서 전국의 공업 가운데 절대적인 비중을 차지하며 선진적인 최신의 기계설비를 갖춘 상해 등 연안지역 공업을 복구하는 일이 관건이 되었다. 이러한 이유에서 전후 경제부흥과 공업 생산력의 복원을 위해서는 상해자본가들의 절대적인 협조가 불가결하였던 것이다.

----

29) 『民國日報』, 1945.10.14.
30) 『時事新報』, 1945.10.11.

국민정부 경제부장 진계천은 "현재 중국에는 그나마 방직공업만이 비교적 큰 규모를 갖추고 있으며, 가장 현대화된 설비를 갖추고 있다. 방직공업의 발달은 자연히 기계공업의 발전을 수반하게 되며, 여기에 필요한 동력공업도 더불어 발전할 것이다. 더욱이 기계의 생산과 가동을 위해 불가결한 광업도 발전하게 될 것이며, 원료면화를 생산하는 농가의 번영을 가져올 것이다. 모방직업의 발전은 자연히 목축업의 발전을 선도할 것이며, 염색 및 기타 화학제품의 수요로 인해 화학공업도 발전할 것이다. 한 마디로 방직공업을 중심으로 공상업을 발전시키는 것이 순리라 할 수 있다"[31]라고 지적한 바 있다.

이에 국민정부는 상해와 남경, 강소, 절강, 안휘 등 공업 선진지역의 생산설비를 조속히 복구하기 위해 적극적으로 동업공회의 정돈과 개조를 추진하였다. 이러한 연유에서 1945년 11월 16일 국민정부 경제부 소절환구특파원판공처는 소절환지역 사창의 대표들을 상해 남경로에 위치한 영안공사에 소집하여 회의를 개최하였다. 회의의 목적은 방직공업 동업연합회를 창립하기 위한 제1차 준비위원회의 성격을 가지고 있었다.

회의에서 왕계우, 곽순, 영홍원 등 사장 대표들을 준비위원 겸 소집인으로 선출하여 일체의 준비 업무를 맡아 처리하도록 위임하였다. 이와 함께 왕계우, 설명겸, 유비기 등 6명으로 하여금 제6구기기면방직동업공회(6구공회)의 장정을 기초하도록 하였으며, 동시에 한 달을 기한으로 회원을 모집하고 입회 및 등기 등을 처리하도록 결정하였다.

1945년 11월 23일 제2차 준비위원회를 거쳐 12월 7일 제3차 준비회의를 개최하고 국민정부 경제부 소절환구특파원판공처 및 사회부 경

---

31) 「以紡織爲中心工業」, 『公益工商通訊』3卷 7期, 1948.7.15, p.2.

호특파원판공처, 상해구적위산업처리국 앞으로 전시 부역행위로 비판을 받아 온 소절환사창동업공회 및 부속 기구를 제6구기기면방직동업공회가 접수, 관리할 수 있도록 허가를 요청하였다.

12월 21일 국민정부 사회부 경호특파원판공처 특파원의 지도 아래 제4차 준비회의를 개최하였는데, 주석 왕계우는 회의에서 입회신청을 완료한 사창이 이미 92개 공장에 달한다고 보고하였다.[32] 이상에서 살펴본 바와 같이 동업공회의 성립 과정에서 국민정부 경제부 및 기타 정부 각 기관이 주도적으로 관여하였음을 잘 알 수 있다.

이러한 과정을 거쳐 마침내 1946년 1월 12일 제6구기기면방직동업공회의 성립대회가 개최되었다. 회의에서는 상해, 남경, 강소, 절강, 안휘 등 지역의 119개 사창 대표 152명이 참석하여 이사와 감사를 선출하였다. 그 명단은 다음과 같다.

이사: 곽순, 동윤부, 왕계우, 당성해, 계옥서, 곽체활, 오곤생,
　　　곽기청, 유비기, 유국균, 육자동, 엄흔기, 동춘방, 육용엄,
　　　장검혜, 정경당, 장문괴
감사: 오수영, 변서성, 심연모, 호국량, 한지성, 오중일, 왕운정[33]

그런데 새롭게 성립된 제6구기기면방직동업공회의 임원 명단의 면면을 살펴보면, 기본적으로 전시 부역혐의로 비판받고 있던 소절환사창동업공회의 임원들이 거의 그대로 승계했음을 알 수 있다. 말하자면 전시 적점령구의 소절환사창동업공회의 조직과 임원이 전후 제6구기

---

32) 上海市檔案館藏檔,檔號:S30-1-48:第六區機器棉紡織工業同業公會籌備會
　　會議紀錄
33) 金志煥, 『戰後中國經濟史』, 고려대학교출판부, 2010, p.31.

기면방직동업공회(6구공회)로 명칭만을 변경했을 뿐 그대로 승계하여 이전의 동업공회를 접수하였음을 알 수 있다.

성립대회에서 6구공회는 전시 자신들의 입장과 전후 경제부흥의 과정에서 자신들의 역할에 대해 다음과 같은 입장을 천명하였다

> "중일전쟁 시기에 공업 가운데 내지로 이전하여 생산활동에 종사한 사창도 물론 국가에 공헌이 많았다. 하지만 공업 가운데에서도 환경이나 시간 등의 문제로 부득이하게 적점령구에 잔류했던 사창 역시 적의 철권 착취 아래서 오히려 고통이 한층 심하였다. 그럼에도 불구하고 이들 사창은 대부분 민족정기를 잃지 않고 적의 위협에 굴복하지 않았으므로 후방으로 이전한 사창과 비교하여 뒤질 것이 없다고 생각된다. 오히려 약탈당하고 파괴된 것이 내지로 이전한 사창보다 훨씬 많았다. 따라서 정부는 이와 같이 파괴되고 약탈당한 사창에 대한 구제와 복구에 우선적으로 협조해야 한다."[34]

전후 생산력의 회복과 경제부흥의 과정에서 국민정부는 부득불 선진적인 생산설비를 갖추고 있던 상해 등 연안지역의 자본가들과의 협력이 불가결하였다. 이러한 목적에서 국민정부는 경제부 등 각 기관을 동원하여 이들의 역량을 동업공회의 개조를 통해 결집하려 시도한 것이다. 이를 전기로 하여 6구공회는 전시 부역행위에 대한 비판 등 두려움과 자괴감으로부터 벗어나 동업공회의 성립을 바탕으로 전후 자신들의 역할을 내외에 천명한 것이라 할 수 있다.

이와 함께 국민정부는 전후 경제건설과 생산력의 복원 과정에서 전시 일본 기술인원들의 역량을 적극 활용하였다. 종전 직후 최신의 생산설비를 갖춘 일본자본 사창은 모두 폐쇄되어 생산을 중단한 상태에

---

34) 金志煥, 『戰後中國經濟史』, 고려대학교출판부, 2010, p.32.

처해 있었으며, 전시 피해 복구의 지체와 수요 공급의 불균형은 공산품의 가격 폭등으로 나타났다.

이차대전이 종결된 이후 국민정부 경제부는 특파원판공처를 신설하여 적산의 신속한 접수에 착수하였다. 이러한 과정에서 접수대원들은 일본자본 사창의 기술 수준을 높이 평가하는 동시에 이러한 기술과 설비를 전후 경제건설의 과정에서 적극 활용해야 할 필요성을 절감하게 되었다. 이들 외자기업의 생산설비를 조속히 복원하여 기계를 가동하고 생산을 확대하는 일은 전후 경제건설의 과정에서 불가결한 일이었다.

따라서 과거 일본자본 사창에서 업무에 종사했던 일체의 경영 및 기술적 연속성을 확보하는 일은 매우 중요한 과제가 아닐 수 없었다. 국민정부는 일본 기술인원의 유용을 통해 이들의 역량을 전후 경제건설의 과정에서 적극 활용하고자 하였다. 이에 국민정부는 적산의 최대 부분인 일본자본 사창을 국영화하여 당시 단일기업으로서는 세계 최대 규모의 중국방직건설공사(중방공사)를 설립한 것이다.

1945년 9월 20일 경제부 특파원판공처는 육군총사령부의 명령에 따라 상해 일본자본 사창의 접수를 개시하였다. 이들이 첫 번째로 착수한 사창은 일본자본 사창 가운데에서도 가장 규모가 컸던 내외면사창이었다. 접수위원으로 접수에 참여했던 장검혜는 보고서에서 일본자본 사창의 경영 수준이 중국사창에 비해 상당히 높은 수준이라고 서술하였다. 특히 기계설비가 중국자본 사창에 비해 월등히 뛰어났을 뿐 아니라 보존 및 정리도 주도면밀하였다고 지적하였다.[35]

---

35) 章劍慧, 「雪泥雜記 – 八秩回憶錄」, 『中國近代紡織史研究資料匯編』第二輯, 中國近代紡織史編輯委員會, 1988.12, p.17.

일본 기술인원의 유용문제는 적산의 접수를 통해 설립된 국영기업 중국방직건설공사 내부에서 먼저 제기되었다. 중국방직건설공사 총경리 속운장은 전후 생산설비의 복원 및 생산력을 제고하는 과정에서 특히 숙련노동자의 부족이 주요한 장애라고 지적하였다.[36] 1946년 1월 11일과 26일에 개최된 중국방직건설공사 이사회 석상에서 적산사창을 접수한 대원들과 각 사창의 공장장들은 숙련노동자의 모집이 현실적으로 어려우며, 특히 고급품인 세번수 면사와 가공면포의 생산라인에서 숙련노동자의 부족이 엄중한 실정임을 지적하였다. 아울러 이로 인해 기계의 가동률이 제고되기 어려운 점에 우려를 표명하였다.

이러한 우려에서 접수대원들은 일본 기술인원의 유용이 매우 필요하다는 점을 환기하였다. 즉, 적산사창에 남아 있는 일본 기술자들을 장래 노동생산성의 제고와 생산력의 보존을 위해 원직에 복직시켜 활용할 것과 일본사창의 과거 경영방식에 근거하여 노동생산성을 제고하도록 건의하였다.[37]

중국방직건설공사 총경리 속운장 역시 일본사창의 고유한 기술과 경영방식의 보존에 많은 노력을 경주하였다. 속운장은 "중국사창의 경우 고용 노동자의 수는 많으나 노동생산성은 오히려 뒤처진다. 이는 관리에 주의를 기울이고 연구 개선하지 않은 결과이다. 따라서 일본사창 고유의 조직과 업무일지 등을 수집하고 연구하여 귀감으로 삼도록"[38] 지시하였다.

부총경리 오미경도 적산사창의 접수를 담당한 접수대원들에게 "일본사창을 접수하면서 마땅히 일본인의 경영정신까지 접수해야 한다.

36) 『紡織週刊』7卷 1期, 1946.1.8, p.13.
37) 金志煥, 『戰後中國經濟史』, 고려대학교출판부, 2010, pp.99-100.
38) 上海市檔案館藏檔,檔號:Q192-26-61:中紡公司廠長會報紀錄(1-12次).

일본사창의 경영방식에서 우리는 첫째, 양호한 기계설비의 보존 상태, 둘째, 치밀한 관리, 셋째, 근면한 근로정신을 학습해야 한다. 그렇지 못할 경우 우리 방직공업은 영원히 일본과 경쟁할 수 없을 것이다"[39] 라고 지시하였다.

실제로 1930년대의 수치이기는 하지만 일본사창과 중국사창의 노동생산성을 살펴보면 1인당 관리하는 방추수에서 전자가 21추였음에 비해 후자는 16추에 불과하였다. 직포기에서는 1.1대와 0.6대로 마찬 가지로 일본사창 측이 높았다. 또 다른 조사에 의하면, 1929년 20번수 면사를 생산할 경우 방추 1만 추의 작업인원이 전자가 500명이었음에 비해 후자는 550-600명에 달하였다.[40] 이러한 차이에서 1924년 중국 사창의 생산비는 일본사창에 비해 20-21퍼센트 높았으며, 1935년에는 63퍼센트를 웃돌았다.[41]

종전 후 중국 경제의 현상에 비추어 일본 기술인원의 중국 잔류 및 유용은 전후 경제건설과 생산력 제고를 위해 불가피한 일이 되었다. 이에 중국육군총사령은 '일본원공징용통칙'을 반포하고, 1)접수위원이 각 부문의 사업을 접수할 때에 필요할 경우 일본 기술인원을 징용할 수 있으며, 2)징용 대상 기술 인원으로 하여금 중국법률을 준수하며 각 주관 기관장의 명령에 복종하고 자신의 직무에 충실해야 한다라는 규정을 두었다.[42]

상해일교관리처는 '일적원공징용통칙'에 근거하여 이들을 관리하

39) 上海市檔案館藏檔,檔號:Q192-3-21:中紡公司廠長接收人員聯席會報紀錄 (28-29次).
40) 竹本晃, 「在華紡の發展とその背景」, 『六甲臺論集』24卷 2號, 1977, p.65.
41) 金志煥, 『戰後中國經濟史』, 고려대학교출판부, 2010, pp.103-104.
42) 劉崇德, 「戰后日僑的集中管理」, 『武漢文史資料』6輯, 1982.3, p.127.

기 위해 '일적기술인원등기고핵판법'을 제정하고 명단을 관리처에 등기하도록 하였다. 1945년까지 등기를 마친 일본 기술인원은 모두 3,115명이었다. 이들은 자신의 전문기술에 따라 철도, 선박, 항공, 통신, 중공업, 화학공업, 방직, 일반경공업, 전기, 수도, 토목, 광업, 기타 등 총 16개 부문으로 분류하여 등기하였다. 또한 이들을 기술의 수준에 따라 갑등 874명, 을등 1,289명, 병등 747명, 정등 205명으로 분류하였다.

1946년 6월 17일 중국의 각 기관에서 유용한 일본 기술인원을 살펴보면, 중국방직건설공사에 유용된 일본 기술인원의 수자는 128명, 가족이 175명으로서 총 303명에 이르렀다. 1946년 12월 국방부가 조사한 결과에 따르면, 중국방직건설공사 상해 각 공장에서 잔류하여 유용된 일본 기술인원은 총 118명, 가족 157명으로서 모두 275명에 달하였다. 중국방직건설공사 청도분공사에는 총 14명의 기술인원이 남았으며, 가족 19명을 포함하여 총 33명에 달하였다. 중국방직건설공사 천진분공사에는 10명의 일본 기술인원과 가족 9명을 포함하여 총 19명에 달하였다.[43]

4. 후방 방직공업의 처리와 갈등

그러면 중일전쟁 시기에 국민정부를 따라 중경 등 후방(국민정부 통치구)으로 이전하여 수많은 희생을 감내하고 전쟁의 물질적 기초를 제공했던 후방사창 측은 전후 어떠한 상황을 맞이하였을까. 국민정부는 전후 경제건설과 생산설비의 복원 과정에서 이들을 어떻게 인식하

<hr />

43) 金志煥, 『戰後中國經濟史』, 고려대학교출판부, 2010, p.107.

고 처리하였을까.

이미 언급했듯이 중일전쟁이 발발한 이후 상해 등 공업 선진지역의 공상자본가들은 생산설비의 내지 이전에 소극적이었다. 전시 중경 등 국민정부 통치구(대후방)에서 공업생산은 최신 기계설비를 갖춘 상해 와는 달리 소수의 기계제 공장과 함께 소규모의 중소공장과 수공업 등이 항전의 주요한 경제적 역량으로서 군수와 민수를 지지하고 있었 다. 비록 낙후된 생산설비에도 불구하고 항일을 위한 물질적 토대를 제공했다는 측면에서 전쟁에 대한 이들의 공헌은 두 말할 필요도 없 을 것이다.

방직공업의 사례를 통해서 살펴보면, 1944년 1년 동안 기계제 방직 공업에서 생산된 면사는 6만 8,000건에 불과하였으나, 목직기 등을 이 용한 수공방직업에서 생산된 면사는 매년 약 40여만 건에 달하여 기 계제 면사(기사)의 약 6배에 달하였다. 면포의 생산을 보더라도 기계 제 직포기를 이용해 생산된 수량은 매년 약 100여만 필에 불과하였으 나, 수공업에서 생산된 수직 면포는 무려 900여만 포에 달하여 기계제 면포(기포)의 약 9배에 달하였다.[44] 이와 같이 중일전쟁 시기에 수공 업은 중경 등 대후방지역에서 생산의 중추적인 역할을 담당하였다.

전쟁이 막바지로 치달으면서 공급과 수요의 불합치, 물가의 상승 등 경제적 어려움으로 인해 중경국민정부는 물자와 물가를 통제하는 경제통제정책을 시행하였다. 방직공업의 경우도 원료면화의 부족 및 동력의 제한 등으로 인해 조업단축을 실시할 수밖에 없었다. 예를 들 면, 1945년 5월 이후 중경과 성도 등에 위치한 수직토포업 가운데 50 퍼센트 전후가 조업 단축을 실시하였으며, 후방 각 지역의 수공업 면

---

44) 金志煥, 『戰後中國經濟史』, 고려대학교출판부, 2010, p.35.

사포공장은 생산의 중단과 도산에 직면하였다. 중경국민정부는 물가의 안정이라는 목적을 달성하기 위해 지나치게 경직된 경제통제정책을 시행하였다. 이러한 정책은 결과적으로 기업과 공장, 자본가들의 이익을 상당 정도 침해하였으며, 그 과정에서 이들은 막대한 희생을 피할 수 없었다.

후방 공상업계의 어려움은 종전 이후에도 크게 변화되지 않았으며, 여전히 경영 악화에 직면해 있었다. 수요와 공급의 불균형, 물가의 상승, 원료가격의 상승으로 생산코스트는 상승하였으나, 국민정부 경제부는 여전히 제품의 판매가격을 엄격히 제한하였다. 더욱이 전후 일반의 구매력이 저하됨에 따라 생산품의 적체는 가중되었다.

더욱이 전시에 군포 등 군수품을 납품함으로써 근근히 명맥을 이어왔던 중소 방직공장의 경우에는 전후 설상가상으로 국민정부 군수서가 예산 부족을 이유로 군대에 대한 납품을 일방적으로 중단하였으며, 기계약분마저 취소하고 말았다. 이에 중경의 수직토포창 등 400여 공장은 원료의 공급과 제품의 판매 모두에서 심각한 어려움에 처하였다. 이와 같이 종전 이후 후방지역의 공업은 전반적인 생산의 중단으로 말미암아 절망적인 상황에 처해 있었다.

1946년 9월의 보고에 따르면, 후방 중소공창연합회 소속의 군포, 침직, 피복, 모포, 염색 정리 등 1,110여 공장 가운데 조업을 중단했거나, 정식으로 중단을 선언하지는 않았지만 실질적으로 조업을 중단한 공장이 약 80퍼센트 이상에 달하였다.[45] 이러한 수치는 후방지역에서 공업이 전반적으로 붕괴되는 상황을 잘 말해주고 있다.

1945년 8월 25일, 중경 공업계는 긴급회의를 개최하고 공업생산을

---

45) 『經濟周報』3卷 12期, 1946.9, p.10.

회복시키기 위한 방안을 협의한 이후 '공업복원건의서'를 채택하여 다음과 같은 요구사항을 정부에 전달하였다.

1) 정부는 생산품의 구입을 계속할 것
2) 정부는 공업계에 조속히 100억 원 상당의 대출을 시행할 것
3) 경영이 어려운 공장과 광업의 경우 정부가 직접 이를 매입할 것[46]

후방 공업의 위기는 다시 엄중한 상업적 위기를 수반하였다. 종전 후 중경의 수많은 상점(상호)이 경제적 어려움에 직면하여 영업활동을 중단하였다. 예를 들면 중경의 영창, 서륭 등 10여 개의 대상점을 비롯하여 부릉 소재의 동창 등 10여 상점, 만현에서도 67개, 남충에서도 60여 개, 내강에서도 200여 개, 귀양에서도 60-70개 상점에 달하였다. 이 밖에 성도, 서안, 삼태, 곤명, 낭중, 영천 등에 위치한 상호의 처지도 이와 크게 다르지 않았다. 이에 중경시상회 등 각 지역의 상회는 정부에 상업대출을 긴급히 시행해 주도록 요청하였다.[47]

공업과 상업, 즉 생산과 유통방면에서의 위기는 당연히 고용 노동자의 실업 및 노동운동을 불러왔다. 1945년 10월 17일, 중경시공인청원단 대표 주동강, 부경문 등은 중경시 사회국에 실업노동자를 긴급히 구제하기 위해 식량, 주거, 귀향을 위한 교통수단, 일자리 회복 등을 요구하였다. 이 밖에 재직 노동자의 경우 고용의 안정성을 보장하기 위해 공장 폐쇄나 임금의 인하, 노동자의 해고 등이 절대 불가하다는 요구사항을 전달하였다. 같은 날, 천천공창연합회는 제68차 회원대회를 개최하고, "적산의 공광사업 가운데 민영 범위에 속하는 것은 신속

46) 金志煥, 『戰後中國經濟史』, 고려대학교출판부, 2010, p.37.
47) 「國內經濟動態」, 『中央銀行月報』2卷 2期, 1947.2, pp.57-58.

히 우선적으로 전시 후방에서 종사했던 민영공광기업으로 하여금 경영하도록 해야한다"라고 천명함과 동시에 정부에 공업의 구제를 청원하기로 결의하였다.[48]

10월 31일 오전, 전국공업협회, 천천공창연합회, 공업협회중경구공회 등은 긴급연합대회를 개최한 후 '현재의 긴급정세에 대한 후방 공업계의 선언'을 통과시켰다. 이들은 선언문에서 "정부는 후방 공업계 인사를 초빙하여 각 수복구의 적산을 접수하는데 협조하도록 해야 하며, 동시에 우대 조건으로 이들에게 공여할 것"을 주장하였다. 회의가 끝난 이후, 참석자 대표 106명은 바로 조별로 나누어 내리는 비를 무릅쓰고 국민정부 행정원으로 몰려가 송자문 원장과의 면담을 요청하였다.[49]

1945년 8월 25일, 전국공업협회와 천천공창연합회, 중경구공회 등 3개 공업단체는 회원대회를 개최하였는데, 이 자리에는 국민정부 경제부장 옹문호도 참석하였다. 회의에 참석한 회원 대표들은 국민정부가 후방지역의 공업에 대한 적극적인 지원과 구제를 요청하였다.

그러나 경제부장 옹문호는 "현재 공업 구제의 문제에 관해서, 두 가지 방면으로 나누어 이야기할 수 있다. 첫째, 정부의 구제에는 많은 어려움이 있어 무원칙하게 무조건적으로 일괄해서 구제할 수는 없다. 따라서 국가에 도움이 되는가, 구제할 가치가 있는가 하는 점을 가지고 판단하지 않을 수 없다. 둘째, 현재 모두들 비관적인 마음을 가지고 있는데, 이렇게 해서는 안되며, 마땅히 떨치고 일어나 장래의 일에 나서야 한다"고 역설하였다.

---

48) 金志煥, 『戰後中國經濟史』, 고려대학교출판부, 2010, pp.37-38.
49) 金志煥, 『戰後中國經濟史』, 고려대학교출판부, 2010, p.38.

더욱이 옹문호는 "공업계 스스로도 분발하지 않으면 안된다. 예를 들어 업무 효율을 제고시키고, 노동자와 지출을 경감하고 이를 통해 생산 원가를 낮춰야 한다. 작은 단위는 가능한 한 합병을 단행해야 하며 사실상 경영을 지속하기 어려운 공장은 애통하지만 문을 닫을 수밖에 없다"[50]라고 강조하였다.

종전 직후 행정원장 송자문이 기존 후방 각 공장과 도급관계를 규정한 군수서의 계약을 일괄적으로 취소한 이후 후방 공장들은 기존의 생산라인을 대폭 감축하지 않을 수 없었다. 1946년 1월 3일, 호궐문 등 후방의 공상업대표 200명은 행정원장 송자문을 찾아가 정부가 계약을 취소한 이후 공장의 생산이 중단되어 노동자의 임금을 지불하기 힘들다고 토로하면서, 행정원이 공장, 기계 등을 구매하여 직공 해산비를 마련할 수 있게 해달라고 요청하였다.

그러나 송자문은 "이런 낡은 골동품과 같은 기계를 구입하여 상해로 가져가 무엇에 쓰겠는가"[51]라며 일언지하에 거절하고 말았다. 1월 6일, 공상업 대표는 다시 옹문호에게 중소공업의 구제를 요청하였으나, 옹문호마저 "지금의 공장은 자금, 설비, 기술의 각 방면에서 공업이라고 할 수도 없을 정도이며, 차라리 공장 문을 닫는 편이 낫다"라고 회답하였다.[52]

중소공업 측의 요청에 대해 송자문이나 옹문호는 적극적인 해결의 의지를 보이지 않았다. 비록 전시 기간 동안 항일전쟁에 대한 후방공업의 공헌은 막대하였지만, 국민정부는 결코 이들과의 협력 속에서

50) 金志煥, 『戰後中國經濟史』, 고려대학교출판부, 2010, pp.38-39.

51) 顔燿秋, 「抗戰期間上海民營工廠內遷紀略」, 『20世紀上海文史資料文庫』3, 1999.9, p.390.

52) 金志煥, 『戰後中國經濟史』, 고려대학교출판부, 2010, p.39.

전후 경제건설을 추진하려 하지 않았다. 오히려 국민정부는 상해 등 전시 적점령구(전후 수복구) 공업의 선진적인 설비 및 경영체계를 통해 생산력을 회복시키고, 전후 경제건설에 착수하려는 계획을 수립해 두고 있었다.

실제로 당시 신문 등 언론의 보도를 살펴보면, 상해 등 공업 선진지역의 최신 기계설비와 대조되게 후방 생산설비의 노후화는 명확한 현상으로 인식되고 있었다. 중국의 저명한 『대공보』는 "수복구 사창은 최신의 기계설비를 보유하고 있어, 대량 생산을 통해 생산코스트가 저렴하여 수출에 경쟁력을 가지고 있다"[53]라고 보도하였으며, 후방지역의 대표적 신문인 『신화일보』는 "대후방의 기계를 수복구로 옮겨가는 일은 불가능하다. 설사 옮겨 간다고 할지라도 거대공업과 경쟁하기는 불가능하다"[54]라고 보도하였다.

이렇게 볼 때, 전시 경제에 대한 후방 방직공업의 막대한 공헌에도 불구하고, 이들이 종전 이후 중국의 경제건설을 담당하기에 역량이 부족했음은 객관적인 사실이었던 것으로 보인다. 따라서 이들이 적산 사창을 후방 방직공업에 분배하여 경영하도록 국민정부에 요구한 것은 전시 공헌에 대한 보상이라는 측면에서 제기한 것이다. 그러나 국민정부의 입장에서는 적산사창의 처리와 전후 경제건설의 문제를 단지 전시 공헌에 대한 보상이라는 측면만을 가지고 고려할 수는 없었을 것이다.

---

53) 『大公報』, 1945.10.14.
54) 『新華日報』, 1945.9.11.

5. 면업통제정책과 방직업계의 대응

국민정부는 중국 내 일본자산 가운데 최대의 부문이라 할 수 있는 일본자본 사창의 접수 및 처리와 관련하여 기존 후방 방직자본가들이 요구해 온 민영화 및 자신들에 대한 배타적 우선 승계권에 대해서 부정적인 입장을 견지하였다. 결국 국민정부는 이들의 요구를 수용하지 않고 적산사창을 일괄적으로 접수하여 국영기업인 중국방직건설공사(중방공사)를 설립하였다. 적산의 국영화는 민영을 주장한 후방 사창과 민영화에 반대했던 수복구(전시 적점령구) 사창 사이에서 사실상 후자의 손을 들어준 행위라 할 수 있다.

국민정부는 바로 국영사창인 중국방직건설공사와 상해 등 공업 선진지역의 역량을 결집한 6구공회를 통해 강력한 면업통제정책을 추진하려 시도한 것이며, 이것이 바로 국민정부가 추진한 전후 경제건설의 핵심적인 내용이었다. 국민정부는 전국 방직공업 가운데 70퍼센트 이상의 역량을 차지하고 있던 상해 및 소절환구 방직자본가의 협조 없이는 이와 같은 정책의 추진이 불가능하다는 인식을 가지고 있었던 것이다.

1945년 11월 12일 국민정부는 방직사업관리위원회(방관회)를 정식으로 설립하고, 속운장을 총경리로 임명하고 이승백, 오미경, 양석인, 윤임원 등을 위원으로 임명하였다. 이들은 전시 국민정부의 경제통제정책과 밀접한 관련을 가진 관료들이었다. 방직사업관리위원회는 전후 면업통제정책을 실행하기 위한 총괄기구로서, 전국의 방직공업을 발전시키기 위한 감독과 지도, 그리고 적산사창 및 부속자산의 접수 및 정리를 주요한 임무로 선포하였다.

뒤이어 11월 27일 국민정부 행정원 제722차 회의에서 행정원장 송자문은 적산사창의 국영화와 중국방직건설공사(중방공사)의 설립을 제안하여 통과시켰다. 뿐만 아니라 앞서 지적한 바와 같이 국민정부는 상해 등 전시 적점령구 지역의 방직공업을 재편하고 조직화하는 한편, 전시 일본자본 사창에 종사한 바 있는 일본 기술인원과의 협력을 통해 전후 경제건설과 생산력의 제고에 적극 나섰다. 그리고 방직사업관리위원회는 이들의 역량을 하나로 결집하는 정부기관으로서, 전후 면업통제정책을 입안하고 실행하는 지휘본부라 할 수 있다.

방직사업관리위원회는 상해 등 공상자본가들의 역량을 제6구기기면방직동업공회(6구공회)로 결집하는 한편, 국영기업 중국방직건설공사에서 생산된 면제품을 시가 이하의 저렴한 가격에 투매함으로써 물가의 상승을 억제하고자 시도하였다. 중방공사는 생산된 면제품을 상해를 비롯하여 각 지역으로 운송하여 저렴한 가격에 투매하였다.

예를 들면, 천진에 면포 5만 필을 운송하여 투매하였으며, 중경에 5만 필, 한구에 3만 필, 남경에 1만 필을 운송하여 투매하였다.[55] 천진에서의 사례를 살펴보면, 중방공사에서 생산된 면포를 투매한 결과 당시 52,000원에 판매되던 시장에서의 면포가격은 투매 직후 46,000-47,000원으로 하락하였다. 천진뿐 아니라 기타 각 지역에서 면사포의 가격 상승이 둔화되면서 투매정책이 효과를 거두기 시작하였다.[56]

중방공사가 면사포를 투매한 이후 각지에서 면사포의 가격 상승이 눈에 띄게 억제되었다. 그러나 방직사업관리위원회와 중국방직건설공사의 일방적인 투매정책은 민영사창 측의 불만을 야기하였다. 당시 신문보도에 따르면, 국영사창이 시가보다 낮은 가격으로 면사포를 투

55) 中紡公司青島分公司, 『青紡統計年報』, 1947.1, p.5.
56) 『大公報』, 1946.2.11.

매할 경우 민영사창으로서는 그 압박을 견디기 어려울 것이라 지적하였다.[57] 이러한 까닭에 민영사창 측에서는 다투어 정부의 면사포 저가 투매정책을 비난하기 시작하였다.

방직사업관리위원회의 일방적 정책 추진에 대해 6구공회 이사장 왕계우는 생산코스트를 무시하고 제품을 저가로 판매하는 일은 합당치 않으며, 시장의 공정한 질서를 문란하게 할 뿐이라며 정부를 비난하였다.[58] 이러한 까닭에 민영사창 측은 정부의 저가 판매정책에 협조하지 않았을 뿐만 아니라, 오히려 암암리에 암시장으로 제품을 유출시켜 물가 상승의 원인을 제공하기도 하였다.

결국 민영사창 측의 협조 없이 국영사창 단독으로 추진하는 일방적 정책으로 말미암아 저가로 제품을 투매하는 정책은 곧 한계에 도달하고 말았다. 중국방직건설공사 부총경리 오미경은 방직사업관리위원회 위원회에서 더 이상 중방공사가 단독으로 투매정책을 실시하는 일은 불가능하다고 보고하였다.[59] 이에 국민정부 역시 중방공사 단독의 투매정책이 장기적으로 지속하기 어렵다고 판단하여 6구공회의 적극적인 협조를 요청하기로 방침을 세웠다.

이러한 판단에 따라 국민정부 경제부는 6구공회에 전문을 발송하여 "면사, 면포의 가격 안정이 절실한 실정이므로, 중방공사와 민영사창은 방직사업관리위원회 및 상해시정부와 긴밀히 협조하도록"[60] 훈령

57) 中國第二歷史檔案館編, 『中華民國史檔案資料匯編』第5輯 第3編(財政經濟5), 江蘇古籍出版社, 2000.1, p.472.

58) 『紡織週刊』7卷 28期, 1946.10.15, p.880.

59) 南京中國第二歷史檔案館藏檔, 檔號:76-275:紡管會中紡公司會報紀錄.

60) 上海市檔案館藏檔,檔號:S30-1-195:紡織事業管理委員會與第六區機器棉紡織工業同業公會往來文書.

을 내렸다. 아울러 민영사창 측의 왕계우, 당성해, 곽체활, 영홍원 등 4명을 방직사업관리위원회 위원으로 참여하도록 허가하였다. 이는 국민정부가 6구공회와의 협조와 연대가 불가피하다고 판단하여 정책의 입안과 실시의 과정에서 이들과의 연대를 모색한 결과라 할 수 있다.

이에 8월 28일 6구공회 이사회는 긴급회의를 개최하고 민영사창 측에서도 정부의 정책에 협조하여 투매에 참여하고, 이를 통해 면사포의 가격 안정에 노력할 것이라는 답변을 회신하기로 결정하였다.[61] 회신 이후 방직사업관리위원회는 중방공사와 민영사창 공동으로 연합판매위원회를 조직하고, 8월 30일부터 정식으로 연합판매를 개시하기로 결정하였다. 연합판매의 골자는 민영사창 측이 생산한 면사포 가운데 일부를 제출하여 중방공사와 함께 일반에 판매하며, 이때 면사포의 가격은 생산비에 합리적 이윤을 반영하여 협정가격을 책정하여 판매함으로써 물가의 안정을 도모한다는 내용이었다.

그럼에도 연합판매는 당초 계획처럼 순조롭게 진행되지 못했으며, 오히려 민영사창 측에서는 자체적으로 생산한 면사포를 끊임없이 암시장으로 높은 가격에 유출함으로써 이익을 취하였다. 그러자 1946년 10월 중순 행정원장 송자문은 "연합판매는 방직업계가 자율적으로 통제할 수 있는지 검증하는 최후의 시험대이다. 만일 실패한다면 정부는 전시에 실시했던 통제방법을 동원할 수밖에 없다. 민영사창은 정부로 하여금 극단적인 길로 몰아가지 말기를 희망한다"[62]라고 엄중 경고하였다. 경제부장 왕운오는 "면사포의 가격이 파동치는 이 시기에 민영사창 측이 정부의 물가안정 정책에 협조하지 않는 행위는 매우 유

---

61) 『商報』, 1946.8.29.
62) 『紡織週刊』7卷 28期, 1946.10.15, p.878.

감"[63])이라고 비난하였다.

양자의 합의에도 불구하고 상호 간의 협력은 매우 취약하였으며, 결과적으로 연합판매정책은 소기의 목적을 달성하기 어려웠다. 실상 저가 투매정책은 무엇보다도 물가의 상승을 억제하기 위해 판매가격을 제한한다는 취지이므로 민영사창과는 근본적으로 이해가 합치되지 못하였다. 특히 실행 과정에서 방직사업관리위원회가 결정한 협정가격은 원면과 전력, 임금 등 생산코스트의 부단한 상승을 반영하지 못하였다.

1946년 11월 20일 20번수 면사 1건의 협정가격은 175만 원이었으나 암시장에서의 가격은 무려 250만 원을 넘어섰다. 1947년 3월 20번수 면사의 생산원가는 이미 400만 원에 달하였으나 방직사업관리위원회가 결정한 협정가격은 315만 원에 불과하였다.[64] 민영사창 측은 정부의 가격 제한으로 말미암아 이윤이 극도로 제한되었으며, 시장에서 제품이 부족한 까닭에 면사, 면포는 결국 투기와 사재기의 대상이 되었다고 지적하였다. 이러한 결과 가격이 더욱 상승할 수밖에 없으니, 상품을 찾는 사람이 있기 때문이 암시장이 존재하는 이치라고 정부의 정책을 신랄히 비판하였다.[65]

정부의 일방적인 정책 추진과 민영사창의 비협조로 말미암아 연합판매정책은 사실상 유명무실하게 되었으며, 1947년 4, 5월경이 되면 방직사업관리위원회는 사실상 민영사창에 대한 통제력을 상실하고 말았다. 방직사업관리위원회는 연일 방직자본가들에게 엄벌을 경고하였으나 아무런 효과도 발휘하지 못하였다. 오히려 4월 17일 방직사업

---

63) 『商報』, 1946.9.29.
64) 金志煥, 『戰後中國經濟史』, 고려대학교출판부, 2010, pp.143-144.
65) 『文匯報』, 1946.11.20.

관리위원회의 민영사창 대표인 왕계우 등 4명 위원이 사표를 제출하고 말았다. 결국 국민정부 경제부는 방직사업관리위원회를 폐지하고 이를 방직사업조절위원회로 개조하여 면업통제정책을 수행하도록 하였다.

6월 21일 방직사업조절위원회(방조회)는 제1차 위원회를 거행하고 정식으로 성립을 선포하였다. 방조회의 성립 및 위원회의 구조로부터 볼 때 명확히 방직업계의 일관된 요구를 반영하고 있음을 알 수 있다. 즉 15명의 위원 가운데 민영사창의 대표가 무려 8명을 차지하였는데, 이는 국민정부가 면업통제정책을 실시하기 위해서는 민영사창 자본가와의 협조를 절실하다고 인식하고 있었음을 웅변해 주는 것이다.[66]

방직사업조절위원회가 성립된 직후 비록 협정가격을 폐지해 달라는 민영사창 측의 요구를 온전히 수용할 수는 없었지만, 방직공업 측의 어려움을 고려하여 경영을 부조하는 몇 가지 정책을 시행하였다. 그 중에서도 가장 주목할 만한 것이 바로 '기동의가판법'으로서, 말하자면 협정가격을 수시로 기동성있게 변동시켜 사창의 생산코스트에 부합시킨다는 내용이었다. 더욱이 기동의가판법 이외에 국내면화를 수매하기 위한 계획을 수립하고, 중방공사와 민영사창의 적극적인 참여 아래 원면의 부족현상을 해결하고자 하였다.[67]

6월 26일, 방직사업조절위원회 제2차 위원회는 연합판매의 방침을 결정하였다. 주요한 내용을 살펴보면, 정부가 보유한 외환으로 방조회가 외국으로부터 수입한 면화를 구매한 이후 이를 일괄적으로 국영사창과 민영사창에 배급한다는 내용이었다. 수입면화를 원면으로 사용

---

66) 방직사업조절위원회 위원의 명단은 金志煥, 『中國紡織建設公司研究』, 復旦大學出版社, 2006, p.141 참조.

67) 金志煥, 『戰後中國經濟史』, 고려대학교출판부, 2010, p.149.

하여 사창에서 생산된 면사와 면포를 가격을 억제하기 위한 목적에서 집중적으로 투매한다는 원칙을 정하였다.

방직사업조절위원회는 중국방직건설공사, 민영사창과의 공동행동을 제안하고, 이를 통해 시가의 안정과 암시장의 소멸을 실현하고자 하였다. 행정원은 비록 최종 방안은 아니었지만 민영사창의 모든 생산품을 연합판매하는 방안까지도 고려하고 있었다. 그러나 민영사창 측에서는 이러한 방안에 반대하였으며, 이를 자유경영의 권리를 침해하는 행위로 간주하였다.[68]

10월 23일 전국경제위원회는 연합판매 방안에 대한 원칙을 정하였는데, 주요한 내용은 중방공사와 민영사창의 생산품을 증명서에 의거하여 배급, 판매한다는 내용이었다. 면사상이나 복제업[69]은 반드시 방조회로부터 구사증(면사구매증)을 분배받은 이후에 비로소 사창으로부터 면사를 구매할 수 있도록 하였다. 말하자면 각 사창은 구사증을 소유한 상인과만 상행위를 할 수 있도록 허가되었으며, 반드시 방조회의 협정가격에 따라 판매하도록 하는 내용이었다.[70]

정부의 입장에서 보자면 물가의 억제라는 정책 기조에 따라 면사포의 협정가격이 시가보다 낮을 것임은 예상할 수 있는 일이었다. 이러한 이유에서 민영사창에서는 이와 같은 방식의 연합판매 방식을 받아들일 수 없었으며, 따라서 연합판매의 실행은 계속 늦추어질 수밖에 없었다. 경제부장 진계천은 민영사창이 계속해서 고의적으로 연합판매의 실시를 지연시킬 경우 부득이 방조회를 철폐하고 경찰로 하여금 통제정책을 집행하도록 할 수밖에 없다고 경고하였다.

68) 『商報』, 1947.7.11.
69) 면사나 면포를 구매하여 옷감, 수건, 피복류 등 2차 가공품을 만드는 업종
70) 『申報』, 1947.10.24.

한편 6구공회는 회원대회를 소집하여 이와 같은 연합판매의 방안에 절대 반대한다는 결의문을 채택하였다. 10월 29일 6구공회는 상무이사회를 개최하고 연합판매 방안을 논의하였는데, 정부의 면사 구매가 사실상 당초 약속했던 기동성을 결여하고 있다고 비판하였다. 더욱이 원면의 공급에 대한 보장이 없는 등 이와 같은 전제조건이 충족되지 않는한 정부의 방침에 협조하지 않기로 결정하였다.[71]

민영사창의 강한 반대에 부딪히자, 11월 8일 방조회는 민영사창에 정부에서 수입한 외면으로 생산된 면사를 연합판매하는 대신, 그 외의 분량에 한해서는 6구공회 스스로의 조직과 통제를 통해 자율적으로 처리하도록 양보할 수밖에 없었다.[72] 기존에는 각 민영사창에서 생산된 일부 제품을 방조회의 대리 판매기관이라 할 수 있는 중방공사가 대행하고 있었다. 그런데 중방공사가 수매하여 판매하는 수량 이외에 민영사창이 자율적으로 판매하는 분량의 경우는 대부분 협정가격을 준수하지 않았으며, 이는 암시장의 창궐과 밀접한 관계를 가지고 있었다.

방직사업조절위원회로서는 민영사창의 핵심적인 요구사항인 자유경영과 자율적 통제를 그대로 받아들일 수는 없었지만 이들의 요구를 부분적으로 받아들이는 양보안을 여러 차례에 걸쳐 내놓았다. 그러나 이와 같은 양보안은 민영사창 측의 요구를 만족시키지 못하였으며, 이러한 상황 속에서 양자의 갈등과 대립은 12월까지 지속되었다.

더욱이 민영사창은 이와 같은 통제정책을 전국에 걸쳐 동시적으로 실시할 것과 통제의 영역을 면화, 면사, 면포의 모든 영역으로 확대하

---

71) 『公益工商通訊』2卷 3期, 1947.11.15, pp.24-25.

72) 金志煥, 『中國紡織建設公司研究』, 復旦大學出版社, 2006, pp.160-161.

여 실시할 것, 원료 및 경영자금의 지원 등을 정부에 요구하였다. 이에 방조회의 주임위원인 원량은 회유책으로 민영사창의 자율 판매 분량에 한해서는 이후 협정가격의 적용에 융통성을 발휘할 여지가 있다는 점을 제시하였으나 민영사창 측은 여전히 받아들이지 않았다. 민영사창의 영수 겸 참의원인 영홍원, 유정기 등은 상해시참의회에서 정부의 정책을 강력히 비판하며 경영의 자유와 자율적 통제를 적극 요구하였다.[73)

한편, 이와 같은 양자의 대립 속에서 일용필수품의 주요한 항목인 면제품의 가격은 급등하였으며, 중국 일반경제는 전반적인 물가 상승과 급격한 통화팽창의 나락으로 빠져들고 있었다. 암시장은 창궐하였으며, 면사포의 가격은 더 이상 통제가 불가능하였다. 방조회의 성립은 국민정부와 민영사창의 전면적인 합작을 의미하였으나, 현실적인 이유에서 방조회는 협정가격의 폐지와 자율경영의 요구를 받아들일 수 없었다.

방조회가 몇 차례에 걸쳐 제시한 양보안에도 불구하고 민영사창은 여전히 연합판매 방식에 동의하지 않았다. 암시장의 창궐과 면사포가격의 급등 속에서 국민정부는 방직사업조절위원회의 개조를 결정하였으며, 그 결과 국민정부와 면업자본가의 협조관계는 파열로 치닫게 되었다.

1948년 12월 12일 국민정부 행정원은 경제부에 훈령을 내려 방직사업조절위원회를 폐지하고 전국화사포관리위원회(사관회)로 개조할 것을 명령하였다. 사관회는 방직공업의 전면적인 통제를 선언하였는데, 이는 원료, 생산, 소비에 이르기까지 모든 생산, 유통, 소비의 모든

---

73) 『公益工商通訊』2卷 3期, 1947.11.15, p.24.

영역에 대한 전면적인 통제를 의미하였다.[74] 비록 민영사창은 자율통제를 희망한다는 뜻을 전하였으나 받아들여지지 않았다.

전국화사포관리위원회의 면업통제는 면화통제, 면사통제, 면포통제로 나누어졌으며, 면화 역시 자유매매를 금지하였다. 이를 통해 전면적인 대방대직代紡代織(방적업과 방직업의 위임 생산)의 실시를 선언하였다. 대체적인 원칙은 다음과 같다.

1) 국내면화의 통일적 수매統購國棉 : 중국방직건설공사에 국내면화의 수매를 위탁하며, 면화의 수매를 전면적으로 통제한다.

2) 방적과 방직의 위임代紡代織 : 면사를 수매할 때 면화로 대금을 지불하고, 면포를 수매할 때에는 면사를 제공하여 결제한다以花易紗, 以紗易布라는 실물교환을 원칙으로 한다. 말하자면 생산을 위한 원료는 정부에 의해 공급되며, 생산된 제품은 모두 정부가 장악함으로써 사재기와 암시장의 소멸을 도모한다.

3) 합리적 배급 판매合理配銷 : 정부가 장악한 면사포를 복제공장(2차 가공공장) 혹은 동업단체에 직접 배급 판매한다.[75]

전국화사포관리위원회는 소수의 방직업계 인사를 고문으로 두기는 했지만, 위원회의 구성에서는 사실상 배제시킴으로써 방직업계에 대한 정부의 불신을 잘 보여주고 있다. 주임위원인 원량袁良은 상해시공안국장 출신이었다. 경제부장 진계천은 사관회의 설립 목적에 대해 "연합배소에서 민영사창은 수개월에 걸친 협상으로 시간을 지연시키면서 조금도 합작에 성의를 보이지 않았다. 따라서 정부로서는 부득불

---

74) 金志煥, 『中國紡織建設公司硏究』, 復旦大學出版社, 2006, p.167.
75) 『經濟週報』5卷 24期, 1947.12.11, p7.

방침을 변경하여 전면 통제, 즉 원료의 획득에서 제품의 배급, 판매에 이르기까지 일체의 과정을 통제하기로 결정하였다"라는 입장을 밝혔다.[76]

그럼에도 불구하고 민영사창 측은 화사포의 전면통제에 냉담했을 뿐만 아니라 현실성이 없다고 판단하였다. 사실 전국화사포관리위원회의 전면적 통제는 정부에 의한 면화의 안정적 확보를 기조로 비로소 가능한 일이었다. 그러나 민영사창 측은 사관회의 원면 장악능력에 기본적으로 회의적인 입장을 견지하고 있었다.

전국화사포관리위원회는 각 민영사창의 면사포 생산과 유통을 감시하기 위해 중방공사에서 훈련을 통해 양성된 주창전원(사창에 주재하며 생산활동을 감시하는 전문인력)을 파견하기로 결정하였다. 민영사창은 주창전원의 파견을 반대하는 성명을 내는 동시에, 이를 자유경영권에 대한 간섭으로 규정하며 신랄하게 비판하였다.[77]

이와 함께 전국화사포관리위원회는 중국방직건설공사 동사회(이사회)와의 협의 형식으로 국내면화의 수매를 모두 중방공사에 위탁하기로 결정하였다. 중방공사의 국내면화 수매 노력에도 불구하고 4월 10일까지 총수매량은 3만 담에 불구하여 원래 계획량의 100만 담의 목표와는 큰 차이를 보였다. 면화를 수매하는 과정에서 주요한 장애의 하나는 바로 운송문제였다. 정치, 군사적 불안정은 면산지와 사창 집중구 사이의 연계를 약화시켰다.

이와 함께 수매업무의 과정에서 가격의 제한 원칙으로 말미암아 탄력성있는 가격의 조정이 원활하게 이루어질 수 없었다. 사관회의 경직

---

76) 金志煥, 『中國紡織建設公司研究』, 復旦大學出版社, 2006, p.171.
77) 金志煥, 『中國紡織建設公司研究』, 復旦大學出版社, 2006, p.175.

된 가격 제한정책으로 말미암아 부단히 상승하는 면화의 가격을 따라잡을 수 없었다. 5월에 들어서면서 중방공사는 어쩔 수 없이 면화의 대리 수매업무를 사실상 중단할 수밖에 없었다. 면화 수매가 원활히 진행되지 못하자 원료면화의 부족은 방직업계의 전반적인 원료 부족 현상을 초래하였으며, 면화의 가격은 하루가 다르게 상승하였다.

면화 수매업무가 순조롭게 진행되지 못하자 화사포의 전면적인 통제정책인 대방대직, 통구통소(통일적 구매, 통일적 판매) 역시 실시될 수 없었다. 면화의 작황이 사창의 생산에 심각한 영향을 미치자 민영사창 대표들은 국민대회 등 다양한 통로를 통해 전국화사포관리위원회의 철폐와 경제통제정책의 전면적인 폐지를 요구하였다.

이러한 가운데 상해시참의회는 전국화사포관리위원회의 정책을 정면으로 비판하였으며, 7월 29일 입법원은 사관회의 예산을 전면적으로 취소하는 방안에 대해 논의하였다. 이에 공상부 내에서도 사관회의 철폐와 대체기구의 필요성을 제기하기 시작하였다. 8월 20일 행정원은 결국 사관회의 철폐를 결정하고 모든 면사포의 배급 및 판매업무를 일괄적으로 중국방직건설공사에 일임하였다.[78]

전국화사포관리위원회는 당초 화사포의 전면적인 통제 및 대방대직, 통구통소 정책을 실시하려 하였으나, 이는 모두 원면의 순조로운 공급을 전제로 가능한 것이었다. 중방공사는 원면의 수매를 대행하였으나 소기의 성과를 거둘 수 없었다. 원면 부족으로 인해 대방대직과 사포배소의 실시가 불가능하게 되면서 결국 사관회는 해체되고 말았다. 전국화사포관리위원회의 해체는 국민정부가 실시한 면업통제정책의 전면 파산을 선언한 것과 다름없었다.

78) 『紗布日報』, 1948.7.31.

사관회가 철폐된 이후에 국민정부의 면업정책은 원면의 공급을 장악하는 것과 면사포가격의 상승을 억제하는 데 중점이 두어졌다. 전자는 중방공사가 중국은행과 합작하여 민영사창과의 협력 속에서 추진되었으며, 후자는 중방공사의 주도로 투매정책을 시행하는 것이 주요한 내용이었다. 이 밖에도 원면의 공급에서 특별히 미국으로부터 원조면화를 도입하는 것과 분배 과정을 중방공사가 주도적으로 관리한다는 내용이었다.[79]

면화의 확보 이외에 국민정부는 특히 면사포가격의 상승을 억제하는 데 노력을 경주하였다. 이러한 가운데 1948년 8월 19일 국민정부가 '재정경제긴급처분령'을 발포하면서 금원권의 발행을 선포한 이후 모든 물가와 임금이 전면적으로 동결하였다. 비록 74일간 물가가 강제적으로 동결되었지만 통화팽창과 물가를 억제하기 위한 이와 같은 경직된 정책은 정부와 자본가 사이의 모순을 격화시켰다.[80]

8월 19일부터 가격의 제한이 실시되었으나, 원료면화의 부족으로 인한 생산코스트의 상승은 이미 동결된 면사포가격과 부합할 수 없었다. 장경국을 중심으로 한 경제독도원의 엄중한 단속에도 불구하고 암시장은 여전히 창궐하였으며, 면사포가격의 동결은 오히려 거래를 정지시켜 물자 부족을 심화시켰다.[81] 결국 11월 1일, 국민정부 행정원은 경제긴급처분령 및 가격 제한 정책의 전면적인 포기를 선언하고 말았다.

중방공사는 면사포가격의 안정을 위해 대대적으로 저가 면화를 투매하는 정책을 실시하였으나, 만물 가격의 폭등 속에서 면사포가격의

---

79) 金志煥, 『中國紡織建設公司硏究』, 復旦大學出版社, 2006, pp.200-201.

80) 金志煥, 『戰後中國經濟史』, 고려대학교출판부, 2010, p.248.

81) 金志煥, 『中國紡織建設公司硏究』, 復旦大學出版社, 2006, pp.208-209.

상승을 통제할 수는 없었다. 암시장은 더욱 창궐하였으며, 중국의 방직공업은 이미 전반적인 파산의 국면으로 접어들었다.

6. 국민정부의 경제정책과 자본가의 동향

앞서 언급했다시피 중국국민정부는 전후 경제건설과 생산설비의 복원 과정에서 선진적 기계설비와 높은 생산력을 보유한 상해 등 소절환지역 동업공회와의 협력을 통해 전후 경제통제정책을 실시하기로 방침을 결정하였다. 뿐만 아니라 과거 일본자본 사창인 적산을 국영화하여 중국방직건설공사를 설립함으로써 이들의 선진적인 생산력을 적극 활용하였으며, 이러한 과정에서 전시 일본 기술인원들의 역량과 경영방식을 적극 흡수하였다.

이와 같은 전후 처리 방식은 국민정부를 따라 중경 등 후방으로 천이했던 자본가들이 요구해 온 적산의 민영화 및 전시 항전에 대한 공헌과 희생의 대가로서 적산의 경영 및 소유권에 대한 우선적 승계와는 배치되는 내용이었다. 국민정부는 전시 후방 공업계의 희생을 강요하면서도 한편으로 전후 적산에 대한 우선 승계를 약속하였으나, 종전 이후 중국경제의 상황은 전시 보상만을 가지고 적산을 처리하기 어려운 상황에 몰려있었다.

적지 않은 여론은 "국민정부가 전후 어려움에 처한 후방의 공업을 도태되어야 할 존재로 여기고, 반대로 상해의 매판 공상자본가들에 대해서는 경영이 견실하고 기업심이 왕성하며 높은 기술력을 보유하고 있다고 칭찬을 아끼지 않고 있다. 정부는 전시 상해사창이 적에 부역한 사실을 외면하고 있다"[82]라고 비판적인 의견을 개진하였다.

종전 직후 경제적 어려움 속에서 적지 않은 공상업계의 자본가들은 자신들의 이해를 정책에 반영하기 위한 목적에서 참정운동에 적극 참여하였다. 이러한 움직임은 후방공업이 이미 전시 경제통제에 대한 반발심을 가지고 있던 차에, 종전 직후 정부의 경제정책이 이들의 요구와는 배치되는 방향으로 전개되자 본격적으로 드러나게 된 것으로 보인다. 실제로 이들은 참정회, 국민대회 및 정치협상회의 등에 자신들의 경제적 주장을 제출하였을 뿐만 아니라 나아가 내전의 정지, 국공화해 등 정치적 주장까지도 대담하게 제기하였다.

방직업계의 대표적인 정기간행물인 『방직주간』은 "방직업계는 우리 산업계에서 가장 많은 노동자와 가장 웅후한 자본력을 지녀 거대한 역량을 보유하고 있다. 우리는 마땅히 단결하여 반내전의 조류로 산업계를 영도해 나아가야 한다"[83]고 주장하였다.

경제계 영수인 오승희도 "무엇보다도 평화와 민주를 쟁취하는 것이 시급한 과제이다. 자본가는 적극적으로 모든 민주세력과 연계하여 정치에 참여하고 정권에 간여해야 한다. 화평과 민주정치의 국면하에서 자산계급의 사업과 이익이 비로소 가장 유력한 보장을 받게 될 것이며, 아울러 가장 순조로운 발전을 기대할 수 있게 될 것이다"[84]라고 주장하였다.

1946년 7월 1일부터 5일까지, 국민정부 경제부는 공상업계 영수와 경제전문가를 소집하여 경제계획위원회 전체회의를 개최하였다. 이 회의에 참석한 인사들은 정치 안정이 물가 관리와 기타 경제정책의 선결조건임을 강조하였다. 1946년 8월 8일, 경제위기가 날로 엄중해지면서 상해시상회, 전국공업협회상해분회 등은 상해공상계진경청원단

---

82) 『經濟通訊』2卷 47,48期合刊, 1947.12.13, p.1501.
83) 『紡織周刊』7卷 15期, 1946.4.29, p.482.
84) 『經濟週報』4卷 3期, 1947.1.16, p.10.

을 조직하고, 다음 날인 9일 국민정부 각 기관에 공상업의 엄중한 위기를 구제해 주도록 청원하였다. 청원에서 이들은 내전의 소모가 통화팽창과 물가 급등을 초래하고, 이것이 다시 공상업의 생산 원가를 상승시키기 때문에 내전 정지를 요구하는 것임을 명확히 천명하였다.[85]

국민정부가 실시한 면사포의 가격 제한과 투매, 그리고 중국공산당의 세력 확대와 끊임없는 국공 간의 내전은 중국 방직공업의 경영에 전반적으로 심대한 충격과 부정적인 결과를 가져다 주었다. 1947년 중반 이후, 특히 1948년 이후 내전의 확대, 통화팽창, 물가 급등, 교통운수의 지체, 면업통제정책의 강화 등 복합적인 환경 속에서 중국 경제는 날로 악화되었으며, 방직공업의 경영환경도 급속히 악화되었다. 이와 같은 상황 속에서 전국에 걸쳐 자본의 전반적인 남류현상이 보편적인 추세로 나타났다. 이러한 추세는 동북자본의 관내 유입, 화북자본의 상해 유입, 서북자본의 동류, 상해자본의 남류, 화남자본의 외류로 상징되었다.

남류한 자본의 목적지는 대부분 홍콩과 대만이었다. 홍콩으로 흘러들어간 자본의 일부는 다시 미국 등 국외로 빠져나갔으며, 나머지는 홍콩시장에서 부동산, 황금의 투기, 그리고 일부 공업투자에 충당되었다. 1948년 1월부터 4월까지 홍콩에 등기된 공장은 모두 105개였으며 39개 공장이 등기 신청 중에 있었는데, 이 가운데 60퍼센트가 중국 국내자금으로 개설된 것이다. 자본이 홍콩, 대만 등으로 남류하여 도피하는 현상은 중국 공업의 위기를 단적으로 보여주는 것이다.

자본의 국외 유출은 바로 국민정부의 경제통제정책과 밀접한 관련을 가지고 있었다. 당시 방직업계의 출판물은 이 문제에 대해 "기업가

---

85) 『紡織周刊』7卷 21期, 1946.8.14, p.665.

들은 국내에서 공업을 경영할 경우 이윤을 획득할 수 없을 뿐 아니라, 도리어 손해를 보게 된다고 생각하여 공장의 이전을 적극 모색하였다. 이러한 결과 홍콩은 중국공업의 피난처가 되었으며, 신흥공장들이 우후죽순처럼 설립되었다"[86]라고 기록하였다.

신신사창 총경리인 영홍원도 "홍콩 공상업의 기형적인 번영은 사실은 국내의 전란과 불합리한 공상업 통제가 초래한 것이다. 자본가들이 홍콩에 공장을 세워 자금을 유출시키는 행위는 부득이한 조치이다. 현재 실시되고 있는 면업에 대한 통제정책은 마땅히 합리적으로 개선되지 않으면 안된다"[87]라고 하여 국민정부가 실시하고 있는 경제통제 정책에 불만을 토로하였다.

중국의 대표적인 신문인『신보』역시 "공업이 홍콩으로 이전하는 것은 국내의 통제를 회피하려는 데 그 목적이 있다. 자본의 도피는 필연적으로 물자의 부족을 한층 가속화시킬 것임에 틀림없다"[88]라고 하여 방직자본가의 자본 국외유출을 비난하였다.

적지 않은 방직공장들이 종전 초기에 외국으로부터 구입하기로 기계약한 기계설비를 홍콩과 대만으로 수입하여 공장을 개설하였다. 신신사창 제9창은 이와 같은 방법으로 홍콩에 방추 수 38,600추 규모의 위륜사창을 설립하였으며, 신신사창 제1창도 홍콩에 25,000추 규모의 남양사창을 설립하였으며, 외국에서 새로 구입하기로 계약한 방직설비도 모두 홍콩과 대만으로 직수입하였다.[89]

이 밖에 직접 공장의 기계설비를 해체하여 국외로 이전하는 방법도

---

86) 『紡聲』2期, 1948.7, p.13.
87) 『公益工商通訊』3卷 5期, 1948.6.15, p.21.
88) 『申報』, 1948.4.25.
89) 朱龍湛, 「榮氏兄弟和申新一廠」, 『20世紀上海文史資料文庫』3, 1999.9, p.91.

종종 사용되었다. 신신사창 제2창과 제5창은 상해의 공장설비를 철거하여 18,400추 규모의 광주방직창 제2창을 설립하였다.[90] 신신사창 제1창도 방추 5,040추, 직포기 200대를 대만으로 이전하여 분창을 설립하였다.[91] 1949년이 되면 신신사창은 심지어 태국에 신공장을 설립하려는 계획까지 수립할 정도였다.[92]

공업 가운데 가장 많은 노동자를 고용하고 있던 방직공업의 붕괴 및 자본의 해외 유출은 실업과 노동운동 등 심각한 사회문제를 야기하였다. 1948년 12월 7일, 상해시총공회는 제3차 상무이사회를 개최하였는데, 회의에서 이사장 주학상은 "상해의 공장들이 이전하면서 노동자의 생계를 전혀 고려하지 않고 있다. 우리는 정부에 고의로 공장을 폐쇄하거나 영업을 중단할 수 없도록 엄정한 법률을 제정해 줄 것을 요구할 것이다. 만일 부득이하게 공장을 이전해야 할 경우라면 마땅히 노동자 및 전 가족도 함께 이주하도록 조치해야 한다. 이러한 과정에서 소요되는 모든 비용은 마땅히 자본가 측에서 부담해야 하며, 노동자가 생산활동을 지속할 수 있도록 하여 실업을 방지하고, 생계를 보장해 주어야 한다"[93]라고 주장하였다.

이러한 가운데 국공내전이 격화되면서 전국의 경제는 심각한 불황의 나락으로 빠져들었다. 이미 1947년 6월 이후 동북지방에서 중국공산당의 세력이 확대되면서 중방공사 동북분공사는 심각한 경영난에

---

90) 許維雍, 黃漢民, 『榮家企業發展史』, 人民出版社, 1985.12, pp.258-259.

91) 上海社會科學院經濟硏究所編, 『榮家企業史料』下, 上海人民出版社, 1980, p.649.

92) 上海社會科學院經濟硏究所編, 『榮家企業史料』下, 上海人民出版社, 1980, p.662.

93) 『紡織建設月刊』2卷 1期, 1948.12.15, p.111.

직면하였다. 이러한 와중에서 1948년 11월 20일, 중방공사 이사회는 상해, 천진, 청도지역의 방직설비 가운데 7만 5,000추를 대만과 홍콩 등으로 이전하기로 결정하였다.[94]

　민영사창에서도 공장설비와 자본을 대만이나 홍콩, 혹은 기타 국외로 이전하려는 움직임이 점점 가시화되었다. 그러자 공장노동자들은 이와 같은 설비 이전의 움직임에 반대의 기치를 올리는 동시에, 이를 저지하기 위해 공장보호운동(호창운동)을 대대적으로 전개하였다. 이미 1946년 가을 중국공산당의 지시에 근거하여 상해에서는 방직공업 방면의 지하당소조가 결성되었으며, 그 하부조직으로서 중국방직사업협진회가 성립되었다. 일찍이 1946년 4월 주은래는 허척신과 함께 상해를 방문하여 방직업계 관련 인사들과 폭넓게 접촉하는 한편, 이들에게 단결하여 해방을 영접하도록 강력히 요구한 바 있다.

　상해를 중심으로 중국공산당 지하당소조는 중국방직사업협진회를 조직하고 허척신과 주은래, 동필무 등을 중심으로 노동자들의 호창운동을 적극적으로 지도해 나갔다. 협진회의 간부들은 다시 중국방직학회 등 방직공업의 여러 단체 등에 침투하여 이들의 활동을 주도하였으며, 나아가 중방공사의 상층 인물들을 적극 포섭해 나갔다.

　이와 함께 중국공산당은 여러 차례에 걸쳐 전국 규모의 공상회의를 개최하여 공상업정책을 발표하였는데, 여기서 공상업의 발전을 적극 보호, 지지하고 민간자본의 보호와 발전의 원칙을 확인하였으며, 나아가 국영기업의 해체와 민간에의 배분 및 민영화를 약속하였다. 이러한 결과 협진회는 고육천, 범증천 등 중방공사 상층부 및 민영사창의 영덕생, 유정기, 유국균, 곽체활 등 수많은 방직자본가들을 포섭할 수

---

94)『紡織週刊』10卷 4期, 1948.11.29, p.2.

있었다.

이들은 중화인민공화국이 수립된 이후 대륙에 그대로 잔류하였는데, 방직업계의 영수이자 대표적 인물인 영덕생은 1948년 말 공개적으로 "생각해보니 공산당도 실업이 필요할 것인데, 아무리 나쁘다 하더라도 국민당보다야 더 하겠는가"라고 하며, 공공연히 국민당 면업 정책을 비판하면서 대륙에서 잔류하겠다는 의사를 표명하였다.

제**6**장

결론

    중국에서 경제영역과 공상업, 기업의 경영에 대한 국가권력의 적극
적인 개입은 세계공황 직후인 1930년대 초에 본격적으로 모색되기 시
작하였다. 이러한 가운데 중일전쟁과 태평양전쟁의 발발은 경제활동
에 대한 국가권력의 개입을 더욱 심화시켰으며, 이로 말미암아 중국은
본격적으로 전시경제체제에 돌입하게 되었다.

    중국국민정부의 전시 경제통제정책은 전쟁 발발 직후 상해 등 연안
지역 생산설비의 대후방(국민정부 통치구) 이전이 단초가 되었다고
할 수 있다. 전쟁의 장기화가 총력전의 양상으로 전개될 것을 고려하
여 항전을 위한 물질적 기초를 확보하고, 나아가 후방의 군수와 민생
수요를 확보하기 위해 공상업의 내지 이전은 중요한 현안이 아닐 수
없었다.

    그러나 국민정부의 적극적인 의지에도 불구하고 상해 등 연안지역
의 다수 공상자본가들은 내지 이전에 소극적이었다. 여기에는 상해가
가지고 있는 국제적 성격에 주요한 원인이 있었다. 상해 등 조계지역

은 미국, 영국 등 열강의 투자가 막대하여 전란으로부터 중립을 지켜온 역사적 경험을 가지고 있었다. 이러한 이유에서 공상자본가들은 상해지역의 정치적 안정을 기대하였으며, 실제로 미국은 중일전쟁에 대한 중립정책을 통해 상해조계의 안전을 보장받을 수 있었다. 오히려 기타 지역의 생산설비가 정치, 군사적으로 안전한 상해로 이전함으로써, 상해는 공전의 기형적 발전을 구가하였다.

비록 제한적이라 하더라도, 일부 공상자본가들은 국민정부를 따라 중경 등 내지로 생산설비를 이전하였으며, 막대한 희생을 바탕으로 항전을 물질적으로 지지했다고 할 수 있다. 따라서 내지 이전 정책의 성과가 한정적이었다고 하더라도 이를 성공과 실패의 양단으로 평가하기는 어려울 것이다. 그럼에도 불구하고 이후 후방지역에서 출현한 경제적 어려움은 전쟁 직후 추진된 내지 이전 정책이 소기의 성과를 충분히 달성하지 못한 것과 불가분의 관계를 가지고 있었다.

항전 시기에 국민정부가 경제통제정책을 실시한 목적은 군수 및 일용필수품을 확보하고, 나아가 항전의 물질적 기초를 확보하기 위한 것이었다. 따라서 전통적인 중국 측의 해석인 사대가족의 사적 이해 추구나 국민정부의 축재, 부패가 아니라 명백히 전시 경제상황에 대응하기 위한 정책이었다. 더욱이 상해 등으로부터의 물자 유입이 일본과 왕정위정부에 의해 통제되었기 때문에, 국민정부 통치구의 경제통제정책은 명백히 항전의 일환으로서 경제전의 성격을 가지고 있었다.

전시 물자의 부족과 이로 인한 일용필수품의 가격 급등은 전반적인 물가 상승으로 이어졌으며, 전시 통화팽창의 주요한 원인을 제공하였다. 더욱이 방대한 유휴자본이 일용필수품의 투기와 사재기, 매점매석 등에 집중되자, 면제품 등 일용필수품의 가격을 제한하는 것은 효과적인 가격 억제 정책이었음에 틀림없다. 그럼에도 불구하고 물가의 전반적인 상승 속에서 면제품만을 과도하게 통제하는 방식은 자본가의 불만을 사기에 충분했다. 국민정부는 면제품가격이 급등한 원인을 생산과 수급의 문제보다는 유휴자본에 의한 투기와 사재기 등 유통방면에서 찾아 이를 통제하는 데 주안점을 두었던 것이다.

이와 같은 경제적 손실과 부담은 오롯이 생산자인 기계제 사창을 비롯하여 중소직포창 및 수공직포업과 직공, 그리고 면화의 생산 농민에게 그대로 전가되었다. 전시 경제통제정책이 실행의 객관적 필요성에도 불구하고 방직업계가 전적으로 그 부담을 져야한다는 점은 수용하기 어려운 일이었다. 이와 같은 이유에서 방직업계는 면업통제정책에 소극적으로 대응하였으며, 국가권력과의 갈등도 피할 수 없었다.

국민정부의 면업통제정책이 소기의 성과를 거두지 못했던 이유 가운데 하나는, 정책의 시행 과정에서 재생산과정의 이윤을 확보하기 위해 정부가 책정한 제한가격에 협조하지 않고 스스로 암시장과 투기에 뛰어든 방직업계의 경제주의적 성향에서도 찾을 수 있다. 면화, 면사, 면포 등 면제품은 유휴자본의 주요한 투기대상이 되었으며, 방직자본가 스스로도 암시장과 연계되어 있었다. 이러한 점에서 면제품 유통의 통제에 중점을 둔 면업통제정책도 나름대로의 근거를 가지고 있었다고 할 수 있다.

그러나 면업통제정책과 방직자본가의 경제적 이해는 근본적으로 상호 융화되기 어려웠다. 무엇보다도 전시 면업통제정책을 시행하는 과정에서 스스로의 희생을 감내해야만 하는 방직업계의 동의를 이끌어내지 못한 국민정부의 비민주성에서 정책 실패의 주요한 책임을 찾을 수 있다. 더욱이 국민정부는 스스로 생산과 유통, 소비의 전 과정을 통제할만한 재정적, 정치적 역량도 결여하고 있었으며, 의욕만을 앞세운 통제정책의 비효율성이 국가의 재정 지출을 확대시킨 반면, 생산의 증가 및 일용필수품 가격의 안정이라는 본래의 목적을 달성할 수 없었던 것이다.

문제는 전시 국가권력과 공상자본가 사이의 갈등과 대립이 이미 상당한 정도에 도달해 있었다는 사실이다. 자본가들은 적어도 정부의 통제정책에 소극적이나마 협조하였으며, 자신들의 희생에 대한 대가를 전후 보상에서 찾으려 할 것임은 자명한 일이었다. 이렇게 본다면 종전 이후 국민정부의 적산 처리 과정에서 나타난 국가권력과 자본가 사이의 충돌과 모순은 이미 항전 시기에 배태되었다고 할 수 있다. 바꾸어 말하면, 항전 시기에 국민정부의 계급적 기초라 할 수 있는 자본가들의 지지와 협조가 이미 동요되기 시작했음을 알 수 있다.

한편, 상해 등 연안지역에서 전시 경제통제정책을 수행하기 위한 대표적인 기구가 바로 왕정위정부의 상업통제총회라고 할 수 있다. 상업통제총회가 성립되게 된 배경은 무엇보다도 태평양전쟁이 발발한 이후 심화된 중국 경제의 어려움에서 찾을 수 있다. 전쟁의 특수로 단기간의 기형적 호황이 출현한 상해 경제가 태평양전쟁을 계기로 본격적으로 불황의 늪에 빠지면서 왕정위정부에 대한 공상자본가 및 일반 시민들의 신뢰가 크게 동요되기 시작하였기 때문이다.

더욱이 장개석의 주도하에 항전이 지속되고 있는 상황에서 왕정위정부의 경제통제정책은 중경국민정부에 대한 대항책으로서 적극 모색된 결과이기도 하였다. 실제로 중경 등 국민정부 통치구에서 공산품 수요의 80퍼센트 전후가 상해로부터의 공급으로 충당되었으며, 더욱이 상해자본가들은 여전히 중경국민정부와의 연계를 지속하고 있었다. 따라서 왕정위정부의 입장에서 보자면, 정부국민정부 통치구에 대한 물자 및 경제봉쇄라는 전략적 측면에서도 상업통제총회의 성립과 경제통제의 실시는 매우 유효한 정책이 될 수 있었다.

　일본으로서는 미국과 영국 등 연합국 측에 대한 왕정위정부의 선전포고를 전제로 전향적인 양보정책을 실시하였으며, 이러한 정책 기조하에서 조계의 반환, 불평등조약의 폐지, 상업통제총회 설립과 면사포 수매정책에 대한 재정적 지원이 가능했던 것이다. 경제적 곤경과 이로 인한 왕정위정부에 대한 자본가 및 시민의 민심 이반이 상대적으로 대일항전의 주체인 중경국민정부의 세력을 강화하는 작용을 초래할 것임은 명백한 일이었다. 따라서 왕정위정부의 정책을 적극 지지하는 일은 일본 제국주의에게도 매우 중요한 과제가 아닐 수 없었다.

　일본은 왕정위정부가 통제하는 화폐(중저권, 저비권)의 가치를 지지하기 위해 일본으로부터 막대한 수량의 황금과 자본을 상해로 들여왔으며, 나아가 중국 소재의 일본기업들로 하여금 왕정위정부의 경제통제정책에 적극 협조하도록 하는 협력정책을 시행하였다. 더욱이 일본은 왕정위정부에게 무상으로 황금을 제공하여 면사포의 수매자금으로 활용하도록 지원하였으며, 일본 창상(공장과 상점)으로부터 수매한 면사포의 대금으로 일본 국채를 지급함으로써 통화의 방출을 최소화함으로써 통화팽창의 억제에 주의하였다. 이렇게 본다면, 오히려 일본 창상(공장과 상점)의 희생 위에서 면사포 수매정책으로 대표되는 상업통제총회의 경제통제정책이 비로소 시행 가능했던 것이다.

　따라서 상업통제총회는 일본이 전시 중국으로부터 자원과 물자를 수탈하기 위한 기구보다는 오히려 왕정위정부 주도의 비상경제대책 기구로서의 성격이 강했다고 할 수 있다. 일본의 입장에서는 눈앞의 물자를 수탈하는 것보다도 오히려 중국에서 강력한 협력정권의 존재가 한층 절실했던 것이다. 이를 위해서는 무엇보다도 중국의 경제위기 해결에 기여함으로써 왕정위정부에 대한 자본가와 일반의 신뢰를 회복하도록 하지 않으면 안되었던 것이다.

왕정위정부는 상업통제총회의 설립과 운용 과정에서 당초부터 상해자본가들과의 연계와 협력을 적극적으로 모색하였다. 이러한 이유는 상해의 공상업계, 금융계의 자본가들이 경제활동의 주체일 뿐만 아니라 투기와 사재기 등 물가의 상승과 경제적 어려움을 촉발시킨 장본인이기도 했기 때문이다. 왕정위정부는 상해자본가들을 상업통제총회의 위원으로 영입했으며, 이들을 정책 추진의 주체로서 위치시킴으로써 국가권력과 자본가 사이의 협력을 적극 모색한 것이다.

상업통제총회의 성립과 면사포 수매정책의 배경에는 전후 상해를 중심으로 한 물가의 급등과 통화팽창 등 심각한 경제위기가 있었다. 그런데 상해 경제의 위기는 은행 등 금융자본가 및 공상자본가들에 의해 인위적으로 조성된 투기행위에도 적지 않은 원인이 있었다. 이에 왕정위정부는 국가권력이 중층적인 유통단계에 개입함으로써 생산과 소비를 직접 연계시켜 매점매석과 투기행위를 근절하고자 한 것이다. 특히 상해로 몰려든 유휴자본의 대부분이 면사포의 투기에 집중되자, 면사포의 통일적 수매와 배급을 총괄하기 위해 설립된 기구가 바로 상업통제총회였으며, 대표적인 정책이 면사포 수매정책이었던 것이다.

상업통제총회는 성립 직후 곧바로 투기와 사재기의 주요한 대상이었던 면사와 면포의 수량을 조사하여 강제 수매에 착수하였다. 면사포의 수매정책은 물자조사위원회, 물자통제심의위원회 등과의 긴밀한 협조 속에서 강제적으로 진행되었다. 단기간 내에 상해 내 공영, 사영 창고에 보관되어 있던 면사, 면포의 수량이 파악되었으며, 상업통제총회는 이를 바탕으로 강제 수매에 착수하였다.

이러한 결과 기존에 면사, 면포의 사재기와 암시장에서의 투매를 통해 막대한 이윤을 챙겼던 공상자본가들은 심대한 타격을 입게 되었으며, 상해의 물가는 일시적으로 급속히 하락하였다. 그러나 상통회가 시행한 면사포 수매정책은 공상자본가의 강력한 반발과 저항을 불러일으켰다.

그러나 자본가들의 투기행위로 말미암아 일용필수품인 면사포가 이미 투기대상으로 전락한 상황에서, 일반 시민들은 오히려 면사포 수매정책에 상당히 우호적일 수밖에 없었다. 더욱이 면사포 수매정책은 단기적이나마 투기행위를 억제하고 유휴자본을 동결시킴으로써 물가의 상승을 억제하는 기능을 효과적으로 수행하였다. 이러한 의미에서 왕정위정부의 면사포 수매정책은 결과적으로 정권에 대한 일반의 유대나 신뢰 형성에 일정 정도 기여했다고 볼 수 있다.

경제정책의 일시적 효과에도 불구하고 투기의 단속만으로 전시 물자 부족과 수급의 불균형을 해소할 수는 없었으며, 근본적인 물가의 상승과 통화팽창의 저지 역시 불가능한 일이었다. 전시 물자의 대량소모와 수요 및 공급 간의 불균형, 대외무역의 두절 등으로 야기된 경제의 총체적 악화는 이와 같은 국지적인 경제정책을 통해 해결될 수 있는 정도의 상황이 아니었다.

뿐만 아니라 일본 제국주의의 강력한 지지 위에서 민심으로부터 유리된 왕정위정부가 추진한 경제정책은 비록 경제적 상황에 비추어 시행의 타당성을 가지고 있다 할지라도 지속적인 효과를 달성하기는 어려운 일이었다. 따라서 상업통제총회와 면사포의 수매정책은 일시적 성과에도 불구하고 전체 경제에 대한 영향은 제한적이었다고 평가할 수 있다. 마찬가지로 왕정위정부의 경제정책에 대한 협조가 불가피했던 상해 공상자본가로서는 전후 처리의 과정에서 정치적 정당성을 상실하는 원인이 되었다고 할 수 있다.

중일전쟁 시기의 경제통제정책은 이차대전 종전 직후 새로운 국면으로 접어들었다. 비록 경제통제정책의 내용과 시행 주체에 다소 변화가 있기는 했지만, 상해를 비롯한 중국 전역은 종전 직후 일용필수품의 수급 불균형, 물가 급등, 실업, 통화팽창 등 전시보다 한층 엄중한 경제적 위기에 봉착하였다.

한편, 중일전쟁이 발발한 직후 내지로 이전한 공상자본가들은 항전 승리에 크게 공헌하였다. 전시 국민정부는 이들의 협조와 희생을 극대화하기 위한 방편으로서, 전쟁이 종결될 경우 적산의 민영화 과정에서 이들에 대한 우선적 권리를 누차 약속해 왔다. 그러나 종전 직후 중국 전반에 걸친 엄중한 경제적 어려움으로 말미암아 국민정부는 전시의 약속을 그대로 이행하기 어렵게 되었다.

전시 억눌렸던 수요가 일거에 폭발하면서 수급에 불균형이 초래되고, 다시 물가의 폭등과 통화팽창이 야기되었다. 공상자본가들은 화폐의 가치를 보존하기 위해 다투어 투기와 매점매석에 뛰어들었으며, 암시장이 창궐하면서 물자의 부족과 물가가 급등하는 악순환이 반복되었다. 적산의 폐쇄로 말미암아 실업에 처한 수십만 명의 노동자들은 연일 거리로 쏟아져 나와 정권의 안정마저 위협하였다.

이러한 경제적 어려움을 근본적으로 해결하기 위해서는 전쟁으로 파괴된 생산설비를 시급히 복구하고 생산력을 제고하여 일자리를 창출함으로써 실업을 해소하는 것이 유일한 길이었다. 이에 국민정부는 종전 후 경제건설의 과정에서 전시 정치적 정당성의 결여로 어려움에 처해있던 상해 등 수복구(전시 적점령구) 공상자본가들이 보유한 선진적 기계설비와 높은 노동생산성에 주목하였다. 반면, 전시 후방 공상자본가의 막대한 공헌에도 불구하고 이들이 전후 경제건설을 담당하기에는 역량이 부족하다고 판단하였다. 종전 후 절박한 경제위기에 직면한 국민정부로서는 적산기업의 처리 과정에서 단지 전시 공헌에 대한 보상이라는 측면만을 고려할 수는 없었던 것이다.

국민정부는 전후 경제건설의 과정에서 상해 등 수복구 공상자본가 및 일본자본 기업의 기술자들이 보유한 역량을 적극 동원하였다. 국민 정부가 추진한 경제정책 역시 상해 공상자본가들의 협조 없이는 실행 이 불가능하였다. 그러나 당초 물가의 억제라는 취지에서 입안된 경제 통제정책은 근본적으로 자본가의 이익과는 모순관계에 있었다. 자본 가들은 정부의 정책에 협조하지 않았을 뿐만 아니라, 오히려 자사의 제품을 매점매석하거나 몰래 암시장으로 빼돌려 이익을 챙겼다. 이러 한 양태는 전시 경제통제정책에서 국가권력과 자본가 사이의 모순과 갈등이 그대로 재현된 것이다. 결국 자본가의 비협조는 경제통제정책 의 원활한 시행을 가로막았다.

국민정부는 국가정책에 협조하지 않는 자본가의 행위를 비판하며, 정책의 실패와 경제 파탄의 책임을 자본가들에게 전가하였다. 그러나 자본가의 입장에서는 원료 및 생산코스트의 상승에도 불구하고 제품 의 가격만을 통제하는 경직된 정부의 경제정책을 신랄하게 비판하였 다. 이러한 가운데 국공내전이 격화되고 통화팽창이 엄중해지자 공상 자본가들은 정부의 경제정책에 협조하지 않고 오히려 생산설비나 자 본을 홍콩이나 대만, 기타 해외로 이전하여 활로를 모색하였다.

국민정부의 경제통제정책에 대한 자본가들의 비협조와 이탈은 이 미 적산기업에 대한 정부의 처리 정책에서 단서를 찾을 수 있다. 국공 내전과 경제 파탄의 와중에서 공상자본가들은 자신을 희생하여 정부 의 정책에 협조해야 할 이유나 동기를 찾을 수 없었다. 전시 막대한 희생을 바탕으로 항전에 기여한 수많은 후방 기업들의 운명을 전후 적산 처리와 경제건설의 과정에서 똑똑히 목도하였기 때문이다. 결국 국민정부는 자신의 최대 지지자인 자본가들의 이탈 속에서 고립무원의 상태로 대만으로 후퇴할 수밖에 없었던 것이다.

1. 史料

1) 新聞資料

『申報』,『大公報』,『商報』,『文匯報』,『新華日報』,『解放日報』
『時事新報』,『新聞報』,『民國日報』,『經濟新聞』

2) 定期刊行物

『紡織周刊』,『紡聲』,『紡織』,『紡織染工程』,『中國紡織學會會刊』
『紡織建設月刊』,『金融週刊』,『農本月刊』,『商業統制會刊』
『經濟週報』,『中央銀行月報』,『公益工商通訊』,『經濟通訊』
『工商經濟史料叢刊』,『民主』,『上海週報』,『中小工聯』

3) 年鑑 및 統計資料

『申報年鑑』(1944年度), 1945.
嚴中平等編,『中國近代經濟史統計資料選輯』, 北京科學出版社, 1955.8
吳大明,『中國貿易年鑑』, 1948.
上野視二,『大陸年鑑』, 大陸新報社, 1944.12.
全國經濟委員會,『最近商業統制法規及組織目錄』, 1944.1
中紡公司青島分公司,『青紡統計年報』, 1947.1.
徐新吾, 黃漢民主編,「上海近代工業主要行業的槪況與統計」,『上海硏
　　　究論叢』第10輯, 上海社會科學院出版社, 1995.12.
許道夫,『中國近代農業生産及貿易統計資料』, 上海人民出版社, 1984.12.
榮惠人,『最近商業統制法規及組織』, 上海市商會, 1943.6.
中國抗日戰爭史學會編,『抗日戰爭時期重要資料統計集』, 北京出版社,
　　　1997.4.
滿鐵調查部,『支那經濟年報』, 改造社, 1940.

4) 檔案史料

上海市檔案館藏檔, 檔號:S30-1-8:紗廠業一年來業務概況

上海市檔案館藏檔, 檔號:S30-1-48:第六區機器棉紡織工業同業公會籌
　　備會會議紀錄

上海市檔案館藏檔, 檔號:S30-1-195:紡織事業管理委員會與第六區機器
　　棉紡織工業同業公會往來文書

上海市檔案館藏檔, 檔號:Q192-26-61:中紡公司廠長會報紀錄(1-12次).

上海市檔案館藏檔, 檔號:Q192-3-21:中紡公司廠長接收人員聯席會報紀
　　錄(28-29次)

南京中國第二歷史檔案館藏檔, 檔號:76-275:紡管會中紡公司會報紀錄

中國第二歷史檔案館編, 『中華民國史檔案資料匯編』第5輯 第2編, 江蘇
　　古籍出版社, 2000.1.

中國第二歷史檔案館編, 『中華民國史檔案資料匯編』第5輯 第3編(財政
　　經濟4), 江蘇古籍出版社, 2000.1.

中國第二歷史檔案館編, 『中華民國史檔案資料匯編』第5輯 第3編(財政
　　經濟5), 江蘇古籍出版社, 2000.1.

重慶市檔案館, 『抗日戰爭時期國民政府經濟法規』上, 檔案出版社, 1992.

重慶市檔案館, 『抗日戰爭時期國民政府經濟法規』下, 檔案出版社, 1992.

5) 官方史料

日本外務省, 『上海及其附近ニ於ケル交戰回避ニ關スル各國申出』, 1937.

日本外務省情報部第三課, 『北支事變ニ關スル各國新聞論調槪要』, 1937.
　　8.27.

日本外務省商工科, 『第84回帝國議會資料』, 1944.

日本外務省商工科, 『第86回帝國議會資料2』, 1944.

日本外務省, 『涉外事項日誌』, 1937.9.

日本外務省, 『第三國ノ權益及第三國人ノ生命財産保護問題(一)』, 1937.

日本外務省, 『蔣政權の經濟的抗戰力の動向』3, 1940.

日本外務省, 『本日の新聞輿論』495號, 1940.4.22.

日本外務省, 『周財政部長訪日ノ際話題トナルベキ事項ノ応待資料』, 1941.

日本外務省,『重慶政權財政經濟綴』, 1943.

日本外務省情報局,『各國の戰時國民生活』, 1941.10.

日本外務省,『日本外交年表竝主要文書』下, 原書房, 1966.1.

日本大東亜省支那事務局,『大東亜戦争中ノ帝国ノ対中国経済政策関係雑件 / 綿絲布關係』, 1943.

日本通商局總務課,『米國中立法』, 1937.8.23.

日本興亜院,『支那事変関係一件』第5卷, 1944.

日本興亞院 華中連絡部,『國民政府實業部農本局』, 1939.11.

日本大東亞省,『對支處理根本方針ノ実施概況』, 1943.7.

時局宣傳資料,『天津英租界問題』, 1939.7.

日本通商局總務課,『米國中立法』, 1937.8.23.

日本防衛廳戰史室編纂, 天津市政協編譯委員會譯,『日本帝國主義侵華資料長編』(中), 四川人民出版社, 1987.

上海社會科學院歷史研究所,『'八一三'抗戰史料選編』, 上海人民出版社, 1986.5.

中國國防最高委員會對敵經濟封鎖委員會,『敵僞在我淪陷區域經濟統制動態』, 1941.5.

花紗布管制局,『花紗布管制之概況』, 1943.11.

『國府の農村政策と農本局の役割』, 中國通信社, 1937.3.

6) 企業 및 工商業 史料

上海社會科學院經濟研究所編,『榮家企業史料』上, 上海人民出版社, 1980.

上海社會科學院經濟研究所編,『榮家企業史料』下, 上海人民出版社, 1980.

許維雍, 黃漢民,『榮家企業發展史』, 人民出版社, 1985.12.

裕大華紡織資本集團史料編輯組,『裕大華紡織資本集團史料』, 湖北人民出版社, 1984.12.

中國科學院上海經濟研究所編,『恒豊紗廠的發生發展與改造』, 上海人民出版社, 1958.

劉鴻生,『劉鴻生企業史料』下, 上海人民出版社, 1981.

陳眞等編,『中國近代工業史資料』第2輯, 三聯書店, 1958.

劉國良, 『中國工業史』近代卷, 江蘇科學技術出版社, 1992.

『工商經濟史料叢刊』第四輯, 文史資料出版社, 1984.

棉布商業史料組編, 『上海市棉布商業』, 中華書局, 1979.

中國近代紡織史編輯委員會, 『中國近代紡織史研究資料匯編』1-12輯,
　　　　1988-1992.

7) 文史資料, 文集, 回顧錄

朱佑慈等譯, 『何廉回憶錄』, 中國文史出版社, 1988.2.

趙靖主編, 『穆藕初文集』, 北京大學出版社, 1995.9.

林繼庸, 『民營工廠內遷紀略』, 1943.1.

顏燿秋, 「抗戰期間上海民營工廠內遷紀略」, 『20世紀上海文史資料文庫』
　　　　3, 上海書店出版社, 1999.9.

黃紹竑, 『民國叢書』5編 82(『五十回憶』), 上海書店, 1945.12.

郭廷以, 『林繼庸先生訪問紀錄』(中央研究院近代史研究所口述歷史叢
　　　　書), 1983.1.

林農, 「中共參政員董必武」, 『陪都人物紀事』, 重慶出版社, 1997.5.

蔡德金, 『汪偽二號人物陳公博』, 河南人民出版社, 1993.

潘士浩, 『敵偽强迫收買紗布剩餘額應否發還之我見』, 大統書局, 1946.1.

袁愈佺, 『偽廷幽影錄』, 中國文史出版社, 1981.5.

『四川文史資料選輯』

『上海文史資料選輯』

『湖北文史資料』

『重慶文史資料選輯』

『武漢文史資料』

2. 單行本

1) 國文

金志煥, 『中國 國民政府의 工業政策』, 新書苑, 2005.

金志煥, 『戰後中國經濟史』, 高麗大學校出版部, 2010.

오승명저, 김지환역, 『구중국안의 제국주의 투자』, 신서원, 1992.7.

2) 中文

金志煥, 『中國紡織建設公司研究』, 復旦大學出版社, 2006.1.

劉大鈞, 『支那工業調査報告』, 1941.

巴圖, 『民國經濟案籍』, 群衆出版社, 2001.3.

孫果達, 『民族工業大遷都』, 中國文史出版社, 1991.

黃逸峰, 『旧中国民族资产阶级』, 江苏古籍出版社, 1990.

黃逸峰, 『中國近代經濟史論叢』, 上海社會科學院出版社, 1988.9

黃立人, 『抗戰時期大後方經濟史研究』, 中國檔案出版社, 1998

蔣順興, 『民国大遷都』, 江蘇人民出版社, 1997.

史全生, 『中華民國經濟史』, 江蘇人民出版社, 1989.

陶文釗, 『中美關係史』, 重慶出版社, 1993.

傅啓學, 『中国外交史』, 臺灣商務印書館, 1979.

蘆田均, 『第二次世界大戰外交史』, 時事通信社, 1960.

陳立文, 『宋子文與戰時外交』, 國史館, 1991.

吳景平, 『宋子文評傳』, 福建人民出版社, 1992.

上海通信社, 『上海硏究資料續編』, 上海書店, 1984.12.

石源華, 『中華民國外交史』, 上海人民出版社, 1994.

費成康, 『中国租界史』, 上海社會科學院出版社, 1998.1.

徐新吾, 『上海近代工業史』, 上海社會科學院出版社, 1998.

葉笑山, 『中國戰時經濟特輯』, 上海中外出版社, 1939.

唐振常, 『上海史』, 上海人民出版社, 1989.

湯心儀, 「上海之統制經濟」, 『戰時上海經濟』, 上海經濟研究所, 1945.

吳景平, 『抗戰時期的上海經濟』, 上海人民出版社, 2001.6.

齊春風, 『中日經濟戰中的走私活動』, 人民出版社, 2002.5.

韓渝輝, 『抗戰時期重慶的經濟』, 重慶出版社, 1995.8.

石立隆司, 『國民政府要覽』, 新武漢社, 1941.5.

龍大均, 『十年來之中國經濟』, 1948.3.

張公權, 『中國通貨膨脹史』, 文史資料出版社, 1986.

于素雲,『中國近代經濟史』, 遼寧人民出版社, 1998.

凌耀倫,『中國近代經濟史』, 重慶出版社, 1987.8

謝本書,『抗戰期間的西南大後方』, 北京出版社, 1997.

澎迪先,『中國經濟史研究論叢』, 四川大學出版社, 1986.

姚公振,『中國農業金融史』, 中國文化服務社, 1947.11.

虞寶棠,『國民政府與民國經濟』, 華東師範大學出版社, 1998.12.

陸仰淵,『民國社會經濟史』, 中國經濟出版社, 1991.

粟寄滄,『中國戰時經濟問題研究』, 中新印務股份有限公司出版部, 1942.11

常奧定,『經濟封鎖與反封鎖』, 1943.

中國工業經濟研究所,『戰時工業管制檢討』, 1945.8.

周天豹,『抗日戰爭時期西南經濟發展概述』, 西南師範大學出版社, 1988.

高叔康,『中國手工業概論』, 商務印書館, 1944.7.

揚蔭薄,『民國財政史』, 中國財政經濟出版社, 1988.

淺田喬二著, 袁愈佺譯,『1937~1945年日本在中國淪陷區的經濟掠奪』,
　　　　　復旦大學出版社, 1997.12.

王士花,『抗日戰爭時期日本在華經濟統制述論』, 中國社會科學院近代
　　　　　史研究所, 1996.

程洪,『汪精偉漢奸政權的興亡一汪偽政權史研究論集』, 復旦大學歷史
　　　　　係中國現代史研究室, 1987.7.

馮叔淵,『戰前及現在之上海棉紡織業』, 1943.7.

馮叔淵,『民國經濟史』, 1948.1.

3) 日文

高村直助,『近代日本綿業と中國』, 東京大學出版會, 1982.

入江昭,『米中關係史』, サイマル出版會, 1971.

姬野德一,『支那事變と列國の論調』, 東京日支問題研究所, 1937.5.

具島兼三郎,『世界政治と支那事變』, 東京白揚社, 1940.

增田米治,『支那戰時經濟の研究』, ダイヤモンド社, 1944.4.

增田米治,『重慶政府戰時經濟政策史』, ダイヤモンド社, 1943

水谷啓二,『上海經濟の再編成』, 同盟通信社, 1942.9

植田捷雄,『支那に於ける租界還付,治外法權撤廢』, 龍文書局, 1944.10.

石濱知行,『支那戰時經濟論』, 慶應書房, 1940.9.

滿鐵調查部,『奧地經濟篇Ⅱ』, 1940.12.

齋藤榮三郎,『大東亞共榮圈の通貨工作』, 光文堂, 1942.

淸水善俊,『支那事變軍票史』, 1971.

金谷正夫,『上海記』, 興豊館, 1944.

三菱商事株式會社,『中支那ニ於ケル全国商業統制總会ニ関スル件』,
　　　　1943.8.

岡部利良,『舊中國の紡績勞動硏究』, 九州大學出版會, 1992.

姬田光義,『戰后中國國民政府史の硏究』, 中央大學出版部, 2001.10.

3. 論文

1) 國文

金志煥,「中日戰爭期 上海 中立化와 工業 內地移轉」,『中國學論叢』第
　　　20輯, 2005.12.

金志煥,「中日戰爭期 國民政府 農本局의 綿業統制政策」,『韓中人文學
　　　硏究』16輯, 2005.12.

金志煥,「中日戰爭期 重慶國民政府의 對美外交」,『中國史硏究』42輯,
　　　2006.6.

金志煥,「중국 국민정부의 면업통제와 방직자본가」,『역사학보』188집, 2005.12.

金志煥,「中日戰爭 時期 汪精衛政府의 統制經濟政策」,『史叢』68輯,
　　　2009.3.

金志煥,「商業統制總會의 綿紗布 收買政策 再論」,『東洋史學硏究』109
　　　輯, 2009.12

2) 中文

金志煥,「棉麥借款與宋子文的日本登岸」,『社會科學論壇』2005年 10期.

金志煥,「抗戰時期國民政府的棉業統制政策」,『社會科學硏究』2014年 3期.

金志煥,「中國紡織建設公司的民營化與股票發行探析」,『近代史硏究』

2005年 2期

金志煥, 「國營與民營之間的取捨」, 『中國社會經濟史研究』2006年 1期

王子建, 「"孤島"時期的民族棉紡工業」, 『中國近代經濟史研究資料』(10), 上海社會科學院出版社, 1990.5.

吳景平, 「宋子文與太平洋戰爭爆發前后的中美關係」, 『民國春秋』1999年 4期.

陳永祥, 「美援外交中的胡適與宋子文」, 『民國檔案』2003年 3期.

陳永祥, 「抗戰時期美國對華經濟援助評析」, 『廣州大學學報』2004年 3期.

朱仙舫, 「三十年來中國之紡織工業」, 『三十年來之中國工程』, 華文書局, 1967.7.

馮亨嘉, 「最近中日貿易與英美日在華市場之爭戰」, 『錢業月報』15卷 11期, 1935.

陳雷, 「抗戰時期國民政府的糧食統制」, 『抗日戰爭研究』2010年 1期.

鄭會欣, 「統制經濟與國營貿易」, 『近代史研究』2006年 2期.

李先明, 「抗戰時期國民政府對花紗布的管制述論」, 『貴州社會科學』2004年 3期.

方學英, 「論抗戰時期國民政府統制經濟政策的影響」, 『四川行政學院學報』2001年 2期.

曹發軍, 「試論抗戰時期四川物價管制的實施」, 『西南大學學報』2009年 2期

覃玉榮, 「抗戰時期川康區食糖專賣政策對內江糖業的影響」, 『西南交通大學學報』2009年 3期.

張照青, 「抗戰時期晉察冀邊區物價問題研究」, 『中國經濟史研究』2008年 3期.

蔡志新, 「抗戰時期晉察冀邊區物價問題研究」, 『西南大學學報』2007年 5期.

楊菁, 「試論抗戰時期的通貨膨脹」, 『抗日戰爭研究』1999年 4期.

古廄忠夫, 「中日戰爭期間華中經濟戰的一個側面」, 『上海研究論叢』第9輯, 上海社會科學院出版社, 1993.8.

黃美眞, 「1937-1945:日僞對以上海爲中心的華中淪陷區的物資統制」, 『抗日戰爭研究』1991年 1期.

齊春風, 「抗戰時期中日經濟封鎖與反封鎖鬪爭」, 『歷史檔案』1991年 3期.

齊春風, 「論抗戰時期國民政府的對日經濟戰」, 『歷史檔案』2004年 2期.

齊植璐, 「抗戰時期工鑛內遷與官僚資本的掠奪」, 『工商經濟史料叢刊』 2輯, 1983.

陳昌智, 「舊中國重慶機器棉紡織工業發展初探」, 『中國社會經濟史研究』 1984年 4期, 1984.11.

章易, 「滇緬公路: 抗戰時期的大后方生命線」, 『史海鈎沈』2004年 3期.

劉殿君, 「評抗戰時期國民政府經濟統制」, 『南開經濟研究』1996年 3期.

張根福, 「汪僞全國商業統制總會述論」, 『檔案與史學』1997年 3期.

張朝暉, 劉志英, 「論日僞政府棉紗布貿易政策」, 『內江師範學院學報』16卷 1期, 2001.

張朝暉, 「論汪僞政府棉紗布貿易政策」, 『檔案史料與研究』2000年 2,3期 (總46期).

李占才, 「抗戰期間日本對華中淪陷區經濟的掠奪與統制」, 『民國檔案』 2005年 3期.

程洪, 「汪僞統制經濟述論」, 『汪精衛漢奸政權的興亡─汪僞政權史研究 論集』, 復旦大學歷史係中國現代史研究室, 1987.7.

黃慧英, 「聞蘭亭的受審和改判」, 『民國春秋』, 1996年 2期.

吳兆名, 「一年來之統制經濟」, 『經濟研究』(全國經濟委員會經濟調查研 究所)1卷 1期, 1943.7.15.

3) 日文

植田捷雄, 「帝國の租界還付とその斷行合理的根據」, 『外交時報』916號, 1943.2.

小室誠, 「近衛·汪共同聲明の意義と指向」, 『外交時報』879號, 1941.7.

菊池一隆, 「農本局の成立とその役割」, 『大分縣立藝術短大研究紀要』 21卷, 1983.

新宮健二, 「中支における物價と經濟統制」, 『經濟學雜誌』15卷 2號, 1944.8.

竹本晃, 「在華紡の發展とその背景」, 『六甲臺論集』24卷 2號, 1977.

찾아보기

| 저자소개 |

김지환

고려대 사학과 졸업
고려대 사학과 문학박사
중국 푸단대학 역사학박사
고려대, 명지대, 서울예술대 강사
일본 도쿄대학 객원연구원
중국 하북사범대학 학술고문
중국근현대사학회 회장
인천대 중국학술원 교수

중국관행연구총서 19

중일전쟁과 중국의 경제통제정책

초판 1쇄 인쇄 2022년 4월 1일
초판 1쇄 발행 2022년 4월 10일

인천대 중국학술원 중국 · 화교문화연구소 기획
위 원 장 | 장정아
부위원장 | 안치영
위   원 | 김지환 · 송승석 · 이정희 · 조형진

지 은 이 | 김지환
펴 낸 이 | 하운근
펴 낸 곳 | 學古房

주   소 | 경기도 고양시 덕양구 통일로 140 삼송테크노밸리 A동 B224
전   화 | (02)353-9908 편집부(02)356-9903
팩   스 | (02)6959-8234
홈페이지 | http://hakgobang.co.kr
전자우편 | hakgobang@naver.com, hakgobang@chol.com
등록번호 | 제311-1994-000001호

ISBN 979-11-6586-445-3 94910
      978-89-6071-320-8 (세트)

값 : 18,000원

■ 파본은 교환해 드립니다.